21世纪普通高等学校（本科）法学精品教材

婚姻家庭纠纷法律实务教程

A Course in the Practice of Legal Disputes over Marriage and Family Law

主　编　徐静莉　王　坤

暨南大学出版社
JINAN UNIVERSITY PRESS

中国·广州

图书在版编目（CIP）数据

婚姻家庭纠纷法律实务教程/徐静莉，王坤主编. —广州：暨南大学出版社，2012.3
（21 世纪普通高等学校（本科）法学精品教材）
ISBN 978 - 7 - 5668 - 0130 - 2

Ⅰ.①婚…　Ⅱ.①徐 … ②王…　Ⅲ.①婚姻家庭纠纷—处理—法规—中国—教材
Ⅳ.①D923.9

中国版本图书馆 CIP 数据核字（2012）第 032163 号

出版发行：暨南大学出版社

地　　址：	中国广州暨南大学
电　　话：	总编室（8620）85221601
	营销部（8620）85225284　85228291　85228292（邮购）
传　　真：	（8620）85221583（办公室）　85223774（营销部）
邮　　编：	510630
网　　址：	http：//www. jnupress. com　http：//press. jnu. edu. cn

| 排　　版： | 广州市天河星辰文化发展部照排中心 |
| 印　　刷： | 湛江日报社印刷厂 |

开　　本：	787mm×1092mm　1/16
印　　张：	13.25
字　　数：	330 千
版　　次：	2012 年 3 月第 1 版
印　　次：	2012 年 3 月第 1 次
印　　数：	1—3000 册

定　价：29.80 元

总　序

　　胡锦涛总书记在中国共产党第十七次全国代表大会上的报告中指出："最广泛地动员和组织人民依法管理国家事务和社会事务、管理经济和文化事业；坚持依法治国基本方略，树立社会主义法治理念，实现国家各项工作法治化，保障公民合法权益；坚持社会主义政治制度的特点和优势，推进社会主义民主政治制度化、规范化、程序化，为党和国家长治久安提供政治和法律制度保障。"依法治国是社会主义民主政治的基本要求，要全面落实依法治国的基本方略，建设社会主义法治国家，必备的法律知识应当成为人们尤其是普通高等学校学生知识结构的重要组成部分；熟悉和掌握法律法规，对于弘扬法治精神，形成自觉学法、守法、用法的社会氛围具有重大意义。

　　当前，党和国家致力于完善中国特色社会主义法律体系，建设公正、高效、权威的社会主义司法制度。在这样的背景下，对培养司法和法律人才的法学教育提出了更新、更高的期望和要求。我国法学专业的教材建设处在一个高速发展的过程中，这为普通高等学校法学教育的具体实施提供了一定程度的保障。但从严格意义上来说，制约普通高等学校法学教育发展的教材问题依然存在，主要表现为法学教材理论与实际结合的程度不够，尤其表现在高职高专法学教材中。

　　为了适应法学教育发展的新形势，积极探索和总结高等法学教育教学改革的方法和经验，针对当前绝大多数法学教材理论脱离实际的倾向，暨南大学出版社组织全国多所大学共同编写了"21 世纪普通高等学校法学精品教材"。这套教材分为本科和高职高专两个系列，内容涵盖了法学的全部学科，系统性强；囊括了最新立法成果、相关领域的理论研究成果和前沿热点问题，贴近时代发展，做到了理论性与实用性的较好结合。这两套系列教材堪称系统工程，其规模之大，覆盖面之广，在法学教材建设中首屈一指；在知识系统的完整性、理论观点的稳妥性、引用资料和法规的准确性以及文字表达的规范性和可读性等方面都达到了较高的水平。

　　教材是教学之本，好的教材对提高教学质量，提升科研水平，有着重要的作用。组织编写和出版一套高质量的教材，殊非易事，由全国相关院校的专家学者认真编写的这套系列教材必将对全国法学高等教育起到积极的推动作用。衷心希望更多的高校学者和教师为建设适应新世纪法学教学和实践需要的教材而继续贡献力量。是为序。

中华人民共和国司法部原部长　邹瑜

目　录

第一章 恋爱、同居期间纠纷的法律实务

恋爱是每个人都要经历的美好时光，在恋爱期间，男女双方除了情感交流外，相互之间的财物交往也比较频繁，由于恋爱期间对恋人的过分信任，借贷不打欠条的现象时有发生，或者给付的性质不好意思讲明白、写清楚，一旦分手就可能酿成纠纷。关于恋爱期间财物给付馈赠的性质到底是什么，是无偿赠与还是附条件赠与，这里，我们从实践中总结出一些常见的原则和方法，给恋爱期间的恋人们提个醒儿，恋爱需要感情的冲动，也需要理智的清醒。

第一节 恋爱期间馈赠财物及借贷纠纷的法律实务

一、恋爱期间馈赠财物纠纷的处理

恋爱过程中的日常开销现在越来越大，随着恋爱期的延长，恋爱的成本也必将越来越高。如果双方最终没有结合，那么恋爱期间的花销要不要返还？这是大家关心的一个问题。事实上，恋爱期间的财物赠与是很正常的社会现象，并不是所有的赠与在最终不能结婚时都必须返还。对于这些花销最终应如何处理，定性不同，结果也不同。

（一）有关赠与的相关法律规定

1. 婚姻法及婚姻司法解释关于赠与处置的规定

（1）最高人民法院《关于人民法院审理离婚案件处理财产分割问题的若干具体意见》（1993 年第 32 号）第十八条规定："婚前一方借款购置的房屋等财物已转化为夫妻共同财产的，为购置财物造成对方生活困难的，可酌情返还。借款所负债务，视为夫妻共同债务。对取得财物的性质是索取还是赠与难以认定的，可按赠与处理。"

（2）2004 年 4 月 1 日实施的最高人民法院《关于适用〈中华人民共和国婚姻法〉若干问题的解释（二）》［以下简称《婚姻法司法解释（二）》］第十条规定："当事人请求返还按照习俗给付的彩礼的，如果查明属于以下情形，人民法院应当予以支持：（一）双方未办理结婚登记手续的；（二）双方办理结婚登记手续但确未共同生活的；（三）婚前给付并导致给付人生活困难的。适用前款第（二）、（三）项的规定，应当以双方离婚为条件。"此条件的规定，标志着人民法院正式以司法解释的形式对于属于彩礼性质的赠与

纠纷问题如何处理作出明确规定。

(3)《中华人民共和国婚姻法》(以下简称《婚姻法》)第三条规定：禁止借婚姻索取财物。

2. 民法的相关规定

(1)《中华人民共和国民法通则》(以下简称《民法通则》)第五十四条规定：民事法律行为是指公民或法人(民事主体)设立、变更、终止民事权利和民事义务的合法行为。

(2)《民法通则》第六十二条规定：民事法律行为可以附条件，附条件的民事法律行为在符合所附条件时生效。

(3)《民法通则》第九十二条规定：没有合法根据，取得不当利益，造成他人损失的，应当将取得的不当利益返还受损失的人。

3. 合同法的相关规定

《中华人民共和国合同法》(以下简称《合同法》)第一百九十一条规定，如果在赠与时赠与人不要求履行相关条件，只要赠与人作出赠与表示而受赠人又愿意接受赠与，该合同就成立的，那么该赠与即为一般性的赠与。

(二) 实践把握

在实践中，恋爱期间赠与财物应否返还，大致可以分为以下几种情况：

(1) 对于男女双方在恋爱或婚约期间互送的普通衣物及日常生活用品，不返还不足以造成对方生活困难的，可不予返还。

(2) 对于此期间送往的节日礼品，可不予返还。

(3) 对于基于习俗，一方给付对方钱款和物品作为订婚的标志，通常称为彩礼或附结婚条件的赠与应当返还。即使不是基于习俗，恋爱一方送与另一方的大宗财物(名贵手表、摩托车、金项链、汽车、房子等)和一定数额的金钱，一般也应予返还。因为大宗财物或金钱基于恋爱关系或婚约关系而存在，以与之结婚为前提，一旦这个关系不存在，丧失前提，另一方取得的财物就失去基础，再占有此项财物则属于不当得利，应当返还。

(4) 对于以财物为诱饵，玩弄异性和他人感情，道德败坏的，即使送与对方较大数额的财物，从道德角度来讲，也可以选择不返还。

(三) 司法实例分析

◆ 案例

恋爱期间父母赠与财物是否应返还

小明(男)与阿兰(女)是双方父母撮合认识的。小明的母亲很喜欢阿兰，恋爱期间没少买东西给她。什么衣服啦，香水啦，过年过节的红包啦等等。恋爱两年来，这些花销总计有三四万块钱，但开销上去了，小明与阿兰的感情却没有升温，后来两人分手。小明的母亲听说两人分手了非常难过，感到这两年来为儿子恋爱在阿兰身上花了好几万块钱非常不合算，就找阿兰说不和小明结婚是阿兰的自由，但必须还清这几年来自己在阿兰身上花的

5 万元钱。阿兰不同意，小明的母亲和小明来到律师事务所寻求帮助。

【问题】

小明母亲给阿兰的财物属于赠与吗？阿兰有没有返还的义务？理由是什么？

【法理分析】

恋爱期间的赠与是很正常的社会现象。不是所有的赠与在最终不能结婚时都必须返还。《合同法》第一百九十一条规定，如果在赠与时赠与人不要求履行相关条件，只要赠与人作出赠与表示而受赠人又愿意接受赠与，该合同就成立的，那么该赠与即为一般性的赠与。最高人民法院《关于人民法院审理离婚案件处理财产分割问题的若干具体意见》（1993 年第 32 号）第十八条规定："婚前一方借款购置的房屋等财物已转化为夫妻共同财产的，为购置财物造成对方生活困难的，可酌情返还。借款所负债务，视为夫妻共同债务。对取得财物的性质是索取还是赠与难以认定的，可按赠与处理。"

小明和他的母亲在两年多的时间里，陆续在阿兰身上的开支不同于借婚姻索取财物的性质，而且两人在赠与阿兰财物时也没有明确约定要求以履行结婚为前提，且赠与物多为普通的衣物及日常生活用品，所以从法律上来说应该定性为一般赠与。虽然小明和阿兰最终没有结婚，但财物由于赠与关系成立，不好通过法律手段强行索回。因此，律师向小明的母亲讲清了道理，并奉劝她以后在小明恋爱期间给女孩子赠与财物时一定要慎重，一定要量力而行。

◆案例

16 年恋爱马拉松未及终点，男方要求女方归还财产

在 1991 年的夏日里，36 岁的陈先生在上海初识了小他 10 岁的湖南姑娘方某，双方开始了恋爱关系。方某毕业于上海音乐学院声乐系，曾担任上海乐团、上海歌剧院的独唱演员。凭着天赋和勤奋努力，她于 1996 年荣获"第七届全国青年歌手电视大奖赛"专业组民族唱法大奖，次年又获得中央电视台 MTV 大赛"最佳新人奖"。1999 年，方某作为访问学者赴美国某大学音乐学院考察……陈某、方某恋爱久久拖延，最终未能踏上婚姻的红地毯。

在恋爱的 16 年间，陈先生为方某花费了许多费用。

2007 年 4 月 25 日，陈先生向上海市某法院提起诉讼，期待通过法院主持公道，向被告方某追还高达 400 万元人民币的款项。作为原告，52 岁的陈先生请求法院依法判令被告返还其银行存款 166 440 美元（折合人民币 1 379 452 元）及投资收益人民币 610 000 元；被告返还其投资房地产款人民币 1 660 533 元及投资收益人民币 371 619 元；本案所有费用由被告承担。

【问题】

陈先生的给付行为是附条件赠与还是无偿赠与？理由是什么？

【法理分析】

本案应定性为婚约财产纠纷。在现实生活中，伴随着婚约的订立，一般情况下还会有财产的转移，即婚约的当事人会向对方赠送一定的财物，俗称"彩礼"，这些财物的赠与代表着婚约的订立。我国法律对婚约问题未作明确规定，既未明文禁止，也未明确规定其法律效力。通常认为，根据"婚姻自由"原则和《婚姻法》"禁止借婚姻索取财物"的规定，可以得出"婚约不受法律保护"的结论。但鉴于婚约是社会上普遍存在的习俗，随着社会的发展，婚约的内涵日益丰富，在实践中与婚约有关的财产纠纷绝非"婚约不受法律保护"这一简单命题所能概括。因婚约的解除而产生的财产纠纷多数情况下就是针对婚约订立时和订婚之后，当事人单方赠送的财物或者互赠的财物的归属发生的争议。

因订婚而赠送的财物，是为证明婚约成立并以将来应成立的婚姻为前提而发生的相互间的情谊为目的的一种赠与。这种赠与行为不是单纯地以无偿转移财产为目的，是一种附条件的赠与行为。附条件的赠与行为指的是已经发生法律效力的赠与行为，在当事人约定的条件不成就时，其效力便消灭，当事人之间的权利义务关系也随之解除（赠与行为失去法律效力）。

赠送财礼的行为是男女双方订立婚约后，在预想到将来会结婚的基础上所为的赠与，以婚约的实现为条件。在婚约继续存在或者得到履行，即男女双方正式结婚的情况下，赠与行为合法、有效，财礼归受赠人所有，赠与人不能索回；如果婚约解除，男女双方不能结婚，该赠与行为所附条件未成就，赠与行为丧失法律效力，当事人之间的权利义务关系解除，赠与财产应当恢复到订立婚约前的状态，赠与财产应当返还给赠与人。

赠送财物的行为作为一种附条件的赠与不同于民法上规定的附义务的赠与。在附义务赠与的情况下，受赠人应当按照法律规定履行所附义务，根据这种理解，接受财物的一方应当履行婚约，与赠送方结婚，显然是错误的。

婚约解除后，作为彩礼而赠送的财物的归属问题可以依照民法上的"不当得利制度"处理。

所谓不当得利是指没有合法根据使他人受损害而自己获得利益的行为。由于不当得利没有合法根据，所以不受法律保护，不当得利人应将所获得的不当利益返还给受损害的人。这种不当利益返还的权利义务关系就是不当得利制度。

赠送财物的行为是在男女双方订立婚约的基础上，基于对双方当事人将来能够结婚的预期而为的赠与。发生赠与的原因是存在婚约，随着婚约的解除，赠与财礼的原因归于消灭，受赠人在婚约解除后丧失了继续占有财礼的法律上的原因。由于婚约解除后，财物继续由受赠人占有的法律根据消失，根据民法的公平原则，应当将财产恢复到订立婚约前的状态。所以，受赠人应当将财礼返还给赠与人，如果受赠人继续占有赠与物，即构成不当得利。

按照法律的规定，赠与人有权要求受赠人返还受赠的财产，受赠人负有返还自己基于婚约而获得的不当得利的义务。[1]

《婚姻法司法解释（二）》第十条第一款第（一）项规定："当事人请求返还按照习俗给付的彩礼的，如果查明属于以下情形，人民法院应当予以支持：（一）双方未办理结婚登记手续的。"《民法通则》第六十二条规定："民事法律行为可以附条件，附条件的民事法律行为在符合所附条件时生效。"《民法通则》第九十二条规定："没有合法根据，取得不当利益，造成他人损失的，应当将取得的不当利益返还受损失的人。"

---

[1] 王伟律师点评婚姻家庭纠纷案例之结婚篇【1】。

按照以上规定，认为本案原告与被告在恋爱期间，原告给予被告财物是一种赠与行为，但这种赠与是有前提条件的，那就是与被告成就婚姻，即是附条件的赠与。附条件的赠与只有在所附条件成就时生效，如果所附条件未成就，赠与不发生法律效力，赠与物应当返还。原、被告没有登记结婚，他们之间不存在婚姻关系，赠与所附的条件没有成就，被告应当将从原告处取得的不当利益返还给原告。

【法院判决】

一审开庭时，被告未向法院提供证据材料。对于原告提出返还钱款的主张，被告委托代理人在法庭上辩称"原告无权要求返还"，认为"原告诉讼依据不足"。

2007 年 7 月 16 日，上海市某中级法院对此案下达民事判决书。判决书中这样写道：本案审理中，原告明确其起诉之基础法律关系为婚约财产纠纷，因原告交付的钱款中属储蓄的部分被告用于购买了房产，另一部分属双方约定投资，现恋爱关系终结，故要求被告返还钱款并返还投资收益。被告表示：现恋爱关系终结，愿意退还原告人民币 150 万元。

法院判定：（1）被告方某应于本判决生效之日起十五日内返还原告陈某人民币 150 万元；（2）原告陈某的其余诉讼请求，不予支持。案件受理费、诉讼保全费由原、被告各半负担。由于偿还数额与索还 400 万元差距甚远，收到一审判决书后，陈先生立即向当地上一级法院提起上诉。

◆ **案例**

2000 年 8 月，在深圳工作的湖北籍女子阿玲在某杂志上看到在浙江宁波某文化局工作的梁某的征婚启事，便写了应征信，双方由此展开了一段异地情缘。2001 年 12 月 14 日，梁某来到深圳与阿玲第一次见面后，双方正式确立了恋爱关系。之后，梁某于 2001 年 12 月 21 日和 24 日分别给阿玲汇款人民币 73 000 元和 107 020 元。阿玲将收得款项用于偿还购房的按揭贷款及填补公司经营的亏损。2002 年春节，两人一起到双方家乡拜见了父母，且都是以未婚夫和未婚妻身份出现的。

在随后的交往中，梁某又多次给阿玲汇款。2002 年 10 月 1 日，阿玲来到宁波，并以"试试你是否真心爱我"为由要求梁某写下一份"声明"，梁某信以为真，就按阿玲的意思写下"两人在恋爱期间，经济上的所有支出纯属自己心甘情愿，即使最终阿玲不与梁某登记结婚，两人之间也不存在任何经济问题"的声明。10 月 4 日，梁某又根据阿玲的意思给她写了一张"欠条"，称梁某欠阿玲 50 000 元，争取于 10 月 15 日一次性还清。

阿玲返回深圳后，梁某又于 2002 年 10 月 29 日和 11 月 26 日分别给阿玲汇款 20 000 元和 10 000 元。2002 年 12 月 17 日，阿玲给梁某写了一封信，称双方在性格、人生观等方面均有差距，决定结束恋爱关系。在双方恋爱期间，梁某共给阿玲汇款 234 540 元，加上给阿玲购买衣服首饰、生活用品、化妆品等价值 8 000 余元，包括其他的支出，梁某付出共计 25 万余元。此后，阿玲取消电话等联系方式，并于 2003 年 1 月 4 日又给梁某写了一封信，称"我已经在元旦与省委政府大院的一个男子领取了结婚证并要到新加坡读书"。见此情景，梁某要求阿玲返还交往期间自己汇给她的所有钱物，而阿玲以梁某 2002 年 10 月 1 日所写的声明内容为由，拒绝返还任何财物。于是，梁某以阿玲借婚姻索取钱财构成不当得利为由向深圳某法院提起诉讼，要求阿玲返还借婚约索取的财物 25 万元，赔偿精神损失费 2 万元。

【问题】

梁某要求阿玲返还财产的主张能不能得到法院的支持？理由是什么？

【法理分析】

梁某和阿玲的恋爱关系是以征婚启事为桥梁开始的，梁某的征婚及阿玲的应征很明显都是以结婚为最终目的的，在双方交往期间，梁某赠送阿玲大笔的财物也明显是在以将来与女方结婚为目的的基础上实施的。按照《民法通则》第六十二条的规定："民事法律行为可以附条件，附条件的民事法律行为在符合所附条件时生效。"梁某的赠与是附结婚条件的赠与。既然现在女方不愿意与男方结婚，就意味着附条件赠与的所附条件没有实现，那么赠与行为也不发生效力。所以，女方应该返还男方财物。

【法院判决】

法院经调查审理认为：梁某和阿玲的恋爱关系是以征婚启事为桥梁，梁某的征婚及阿玲的应征都是以结婚为最终目的，双方交往期间的恋爱也以结婚为目的，故两人的恋爱关系是婚约关系，梁某在恋爱期间送给阿玲的财物是有条件的，该条件为结婚、双方以后共同生活。阿玲与梁某的认识时间不久，即接受梁某的高额汇款，是因急需解决偿还购房按揭贷款和填补公司经营亏损资金，具有牟取梁某财物的意图；阿玲在与梁某分手时，在没有债权债务的情况下，要求梁某给其出具欠条，更说明其是以向梁某牟取财富为目的，而不是以结婚为目的。梁某给予阿玲大数额金钱，形式是赠与，但实质上是为了达到结婚的目的，双方既然没有结婚，则该赠与行为尚未生效。因此，阿玲收取的财物应酌情返还给梁某。梁某请求返还的两笔汇款 180 020 元及写欠条后给付的 30 500 元，共计人民币 210 520 元，法院予以支持。法院最后作出一审判决，判令阿玲返还梁某人民币 210 520 元；驳回梁某的其他诉讼请求。①

【问题思考】

根据以上三个案例的分析，你认为应如何避免类似的财物馈赠纠纷？

（1）恋爱期间赠与大额财物要慎重。

（2）赠与大额钱款要保留必要的证据。

（3）赠与财物时要明确是以将来结婚为前提。

二、恋爱期间借贷财产纠纷的处理

恋爱期间相互借款，在恋人之间虽然常见，但绝大部分出借人都不好意思开口要恋人打借条，觉得这样做是对双方感情的不忠贞，或担心对方怀疑自己将钱看得太重。这些思想最终酿成恋爱不成后的财产纠纷。

上述情况的发生，致使出借人的权益很难受到保护。如果有借条，是小额的则追回的可能性较大，但是若金额巨大，如只有一张借条，那么案件本身会因对方的一些抗辩而变得错综复杂。如果没有借条，只有付款凭证，如银行汇款、存款凭证，那打借款纠纷的案子会因没有借条而变得复杂，常常出现不当得利纠纷或者其他案由。因此，对于恋人的借

---

① 程金根. 学养铸就的办案丰碑. http://www.xwql.com/index01.html.

款，尽可能做到亲兄弟明算账，让对方出具借条是最起码的要求，而对于金额较大的，除出具借条外，还应通过银行汇款比较保险。

◆案例

小黄（男）与小李（女）恋爱期间，小李对小黄说她叔叔李某因做生意资金周转不开，急需用钱。小黄正在追求小李期间，一听到这个消息马上表态说，自己手上有 5 万元"闲"钱，可以先给小李的叔叔周转一下。小李一听很开心，就打电话给她叔叔李某要了账号，让小黄往李某的银行卡里汇了 5 万元过去。几个月后，双方因故闹分手，小黄向小李索要借给其叔叔李某的 5 万元，小李说这不关她的事，让他直接找其叔叔李某要钱。李某却说是小黄自己愿意汇钱给自己的，是赠与而不是借贷，故也不愿意还这 5 万元钱。

【问题】

小黄能要回自己的钱吗？

【法理分析】

因为小黄是从自己名下直接打款给小李的叔叔李某的，因此，如果打官司，小黄是不能起诉小李的，而应该直接起诉李某。但是，由于李某与小黄之间只有汇款的单据，没有借条，因此，到底事实上他们是借款关系还是赠与关系，或者是不当得利关系，都可能会是法院查案的难点。事实上，只有汇款单据而没有欠条，法院也不好直接判定小黄与李某之间存在债权债务关系，还需要有其他相关证据佐证借款关系成立。看来，小黄即使有汇款单，但想顺利打赢这场官司也并不容易。可见，恋爱期间的金钱给付，还是得当心些！[①]

◆案例

2008 年 2 月，小薛和张强（均为化名）通过网络认识，发展为恋人关系，约定同年 11 月 18 日前结婚。张强在 2008 年 4 月至 2009 年 3 月期间，总共 6 次从自己的银行账户中把钱取出来，存到女友小薛的银行账户上。每次少则数千元，多则超过万元，6 次总共约有 5 万元。张强说这些钱都是小薛当时向他借的。最初他们都沉浸在爱的甜蜜中，但随着时间一长，彼此了解更深，双方在性格上存在较大差异，缺点也暴露得越来越多，经常吵吵闹闹，小薛于是提出了分手。张强说，分手可以但小薛应该返回借他的 5 万元。小薛拒绝。两人在 2009 年下半年正式分手后，张强把小薛告上法庭，要求归还他 5 万元借款。为了证明自己把钱借给了前女友，张强向法庭出具了 6 份银行存款回单、4 份存款凭条。他表示，这部分证据证明他向小薛的银行账户中存入了 5 万元。同时，张强举示了自己银行账户的 6 份取款凭条，该证据表明，他存入小薛账户中的钱，是他从自己账户中分次取出来的。

小薛却否认借款的说法。她承认自己收到过这些钱，但她告诉法庭，这不是借款，而是他们当时正处于热恋期，男友为了表示对她的忠贞送给她的，属于赠与。既然是赠与的财产，张强就没有要回来的理由。

---

① 贾明军. 婚姻家庭纠纷案件律师业务. 北京：法律出版社，2008.18.

【问题】

张强能否要回他这 5 万元？理由是什么？

【法理分析】

对于这 5 万元，张强说是借贷，小薛说是赠与。问及是否有借条作为借款官司的直接证据，张强却表示没有。

如果按照张强的说法，既然是民间借贷纠纷，最直接的证据应当是借条、收条之类的证据。本案中，张强没有作为借款的直接证据，只能证明在小薛的银行账户中存款的行为，仅能显示张强自愿存款的意思，而不能证明这些钱属于二人之间的借款。所以对于这笔钱的性质，难以认定为借款，应该认定为赠与。小薛不负返还义务。

【法院判决】

因为张强没有提供借款的直接证据，所以不能认定二人之间存在借贷关系，所以法院最后驳回了张强的诉讼请求。

【问题思考】

从以上两个案例分析，如何避免恋爱期间的财物借贷纠纷？

（1）亲兄弟明算账，必须要求对方出具相应的借条。

（2）钱款最好通过银行转账，并保留相应的转账凭证。

第二节　彩礼、嫁妆纠纷的法律实务

一、彩礼、嫁妆的定义

目前我国对彩礼、嫁妆，没有明确的定义。

1. 嫁妆

实践中一般认为嫁妆是指新娘带给婆家的钱财和物品的总和，这是由女方娘家支付的。

2. 彩礼

彩礼，现在主要是指按照民间风俗，男方要在婚前给予女方一定数量的现金或财物，表示其欲与对方缔结婚姻的诚意。

彩礼是中国旧时婚礼程序之一，又称财礼、聘礼、聘财等。我国自古以来婚姻的缔结，就有男方在婚姻约定初步达成时向女方赠送聘金、聘礼的习俗，这种聘金、聘礼俗称"彩礼"。周代是礼仪的集大成时代，彼时逐渐形成一套完整的婚姻礼仪，《仪礼》中有详细规制，整套仪式合为"六礼"，西周时确立并为历朝所沿袭的"六礼"婚姻制度，是"彩礼"习俗的来源。"六礼"即纳采、问名、纳吉、纳征、请期、亲迎，六礼中的"纳征"是送聘财，就相当于现在所讲的"彩礼"。这种婚姻形式直到"中华民国"都有延续，但在 1934 年 4 月 8 日中央苏区颁行的《中华苏维埃共和国婚姻法》中，已有了废除聘金、聘礼及嫁妆的规定。新中国成立后，1950 年、1980 年《婚姻法》和 2001 年修改后的《婚姻法》，均未对婚约和聘礼作出规定，且都规定了禁止买卖婚姻和禁止借婚姻索取财物的内容。但目前我国很多地方仍把订婚作为结婚的前置程序，在农村尤盛。伴随着经济的发展和生活水平的提高，订婚的彩礼也在不断提高，小到金银首饰，大到上万元的现金、汽车、住房等。一旦双方最终不能缔结婚姻，则彩礼的处置问题往往引发纠纷，诉诸法院的案件也逐渐增多。

二、彩礼、嫁妆分割与返还的法律依据及处理

(一) 有关彩礼、嫁妆的法律规定

关于彩礼与嫁妆的分割返还规定主要有三个：

(1) 最高人民法院《关于人民法院审理离婚案件处理财产分割问题的若干具体意见》(1993 年第 32 号) 第十八条规定："婚前一方借款购置的房屋等财物已转化为夫妻共同财产的，为购置财物造成对方生活困难的，可酌情返还。借款所负债务，视为夫妻共同债务。对取得财物的性质是索取还是赠与难以认定的，可按赠与处理。"

(2) 2004 年 4 月 1 日实施的最高人民法院《婚姻法司法解释 (二)》第十条规定："当事人请求返还按照习俗给付的彩礼的，如果查明属于以下情形，人民法院应当予以支持：(一) 双方未办理结婚登记手续的；(二) 双方办理结婚登记手续但确未共同生活的；(三) 婚前给付并导致给付人生活困难的。适用前款第 (二)、(三) 项的规定，应当以双方离婚为条件。"此条件的规定，标志着人民法院正式以司法解释的形式对于彩礼纠纷问题如何处理作出明确规定。

(3)《婚姻法》第三条规定：禁止借婚姻索取财物。

(二) 实践掌握

男方家支付的彩礼一般定性为附结婚条件的赠与，若结婚条件没有实现，女方应将彩礼返还。

女方亲属陪送嫁妆的行为应认定为赠与行为。在登记结婚前陪送的嫁妆应认定为是女方家人对女方的婚前个人赠与；登记结婚后陪送的嫁妆，女方家人未明确表示是对某方的个人赠与，则应认定为是对夫妻双方的共同赠与，该嫁妆应认定为是夫妻的共同财产。但夫妻对该嫁妆有特别约定的，则应当依约定来认定财产的归属。具体依据为：

(1) 在登记结婚前陪送的嫁妆应认定为是女方家人对女方的婚前个人赠与，离婚时应该认定为女方个人财产。依据是《婚姻法》第十八条的规定，"有下列情形之一的，为夫妻一方的财产：(一) 一方的婚前财产"。

(2) 登记结婚后陪送的嫁妆，一般认定为是夫妻双方的共同财产。但夫妻双方对该嫁妆有特别约定的，则应当依约定来认定财产的归属。法律根据是《婚姻法》第十七条的规定，"夫妻在婚姻关系存续期间所得的下列财产，归夫妻共同所有：…… (四) 继承或赠与所得的财产，但本法第十八条第三项规定的除外"；第十九条规定，"夫妻可以约定婚姻关系存续期间所得的财产以及婚前财产归各自所有、共同所有或部分各自所有、部分共同所有。约定应当采用书面形式"。

（三）司法实例分析

◆**案例**

齐现金、韩英（均为化名）系同村村民，2003年经媒人介绍订下婚约，齐现金给韩英送见面礼400元，2004年送看家礼1 000元，2005年2月举行结婚仪式的彩礼1万元。两人举行仪式后不久即分居，分别于2005年7月和2005年8月各自外出打工，春节回家过年。2006年韩英外出打工期间，齐现金通过韩英父亲要求与韩英办理结婚登记，并由村委会出具了婚姻状况证明，但办理未果。2007年7月，韩英与他人登记结婚。齐现金向法院起诉，要求被告韩英返还彩礼。另查明，齐现金的母亲于2002年去世，父亲系聋哑残疾人。

【问题】

女方接受的男方家按习俗给付的彩礼是否应当返还？

【法理分析】

我国婚姻法没有规定彩礼，但彩礼是普遍存在的社会现象。关于因彩礼发生纠纷应当如何处理，《婚姻法司法解释（二）》第十条规定："当事人请求返还按照习俗给付的彩礼的，如果查明属于以下情形，人民法院应当予以支持：（一）双方未办理结婚登记手续的；（二）双方办理结婚登记手续但确未共同生活的；（三）婚前给付并导致给付人生活困难的。适用前款第（二）、（三）项的规定，应当以双方离婚为条件。"司法实践中，笔者认为涉及彩礼纠纷应当注意下列问题：

（1）解决彩礼纠纷时应遵循的原则。决定彩礼是否返还，以当事人是否缔结婚姻关系为主要判断依据。给付彩礼后未缔结婚姻关系的，原则上应返还彩礼；如果已结婚的，原则上彩礼不予返还（一些特殊情形除外）；按照习俗举办了结婚仪式但没有领取结婚证书的，解除同居时彩礼原则上不予返还。

（2）结婚前给付彩礼的，必须以离婚为前提，才能考虑支持返还请求。如果给付彩礼之后，在婚姻关系存续期间，给付人要求返还给付的，不予支持，因为此时夫妻尚作为一个共同体，遵循夫妻法定财产共有制。如果当事人在离婚诉讼的同时提出该项请求，法院准许离婚的，可根据情况作出是否支持返还彩礼请求；判决不准离婚的，不能支持当事人返还彩礼的请求。

（3）必须是当地确实存在婚前给付彩礼的习俗。一般来说，彩礼问题主要大量存在于我国广大的农村和经济相对不发达地区，人们迎亲嫁娶，多是按民风、习俗形成的惯例。如果当地没有此种风俗存在，就谈不上给付彩礼的问题。对于不能认定为彩礼的、属于男女交往间所为的给付财物如何处理，要视其具体情况及性质，由法院依法作出处理。

（4）要区别彩礼给付时当事人的主观意愿。一般来讲，彩礼往往是迫于当地风俗及社会压力而不得不给，完全自愿给付且无任何附加条件的属于一般赠与行为，如果没有特殊规定，通常不予支持返还彩礼的请求。

（5）给付彩礼后办理了结婚登记，但双方并未真正在一起共同生活，对于要求返还彩礼的，应予以支持。双方登记结婚后，如果一直没有共同生活，也就没有夫妻之间相互扶助、共同生活的经历，实质意义上真正的共同生活还没有开始。

（6）对于彩礼的给付、接受主体应当作宽泛解释。实践中，给付彩礼并不单纯的是男女双方之间的事情，常常涉及两个家庭之间的往来。对于彩礼的给付人和接受人应作广义的理解，不能仅仅局限于准备缔结婚姻关系的男女本人，还应包括各自的亲属。现实生活中，彩礼往往是给付了女方的娘家，真正用于男女结婚的很少。许多时候，彩礼是全家用共同财产给付的，甚至是全家共同举债所为。考虑到这些具体的情况，如果将给付人的主体和收受人的主体都作限制性解释的话，不利于这类纠纷的妥善解决。

（7）婚前给付导致给付人生活困难。这属于彩礼返还的特殊情形。生活困难有绝对和相对之分，绝对困难是其生活靠自己的力量已无法维持当地最基本的生活水平；相对困难是指由于给付彩礼造成了生活前后相差较悬殊，相对于原来的生活条件来说，变得困难了。司法解释的本意，是在前一种意义上，即针对绝对困难进行规定的。

（8）彩礼返还适用的诉讼时效问题。彩礼的返还适用普通的诉讼时效，即两年。诉讼时效的起算，根据《民法通则》规定，权利受到侵害从当事人知道或者应当知道之日开始。因此，此类纠纷诉讼时效的起算，有以下几种情形：如果双方没有缔结婚姻关系的，给付人应当及时履行自己的权利，向对方主张自己的权利，对方拒不返还的，诉讼时效开始起算；如果双方登记结婚的，自其婚姻关系解除之日起，给付人就应当知道自己的权利受到侵害，诉讼时效开始起算。

就本案而言，齐现金给付韩英彩礼1万余元，双方按照当地习俗举行了结婚仪式，虽然没有办理结婚登记，但实际上已经同居。双方同居生活时间不长便各自外出打工，从司法解释的本意理解，本不应再返还彩礼，但男方齐现金给付彩礼后家庭生活属于绝对困难。综合两个方面的因素，法院酌定由女方返还男方给付彩礼的一半是适当的。

【法院判决】

河南省某县人民法院一审判决被告韩英返还原告齐现金彩礼5 000元。韩英不服判决，提起上诉。

河南省某市中级人民法院二审认为，韩英和齐现金自愿缔结婚约，按当地习俗由齐现金给付婚约彩礼11 400元。双方虽按习俗举办了结婚仪式，但未办理结婚登记，因均没有配偶，双方为同居关系，法律并不干预。由于双方未办理结婚登记手续，齐现金要求韩英返还彩礼，应予支持，但毕竟同居生活过一段时间，韩英所收彩礼部分用于同居期间共同消费支出，因此，一审判决酌定由韩英返还5 000元适当。韩英上诉称彩礼全部用于同居期间共同消费支出，缺乏足够的证据支持。遂判决：驳回上诉，维持原判。①

◆**案例**

婚前陪送的嫁妆如何定性

2009年8月，陈某（女）经人介绍与张某（男）相识相恋。2010年1月12日，双方举行了结婚仪式。2010年2月25日，双方补办登记结婚手续。婚后无子女、无取得共同财产。因婚前双方了解不充分，并且双方性格差异较大，所以婚后经常争吵。2010年7月8日，张某向法院起诉要求离婚，在法院审理过程中，双方都同意离婚，但关于女方家于

---

① 彩礼返还应具备的条件. http：//www. 110. com/ziliao/article － 133203. html.

举行结婚仪式时陪送的嫁妆（价值大约为人民币4万元）如何处理的问题双方未达成一致意见，张某认为该嫁妆是女方父母对陈某和他的共同赠与，所以其有权主张要求分割，但陈某认为该嫁妆是其父母对她个人的赠与，应该认定为她婚前个人财产。

【问题】

女方亲属陪送的"嫁妆"的性质如何界定及处理？

【法理分析】

女方亲属陪送的"嫁妆"行为性质应认定为是赠与行为；在登记结婚前陪送的"嫁妆"应认定为是女方家人对女方的婚前个人赠与；在登记结婚后陪送的"嫁妆"，女方家人未明确表示是对某方的个人赠与，则应认定为是对夫妻双方的共同赠与，该"嫁妆"应认定为请求人夫妻的共同财产，但夫妻双方对该"嫁妆"有特别的约定的，则应依约定来认定财产的权利归属。

法律依据有：

（1）我国《婚姻法》第十八条规定："有下列情形之一的，为夫妻一方的财产：（一）一方的婚前财产。"

（2）我国《婚姻法》第十七条第一款规定："夫妻在婚姻关系存续期间所得的下列财产，归夫妻共同所有：（一）工资、奖金；（二）生产、经营的收益；（三）知识产权的收益；（四）继承或赠与所得的财产，但本法第十八条第三项规定的除外；（五）其他应当归共同所有的财产。"

（3）我国《婚姻法》第十九条第一款规定："夫妻可以约定婚姻关系存续期间所得的财产以及婚前财产归各自所有、共同所有或部分各自所有、部分共同所有。约定应当采用书面形式。没有约定或约定不明确的，适用本法第十七条、第十八条的规定。"

本案中女方家陪送的嫁妆在登记结婚前，自然应该属于女方个人的婚前财产。

【法院判决】

（1）原告张某与被告离婚；

（2）被告陈某陪送的"嫁妆"归被告陈某所有；

（3）驳回原告的其他诉讼请求。

判决后双方都未上诉。

◆案例

婚后陪嫁的嫁妆怎样定性

郑正（男，化名）与谭琴（女，化名）经人介绍于2005年4月8日登记结婚，并于2005年6月6日办理结婚仪式，在办理结婚仪式时，谭琴家陪送了一辆奇瑞QQ小汽车。因婚前相识时间短，彼此缺乏深入了解，性格不合，常因家庭琐事产生矛盾，双方自2006年4月开始分居。2006年5月初，谭琴以夫妻感情破裂为由向法院提起诉讼，请求与郑正离婚。在诉讼中，郑正表示同意离婚，并要求法院认定奇瑞QQ小汽车是夫妻共同财产。而谭琴坚持认为该奇瑞QQ小汽车是她父母送给她个人的，所以应当是她的个人财产，而不是夫妻共同财产，对方不能主张权利。①

【问题】

本案该如何处理？理由是什么？

【法理分析】

本案双方的焦点在于女方家的陪嫁是否属于夫妻共同财产。要解决这一问题，关键要看女方家陪嫁的给付是在婚前还是婚后，如果是在婚后，那么有没有明确指向只是赠与女方的。案件中的信息表明，陪嫁是在婚后给付的，且没有明确指向赠与女方个人，夫妻之间对该财产也无特殊约定，所以应该认定为是对双方的赠与，属于夫妻共同财产，男方有权分一半。

法律依据：

（1）我国《婚姻法》第十八条的规定："有下列情形之一的，为夫妻一方的财产：（一）一方的婚前财产；"

（2）我国《婚姻法》第十七条第一款规定："夫妻在婚姻关系存续期间所得的下列财产，归夫妻共同所有：（一）工资、奖金；（二）生产、经营的收益；（三）知识产权的收益；（四）继承或赠与所得的财产，但本法第十八条第三项规定的除外；（五）其他应当归共同所有的财产。"

【法院判决】

法院审理认定为：该汽车是在双方登记结婚后女方父母出资购买，虽只是登记在女方名下的，但因未明确表示是对女方的个人赠与，所以应当认定为是对夫妻双方的共同赠与，所以该汽车是夫妻共同财产，依法应予以分割。

◆案例

对双方有约定的嫁妆的归属如何认定

2003年1月，张文娜（女，化名）与邓志钢（男，化名）经人介绍相识后建立恋爱关系，于同年8月28日办理结婚登记手续。2003年9月，按照民间传统习俗，张文娜与邓志钢举行了婚礼。因婚前相识时间短，彼此缺乏深入了解，性格不合，张文娜与丈夫常因家庭琐事产生矛盾，双方自2004年2月开始分居。2004年4月初，张文娜以夫妻感情破裂为由向北京市某法院提起诉讼，请求与被告邓志钢离婚。在诉讼中，邓志钢表示同意离婚，但要求将夫妻共同财产小货车一辆归其所有。经法院查实，该车出售时间是在原、被告办理结婚登记之后，举行婚礼之前，为女方张文娜娘家购买陪送的嫁妆。购买小货车时双方办理了婚前财产公证，公证部门证明为原告的婚前财产。

【问题】

这辆小货车应该属于谁？

【法理分析】

本案争议之小货车，是在当事人双方办理结婚登记手续后，举行婚礼之前，由女方娘家购买作为陪送的嫁妆。小货车究竟是夫妻共同财产，还是原告婚前财产，在认定上需解

---

① 贾明军. 婚姻家庭纠纷案件律师业务. 北京：法律出版社，2008.10.

决以下问题：

双方办理结婚登记后，婚姻关系依法确立。一般来说，夫妻在此后即婚姻关系存续期间所得的财产，应归夫妻共同所有。很显然，被告主张小货车为夫妻共同财产，就是以其是在婚姻关系存续期间所得为理由。从形式上看，女方娘家陪送嫁妆是在双方婚姻关系依法确立后的"婚姻关系存续期间所得"，而这种陪送被认定为"赠与"，原则上应认定为对夫妻共同的赠与，属于夫妻共同财产。但是，这里需要注意的是，需看二人对此财物有无约定，如有约定就按照约定履行。购买该车时，双方曾在公证处办理了一份关于该车归女方个人所有的财产约定，那该车就应该属于女方的个人财产。

【法院判决】

法院认为，原、被告对于离婚问题已经达成一致意见，应准予离婚。本案焦点为双方争议的小货车是夫妻共同财产还是女方个人财产。修改后的《婚姻法》第十七条第一款规定："夫妻在婚姻关系存续期间所得的下列财产，归夫妻共同所有：（一）工资、奖金；（二）生产、经营的收益；（三）知识产权的收益；（四）继承或赠与所得的财产，但本法第十八条第三项规定的除外；（五）其他应当归共同所有的财产。"《婚姻法》第十八条规定："有下列情形之一的，为夫妻一方的财产：（一）一方的婚前财产；（二）一方因身体受到伤害获得的医疗费、残疾人生活补助费等费用；（三）遗嘱或赠与合同中确定只归夫或妻一方的财产；（四）一方专用的生活用品；（五）其他应当归一方的财产。"原、被告争议的小货车虽然是在婚姻关系存续期间所购，但实际系女方娘家陪送的嫁妆。双方办理的婚前财产公证中约定该车是原告的婚前财产，所以应认定该车为女方个人财产。

2004 年 6 月 21 日，原告与被告经法院调解离婚，并对争议财产小货车归原告所有达成协议。①

【问题思考】

从以上案例的分析可以发现哪些避免嫁妆纠纷的方式？

（1）为了避免女方家的财产缩水，陪送嫁妆最好在婚前；

（2）婚后陪送嫁妆前，必须向双方明确嫁妆是赠与一方的，还是双方的；

（3）女方父母没有明确嫁妆归属的，可以在婚前或婚后，由男女双方约定嫁妆的归属。

第三节　婚前购房纠纷的法律实务

一、婚前购房争议的种类及处理

婚前一方出资，并以自己名义购房，另一方未出资且未在产权证上登记自己的名字。在此种情况下，该房属于购房者婚前个人财产。

婚前以一方名义购房，双方出资，在产权证上却只登记在一方的名下，这种情况要区

---

① 嫁妆是否属于夫妻共同财产. http：//www. chinalawyer. cc/hunyinjiating/20101006090910_ 399516. html.

别对待。一方购房，另一方虽有出资，但无法举证证明出资系因双方达成婚后共同居住目的，法院一般倾向认定该房为一方个人财产；对于另一方的出资在婚姻不成时是否需要退还，主要由法院根据双方出资目的的举证以及结合案件的实际情况酌情判决。

婚前以一方名义购房，另一方全部出资。此类案件现在也多有发生，由于法律并没有统一具体的规定，各地法院在实践中对此类案件的定性、适用法律等认识存在差异，导致结果差异较大。[①] 实践中通常定性为婚约财产纠纷或不当得利或附条件赠与。

婚前以双方名义购房，一方出资。实践中此类案件的处理原则如下：若双方没有另行约定，则出资方将产权登记在双方名下的行为，将会被视为对未出资方的赠与，产权登记在双方名下，又无按份共有的约定，该房会被认定为共同共有。如在产权证上明确按份共有，或双方另有书面约定的，双方当事人按份共有。按份共有即双方购房，各有出资，且约定房产权益双方按出资比例享有物权权益。

二、法律依据

《婚姻法司法解释（二）》第十条规定："当事人请求返还按照习俗给付的彩礼的，如果查明属于以下情形，人民法院应当予以支持：（一）双方未办理结婚登记手续的；（二）双方办理结婚登记手续但确未共同生活的；（三）婚前给付并导致给付人生活困难的。适用前款第（二）、（三）项的规定，应当以双方离婚为条件。"

最高人民法院《关于适用〈中华人民共和国婚姻法〉若干问题的解释（三）》（以下简称《婚姻法司法解释（三）》第十条规定："夫妻一方婚前签订不动产买卖合同，以个人财产支付首付款并在银行贷款，婚后用夫妻共同财产还贷，不动产登记于首付款支付方名下的，离婚时该不动产由双方协议处理。"依前款规定不能达成协议的，人民法院可以判决该不动产归产权登记一方，尚未归还的贷款为产权登记一方的个人债务。双方婚后共同还贷支付的款项及其相对应财产增值部分，离婚时应根据《婚姻法》第三十九条第一款规定的原则，由产权登记一方对另一方进行补偿。

《民法通则》第九十二条规定："没有合法根据，取得不当利益，造成他人损失的，应当将取得的不当利益返还受损失的人。"

《民法通则》第六十二条规定："民事法律行为可以附条件，附条件的民事法律行为在符合所附条件时生效。"

《民法通则》第一百一十七条规定："侵占国家的、集体的财产或者他人财产的，应当返还财产，不能返还财产的，应当折价赔偿。损坏国家的、集体的财产或者他人财产的，应当恢复原状或者折价赔偿。"

三、司法实例分析

◆案例

婚前以一方名义购房，另一方全额出资，结婚不成时房屋归谁

陈三（化名）与阿婵（化名）在2009年6月确定了恋爱关系，两年后，两人开始谈

[①] http：//www.lihunfa.com.

婚论嫁，共同商议在广州市天河区买一套房用于结婚，因陈三经常出差没有时间亲自过问买房一事，之后陈三分四次将80万元打到阿婵的账户，由阿婵全权处理买房一事。此后，看房、买房、交房款及办理产权证等全部由阿婵操办，产权证的户主也办到了阿婵的名下。正当两人准备去办理结婚证时，陈三因交通事故致左手被截肢，阿婵因父母的强烈反对与陈三分手。现陈三想拿回买房的80万元或者将产权人变更为陈三，但阿婵的父母坚决不同意。现陈三向法院起诉，请求阿婵退还房款或将房子转给自己。

【问题】

原告的请求能否得到法院的支持？理由是什么？

【法理分析】

该案例具有一定的普遍性，一般来说，对于巨额给付的生产资料，在给付的时候给付一方是建立在将来缔结婚姻、共同生活的基础上才进行的，可以说这样的给付是非常具有针对性和有条件的。在双方没有办法继续婚约、共同生活的情况下，接受方继续占用给付的贵重物品、生活资料则失去了事实上和法律上的依据。

因此，根据《民法通则》第九十二条规定："没有合法根据，取得不当利益，造成他人损失的，应当将取得的不当利益返还受损失的人。"同时，最高人民法院对于《婚姻法司法解释（二）》第十条规定："当事人请求返还按照习俗给付的彩礼的，如果查明属于以下情形，人民法院应当予以支持：（一）双方未办理结婚登记手续的；（二）双方办理结婚登记手续但确未共同生活的；（三）婚前给付并导致给付人生活困难的。适用前款第（二）、（三）项的规定，应当以双方离婚为条件。"本案陈三给付80万元是为了与阿婵共同生活，现双方没有办法共同生活，阿婵再占有该笔财产就没有合法依据，应当返还80万元或者将价值80万元的该套房屋过户到陈三名下。

【法院判决】

一审法院审理后认为：原告提供的相关证据均能证明原告给被告的80万元是用于购买房屋，故对原告主张的该项事实予以采信。公民的合法财产权受法律保护，不容他人侵害。本案中，双方当事人原系恋爱关系。现因双方感情破裂导致分手，原告要求被告返还用于购房的80万元的诉讼请求，应当予以支持。

据此，一审法院依据《民法通则》第九十二条规定（定性为不当得利）作出判决：被告阿婵自本判决生效之日起七日内一次性返还原告人民币80万元；案件受理费8 795元由被告阿婵负担。①

◆ 案例

双方出资，以一方名义买房，结婚不成，房屋如何分割

张某（男）与王某（女）于2003年2月初相识，恋爱期间相互感觉都还不错，并且发展到了谈婚论嫁的地步。2004年9月，张某提议购买房子，以便双方婚后共同居住。王某同意，双方约定每人出资7万元合计14万元付首付，以后还贷两人一起承担。出于对张某的信任，王某一次性将7万元现金交给了张某，也没有让张某打收条，之后，王某也

---

① http://nflawyer0820. blog. 163. com/blog/static/9124752420081124348 30893/.

没有太在意购房的过程以及签订合同的相关程序。购买房产后，王某在装修房子上下了很大的工夫，也陆续投入1万余元的钱款。2005年5月，双方在谈到具体结婚费用时产生分歧，双方家长闹得也不开心，双方决定分手，这时王某才发现，张某在签订购房合同时只用了张某自己的名字，购房发票上也只有张某一个人的名字。王某要求按出资比例分割房产遭到了张某的拒绝，无奈之下，王某诉至法院。

【问题】

本案应该如何处理？理由是什么？

【法理分析】

本案的关键是房产证上所署的购房人的名字到底是谁。如果是两人合买的（即购房合同上签署了双方的名字），就共同享有，应属于共有财产的分割问题。按我国现行法律规定，共有财产分为两种：一种是共同共有，即共有人对共有财产不分份额地共同享受权利和承担义务，共同共有多存在于具有特殊关系的人之间，如夫妻、家庭之间；另一种是按份共有，即共有人按各自享有的份额对共有财产享受权利和承担义务。分割共有财产，首先应判断共有关系的类别，即是共同共有还是按份共有，如不能证明共有关系为按份共有的，应当认定为共同共有。能够证明按份共有关系的证据有共有人之间签订的协议、权属证书上记载的份额等。

本案在购房时，由于张某与王某并非夫妻关系，加之购房时合同及发票上都是张某的名字，因此，从法律角度来讲，这套房子物权属于张某，而非与王某的共同财产。按照情理来说，如果另一方也出钱了，应该归还另一方钱财，但前提条件是未签署购房合同书的一方必须拿出有力的证据证明其支付了其中的费用。如果没有证据的话，就无法收回房产或钱物。

在这个案件中，王某将7万元现金交给张某而没有让张某打收条的行为是非常危险的，一旦张某不承认收到这7万元现金，王某将陷入举证不能的尴尬境地，甚至连出资7万元的本钱也难以索回。王某在房屋装修过程中的出资也都是交给张某购买材料，一旦张某否认装修过程中王某有出资，王某也必然陷入被动。现在，王某主张分割房产权利，但没有出资证明，也没有在购房合同上签名，法院支持的可能性不大。

【法院判决】

最后，在法院主持调解下，此案由张某返还王某7万元人民币调解结案，王某算是挽回了损失，但其在这个过程中消耗的精力以及装修花销却无法弥补。

◆案例

婚前一方出资以双方名义购买的房产应如何分割

白雪（女，化名）决定通过按揭贷款的方式购买一套商品房，婚后再将该套小户型的房子出租出去以补贴家用。在签订购房合同时，其男朋友陈世（化名）提出自己的单位可以报销物业费和取暖费，不如把自己的名字也加上去，这样，今后物业公司开具的发票拿到单位报销起来方便点。白雪爽快地答应了，考虑到陈世并没有实际出资，白雪为了避免财产纠纷，仍以自己的名义办理了个人按揭贷款，房产证下来后，白雪也并没有把房产证交给陈世。没想到后来麻烦还是出现了，在两人因故分手时，陈世竟然要求分割房产，这下可把白雪气得够呛。

【问题】

陈世有权分割房产吗?

【法理分析】

房屋作为不动产,在我国实行登记公示制度,即产权人以有权登记的县级以上房地产行政主管机关的登记为准。由于白雪所购房屋的产权证上是白雪和陈世两个人的名字,因此,尽管白雪没有把房产证交给陈世,但在主管机关的房屋档案中,这套房屋仍属于两人共有。至于白雪以自己的名义办理的个人按揭贷款,只能证明其通过银行借款支付了购房款,而不能从根本上否定陈世的产权人地位。把陈世的名字列入购房合同中后,在主管机关的预售备案登记中以及白雪出具的房产份额的声明等一系列材料中都会出现陈世的名字,这对白雪是比较不利的。所以,尽管从道义上说,陈世的做法很不厚道,但由于白雪举证困难,故很难把陈世从产权人中除名。而在房屋产权人名称不变更的情况下,陈世是享有房产份额的。

所以,婚前购房在一方出资的情况下,不要轻易把另一方的名字加在购房合同中,因为房产证中的产权人是以购房合同中记载的买受人为准的。一旦使没有出资的一方成为产权人,售房时则不仅需要取得对方的同意,而且在其要求分割房价款时,司法实践中一般都会按照产权证上记载的份额支持其提出的财产分割请求。①

【问题思考】

从以上三个案例观察,婚前购买房产时,应如何避免纠纷?

(1) 因为购房出资涉及较大金额,所以恋爱期间购房出资一定要慎重,共同购房一定要注意把自己的名字写到购房合同中,或让对方打张收条并注明收款的用途。

(2) 个人出资买房,一定要写上自己的名字,如果不打算赠与对方部分产权,就不要把对方的名字写在房产证上。

(3) 保留好出资证明、购房合同等书面材料。

第四节　非婚同居纠纷的法律实务

一、非婚同居的定义

随着社会的发展,价值观念日趋多元化,人们对个人生活方式的选择持更加宽容的态度。近年来,由于非婚同居现象日益普遍,主张对其予以规范已成为国内法学界多数学者的共识。而且,许多学者已就非婚同居带来的相关问题进行了较为详细的讨论,但目前我国对于非婚同居调整的法律很不系统规范。

广义的非婚同居多种多样。根据同居者的目的、地域、年龄等因素的不同,非婚同居

---

① http://lawyer.fabao365.com/111134/article_48866.

可以划分为各种不同的类别,比如,有农村青年按照习俗办理了喜事,但因没有达到结婚年龄,未正式登记而同居的;有符合结婚条件但不办理结婚登记而同居生活的青年男女;有丧偶的老年人及部分离婚人士,为了回避因再婚引发的财产分割及继承纠纷而进行同居生活等。不同类型的同居产生的问题并不相同。从狭义上来说,非婚同居是指不为法律所禁止的,无配偶的男女双方自愿、长期、公开共同生活在一起,但又没有履行结婚登记手续的一种两性结合的方式。我们这里讲的同居关系主要是狭义的非婚同居关系。

二、非婚同居中人身关系的认定及处理

当事人之间的人身关系的内容是非婚同居与合法婚姻在法律上最关键的区别。非婚同居欠缺婚姻的形式要件,因此当事人之间不被法律承认为夫妻关系,不产生任何配偶间的人身关系,也不随时间的延长而自然地转化为配偶关系。同样的,双方的亲属间也不产生任何姻亲关系。至于如何称呼这种人身关系,可以沿用西方的"生活伙伴关系"这一说法,或者称为"同居伙伴关系"。这样,就可以把非婚同居关系和婚姻关系以及其他合伙关系区别对待。

(一)非婚同居引发的人身关系纠纷处理的法律依据

《婚姻法司法解释(一)》第五条规定:"未按婚姻法第八条规定办理结婚登记而以夫妻名义共同生活的男女,起诉到人民法院要求离婚的,应当区别对待:(一)1994年2月1日民政部《婚姻登记管理条例》公布实施以前,男女双方已经符合结婚实质要件的,按事实婚姻处理。(二)1994年2月1日民政部《婚姻登记管理条例》公布实施以后,男女双方符合结婚实质要件的,人民法院应当告知其在案件受理前补办结婚登记;未补办结婚登记的,按解除同居关系处理。"

《婚姻法司法解释(一)》第六条规定:"未按婚姻法第八条规定办理结婚登记而以夫妻名义共同生活的男女,一方死亡,另一方以配偶身份主张享有继承权的,按照本解释第五条的原则处理。"

《婚姻法司法解释(二)》第一条规定:"当事人起诉请求解除同居关系的,人民法院不予受理。但当事人请求解除的同居关系,属于婚姻法第三条、第三十二条、第四十六条规定的'有配偶者与他人同居'的,人民法院应当受理并依法予以解除。"

当事人因同居期间财产分割或者子女抚养纠纷提起诉讼的,人民法院应当受理。

1989年12月13日最高人民法院《关于人民法院审理未办结婚登记而以夫妻名义同居生活案件的若干意见》(以下简称《意见》)第八条规定:"人民法院审理非法同居关系的案件,如涉及非婚生子女抚养和财产分割问题,应一并予以解决。具体分割财产时,应照顾妇女、儿童的利益,考虑财产的实际情况和双方的过错程度,妥善分割。"

1989年12月13日最高人民法院《意见》第十三条规定:"同居生活期间一方死亡,另一方要求继承死者遗产,如认定为事实婚姻关系的,可以配偶身份按继承法的有关规定处理;如认定为非法同居关系,而又符合继承法第十四条规定的,可根据相互扶助的具体情况处理。"

（二）司法实例分析

◆案例

同居十多年男方暴亡，不能算事实婚姻？

李女士与王先生均是离异，经朋友介绍相识，互相感觉不错，于是没办理结婚登记手续，李女士就搬进王先生的平房里居住。王先生与他的兄妹不和，所以王先生、李女士两人与王先生的兄妹很少往来。从 1996 年起两人在一起一住就是十多年，出双入对，对外一直以夫妻相称，周围街坊邻居也都以为他们是合法夫妻。

2007 年 10 月 20 日晚，王先生突发心脏病，送到医院后没有抢救过来。王先生没能留下任何书面文件就撒手而去。在把王先生的丧事处理完毕，李女士回到住所时，发现门锁已被换掉，自己的个人衣物被装在几只箱子里放在了门外，箱子里放了一张纸条，大意是王先生的兄妹通知李女士：他们收回了王先生的房屋，让李女士限期搬离。

李女士随即报警，公安部门答复她：维持房屋目前的现状，李女士与王先生的兄妹之间的矛盾通过法律途径解决。①

【问题】

李女士能否继承王先生的遗产？理由是什么？

【法理分析】

本案中，李女士能否继承王先生的遗产，主要看二人之间的关系是否符合事实婚姻的定性。事实婚姻是相对于法定婚姻而言的，是指没有配偶的男女未进行结婚登记，便以夫妻名义同居生活，群众也认为是夫妻关系的两性结合。事实婚姻应当具备以下条件：①事实婚姻的男女双方均无配偶，有配偶则构成事实重婚；②事实婚姻的男女双方都具有终身共同生活的目的；③事实婚姻的男女双方对外以夫妻名义共同生活，具备公开的夫妻身份；④事实婚姻违反了《婚姻法》和有关的法律、法规的规定，未履行结婚登记手续。

同居关系是指当事人双方秘密地或公开地以通奸、姘居或同居为形式而结合的违法两性关系。除了事实婚姻之外，其他未办理结婚登记而同居的男女关系，均为非法的。但现在一般称"同居关系"而不叫"非法同居关系"。

最高人民法院《意见》规定：

（1）1986 年 3 月 15 日《婚姻登记办法》施行之前，未办结婚登记手续即以夫妻名义同居生活，群众也认为是夫妻关系的，一方向人民法院起诉离婚，如起诉时双方符合结婚的法定条件，可认定为事实婚姻关系；起诉时一方或双方不符合结婚的法定条件，应认定为非法同居关系。

（2）1986 年 3 月 15 日《婚姻登记办法》施行之后，未办结婚登记手续即以夫妻名义同居生活，群众也认为是夫妻关系的，一方向人民法院起诉离婚，如同居时双方均符合结婚的法定条件，可认定为事实婚姻关系；如同居时一方或双方不符合结婚的法定条件，应认定为非法同居关系。

---

① http://www.chinanews.com.cn/sh/news/2009/05-18/1696153.shtml.

（3）自民政部新的《婚姻登记管理条例》施行之日起，未办结婚登记即以夫妻名义同居生活的，按非法同居关系对待。

最高人民法院《婚姻法司法解释（一）》第五条规定："未按婚姻法第八条规定办理结婚登记而以夫妻名义共同生活的男女，起诉到人民法院要求离婚的，应当区别对待：（一）1994年2月1日民政部《婚姻登记管理条例》公布实施以前，男女双方已经符合结婚实质要件的，按事实婚姻处理。（二）1994年2月1日民政部《婚姻登记管理条例》公布实施以后，男女双方符合结婚实质要件的，人民法院应当告知其在案件受理前补办结婚登记；未补办结婚登记的，按解除同居关系处理。"

前后两个司法解释的规定，对人民法院在审理未办理结婚登记而以夫妻名义同居生活案件时认定事实婚姻和非法同居规定了不同的标准和处理办法。《婚姻法司法解释（一）》考虑到事实婚姻关系形成的原因和具体情况的复杂性，为保护妇女儿童的合法权益和婚姻家庭关系的稳定，从实际出发，在一定时期内有限度地承认事实婚姻关系，然后逐步过渡到不承认。同时，《婚姻法司法解释（一）》后于《意见》公布实施，所以对《婚姻法司法解释（一）》实施后的此类型案件应当优先适用《婚姻法司法解释（一）》的规定。

从本案反映的信息看，两人正式同居是在1996年，所以并不符合《婚姻法司法解释（一）》第五条的规定。所以两人的关系只能定性为同居关系，而非夫妻关系。故李女士无权继承王先生的遗产。

◆案例
非婚同居关系的解除

2002年年初，一对男女到北京西城区法院要求解除同居关系。两人都是北京人，文化程度不高，双方都没有正式职业，全靠男方做些零星生意维持家庭生活。原告是23岁的女方，说当时双方山盟海誓，尽管父母强烈反对，但他们还是选择了在一起，并生了孩子，希望能用既成事实说服父母。但在以后共同的生活中，原告发现，自己心中的白马王子崇尚的是吃、喝、玩、乐，经常很晚回家，并怀疑他对自己不忠，渐渐感到结婚无望。于是理智起来的女孩坚决要与对方分手，并要求法院分割财产、给予自己孩子的抚养权。原告与被告在西城租的单元房，有价值两三万元的家具和电器，还有7万多元存款。

【问题】
本案应当如何处理更加恰当？

【法理分析】
原告与被告不是合法夫妻关系，其同居生活也不属于事实婚姻，而是典型的"非婚同居"。现行《婚姻法》中没有"非婚同居"的概念，也没有对非婚同居关系作出明确调整。本案二人之间解除同居关系并解决孩子的抚养及财产的分割问题，符合《婚姻法司法解释（二）》第一条的规定："当事人起诉请求解除同居关系的，人民法院不予受理。但当事人因同居期间财产分割或者子女抚养纠纷提起诉讼的，人民法院应当受理。"双方关于子女的抚养应该协商，协商不成可以由人民法院根据最有利于孩子成长的原则判决；关于财产的分割，一般是属于谁的财产谁拿走，对于不能确定为双方个人财产的部分，应比照1989年12月13日最高人民法院《意见》第八条"人民法院审理非法同居关系的案件，如涉及非婚生子女抚养和财产分割问题，应一并予以解决。具体分割财产时，应照顾妇女、儿童的利益，考虑财产的实际情况和双方的过错程度，妥善分割"的规定处理。

【法院判决】

受案的人民法院根据《婚姻法》原则，首先判决解除同居关系。孩子判给女方直接抚养，由男方每月支付 400 元生活费。同时考虑到照顾女方的利益，除一些家具和电器外，又分给她大部分的存款。

◆ 案例

1993 年之前同居，是否属于事实婚姻

张某，男，1972 年 12 月 1 日出生。李某，女，1973 年 5 月 3 日出生。双方于 1992 年经人介绍认识，并确立恋爱关系。之后，双方离开老家一起到北京工作。1993 年年底，双方回老家按照农村习俗举行婚礼，女方户籍亦迁移至男方家中。此后双方以夫妻名义对外同居生活，但是未办理结婚登记。其间，双方生育一子一女，购买房屋一处、汽车一辆。后因性格不合，经常发生争吵，双方均要求"离婚"，但对子女抚养及抚养费承担、财产分割无法达成一致意见。经过多次协商，均未果。无奈之下，李某选择诉讼解决所有争议。

【问题】

双方是属于同居关系还是属于事实婚姻关系？如何解决双方的子女抚养及财产分割？

【法理分析】

（1）双方系同居关系，而非事实婚姻关系。《婚姻法司法解释（一）》第五条规定："未按婚姻法第八条规定办理结婚登记而以夫妻名义共同生活的男女，起诉到人民法院要求离婚的，应当区别对待：（一）1994 年 2 月 1 日民政部《婚姻登记管理条例》公布实施以前，男女双方已经符合结婚实质要件的，按事实婚姻处理。（二）1994 年 2 月 1 日民政部《婚姻登记管理条例》公布实施以后，男女双方符合结婚实质要件的，人民法院应当告知其在案件受理前补办结婚登记；未补办结婚登记的，按解除同居关系处理。"本案中，双方虽然在 1994 年 2 月 1 日前按农村习俗举行婚礼，以夫妻名义共同生活，但是张某未满 22 周岁，年龄不符合法定婚龄，不符合结婚实质要件。该要件消失后，双方又不愿补办结婚登记。因此，本案双方属同居关系而非事实婚姻关系（司法实践中解除同居关系，双方一方作出解除的意思表示即可，无须像离婚一样办理相关手续，程序上简单）。

（2）不能仅以解除同居关系为由向法院起诉，应当以财产分割、子女抚养问题为由提起诉讼。《婚姻法司法解释（二）》第一条规定："当事人起诉请求解除同居关系的，人民法院不予受理。但当事人请求解除的同居关系，属于婚姻法第三条、第三十二条、第四十六条规定的'有配偶者与他人同居'的，人民法院应当受理并依法予以解除。当事人因同居期间财产分割或者子女抚养纠纷提起诉讼的，人民法院应当受理。"因此，本案李某应以同居关系析产、子女抚养关系纠纷为由，提起诉讼。

（3）关于子女的抚养问题及财产分割问题。①子女抚养问题。根据我国法律规定，非婚生子女享有与婚生子女同等的权利，任何人不得加以危害和歧视。不直接抚养非婚生子女的生父或生母，应当负担子女的生活费和教育费，直至子女能独立生活为止。本案中，双方生有一子一女，解除同居关系时应当解决子女抚养问题。参照双方老家的习俗，以有利于子女健康成长为原则，律师建议一人抚养一个，各自承担抚养费，该方案最终获得双方同意。②同居期间财产的分割。首先区分共有或个人所有，可以证明为一方的财产的，属于一方所有，不能证明的，按一般共同共有原则予以认定；其次，遵照意思自治原则。同居期间所得的财产，应首先由当事人协议处理；最后，依照顾子女和女方权益、无过错方的原则予以处理。①

三、非婚同居中财产争议的法律处理

(一) 解决非婚同居期间财产纠纷的法律依据

非婚同居期间的财产关系既不同于夫妻财产关系，也不能认定为一般的合伙关系。目前处理非婚同居财产关系的法律依据主要是：

(1) 最高人民法院 (1989 年 12 月 13 日)《意见》第八条规定："人民法院审理非法同居关系案件时，如涉及非婚生子女抚养和财产分割问题，应一并解决。具体分割财产时，应照顾妇女、儿童的利益，考虑财产的实际情况和双方的过错程度，妥善分割。"

(2) 最高人民法院 (1989 年 12 月 13 日)《意见》第十条规定："解除非法同居关系时，同居生活期间双方所得的收入和购置的财产，按一般共有财产处理，同居生活前，一方自愿赠送给对方的财物可比照赠与关系处理；一方向另一方索取的财物，可参照最高人民法院 (84) 法办第 112 号《关于贯彻执行民事政策法律若干问题的意见》第 (18) 条规定的精神处理。"

按照该意见，同居期间的财产按照一般共有财产来对待，而不是共同共有，即能证明为个人财产的，按个人财产处理；不能证明为个人财产的按共同财产处理。

(3) 最高人民法院 (1989 年 12 月 13 日)《意见》第十一条规定："解除非法同居关系时，同居期间为共同生产、生活而形成的债权、债务，可按共同债权、债务处理。"

(4) 最高人民法院 (1989 年 12 月 13 日)《意见》第十二条规定："解除非法同居关系时，一方在共同生活期间患有严重疾病未治愈的，分割财产时，应予适当照顾，或者由另一方给予一次性的经济帮助。"

(5) 最高人民法院 (84) 法办第 112 号《关于贯彻执行民事政策法律若干问题的意见》第 (18) 条规定："借婚姻关系索取的财物，离婚时，如结婚时间不长，或者因索要财物造成对方生活困难的，可酌情返还。"

(二) 司法实例分析

◆案例

2006 年 3 月，张先生与陈小姐相识并同居。2007 年 2 月，两人共同购买一套婚房，总价 67 万余元，首付 27 万余元，剩余房款由张先生进行商业贷款。首付款中有陈小姐父亲出资的 7 万元。

---

① 张春辉. 简析同居关系析产、子女抚养纠纷. http://lawyer. 110. com/72984/article/show/type/2/aid/162722.

2008 年 2 月，该房屋开始装修，花费 10 余万元，由女方出资。装修完毕后，张先生、陈小姐及陈小姐的母亲入住该房屋，双方选定 2009 年 9 月 9 日登记结婚。然而由于一些生活琐事，双方矛盾开始激化，张先生待在家里的时间越来越少，甚至不回家。虽然两人关系大不如前，但陈小姐还是一心想和张先生成婚。不料转眼到了 2009 年 7 月底，当陈小姐正准备着张罗结婚事宜时，张先生却提出要与另一女子登记结婚，并称该女子已有身孕，随后两人结束恋爱关系。

结束三年同居，情侣翻脸。同居关系结束后，张先生起诉到法院要求取得房屋所有权，按陈小姐享有房屋 28% 的份额支付房屋折价款，并要求陈小姐母女在一个月内搬离。

陈小姐则称，房屋贷款并非张先生一人在还，自己先后共计转账 1.8 万元给张先生归还房屋贷款。除去首付 7 万元是自己父亲出资外，房屋的装修和家具等都是由陈小姐出资。同居期间生活开销也全由女方承担。所以张先生主张"陈小姐享有 28% 的份额"明显有失公平。陈小姐提出，根据双方同居期间出资情况，该房屋财产应平均分割。

【问题】

同居期间购买婚房能不能按夫妻共同财产分割？

【法理分析】

财产分割涉及同居财产分割和夫妻财产分割。法律规定：夫妻财产系法定共有，离婚时自然分割，除非有反证；而同居财产是谁的就是谁的，除非有反证才能分割。法院审判中重点关注的是：此类争议财产到底属于谁？如属于同居双方"共同购置"或者"共同创造"，那么各自所占的比例是多少？所有这些问题的解决必须有相应的证据。本案中，双方共同出资购买了住房，女方又出资 10 万元对房子进行了装修。如果双方均有相应的出资证明，那么分手时，应该对房子进行全面评估。评估之后测算出各自对房子付出的比例，根据比例分配房屋产权，房子所有的一方要给对方相应的补偿。

【法院判决】

法院征求房产公司及贷款银行意见，贷款银行认为，变更贷款手续较为复杂，倾向于不变更主贷人。经张先生申请，法院委托估价公司对该房屋公开市场价格进行了评估，该房屋市场价值为 165 万余元，装修价值为 5 万余元。

最后法院综合各方证据，酌定张先生、陈小姐对于房屋分别享有 65% 和 35% 的财产份额。鉴于张先生在房屋内享有较大的份额，且贷款在张先生名下，故法院确定张先生享有房屋所有权，由他给付陈小姐相应的房屋折价款。

法官点评：从本案可以看出同居关系不受法律保护，同居期间购买的房屋不能按夫妻共同财产平均分割，只能按照出资多少及共同生活的具体情况由法院酌定具体份额。①

◆ 案例

阿媛 1987 年与男友阿逸相识，此后长期同居。1992 年，第一批股票认购证面世，她以全部积蓄买了 600 张认购证和中签股票。当时，她尚未与前夫解除婚姻关系，因此以阿逸的名义开列了股票账户。这 1.8 万元的起步资金在七八年后居然炒到了 500 多万元。

① 同居购买婚房不能按夫妻财产分割. http://www.lawtime.cn/info/hunyin/hunyinfaanli/20110225119595.html.

1998年10月，她与前夫离婚，与阿逸一起买了商品房，以夫妻名义公开同居。2000年5月，阿逸患肝癌去世。阿逸患病期间，是阿媛扶助照顾；阿逸去世后，也是阿媛为其料理后事。但3个月后，阿逸的兄弟强占了阿媛和阿逸的住房，阿逸的父母擅自取走了阿逸账户内的450万元股票资金。这住房和股票资金原本是阿媛的个人财产，即使作为同居期间的财产或合伙炒股财产，最起码她也有一半的份额。人财两空、悲愤交织的阿媛几经交涉无果，遂向上海市某法院提起诉讼，请求法院依法保护她的财产权益。作为被告，阿逸的父母则辩称，他们对上述财产的占有是有法律依据的，是完全合法的。儿子生前没有结婚，没有子女，也没有立遗嘱。被告是儿子财产唯一的继承人，有国家公证机关的公证书为证。儿子患病多年，不是暴病而死，原告完全有时间处理自己的财产。如果真的两相情愿，也完全可以成为合法夫妻，不会出现纠纷。原告的诉讼请求没有法律依据，也是不符合生活逻辑的。

【问题】

阿媛和阿逸之间是同居关系还是事实婚姻关系？法院会支持阿媛的主张吗？

【法理分析】

本案中，阿媛能否得到其中的一半财产，第一种可能是：阿媛和阿逸之间的关系构成事实婚姻。但从案件反映的信息看，虽然两人之间同居很早（在1994年2月1日之前），但当时两人并不符合结婚的实质要件，两人符合结婚实质要件的同居是在1998年10月，她与前夫离婚后。这个时间不符合《婚姻法司法解释（一）》第五条"未按婚姻法第八条规定办理结婚登记而以夫妻名义共同生活的男女，起诉到人民法院要求离婚的，应当区别对待：（一）1994年2月1日民政部《婚姻登记管理条例》公布实施以前，男女双方已经符合结婚实质要件的，按事实婚姻处理"的规定，所以不是事实婚姻，自然阿媛不能分割其中的一半财产。第二种可能就是，按照最高人民法院《意见》第十条规定："解除非法同居关系时，同居生活期间双方所得的收入和购置的财产，按一般共有财产处理，同居生活前，一方自愿赠送给对方的财物可比照赠与关系处理。"阿媛必须有足够的证据证明以阿逸的名义开列的股票账户的启动资金1.8万元是属于自己的财产，自然依据这笔启动资金所赚取的利润就属于自己和阿逸共同创造，有属于自己的部分，否则，她无法分得其中的一半。

【法院判决】

原告阿媛提供的证据：20名证人，他们均出庭作了陈述。这些证人中部分是原告的邻居、同事，也有部分是阿逸的邻居。

法院通过对原告提供的证人出庭所作的陈述分析、对两被告提供的阿逸资金账户存取账分析，得出以下结论：很难排除在1992年之前原告与阿逸已形成财产混合的状况；很难确认595张认购证均是由阿逸出资购买；原告对购买的认购证确系予以了出资。

法院还总结了三方面的证据和一个事实：第一，证人证明原告提出出资购买认购证，由阿逸帮助炒股，亏损由原告负担，赚钱由原告与阿逸分享；第二，证人证明认购证中奖后原告与阿逸向他们借款；第三，证人证实阿逸临去世前一天，亲口承认过他与原告合伙炒股。一个事实即在1992年股票认购证购买后，阿逸名下认购证中签股票的买卖是由阿逸操办的。

一审法院鉴于对争议问题的分析，并结合三方面的证据和一个事实，综合起来认为，原告与阿逸生前的合伙事实时间上具备连贯性，行为内容上具有吻合性，确认成立。在无法明确双方合伙投资比例及盈余分配比例的情况下，合伙财产由双方均分较为合理。同时依据查明购买的认购证数量 595 张及阿逸去世时留下资金、股票折价款以及房产等价值 576 万余元，加上已给予原告的 100 万元，总计达 676 万余元。2002 年 5 月，法院一审判决两被告应支付原告人民币 238 万元。①

◆ 案例

帅小伙傍中年富婆想分财产法院判其空手而归

35 岁的刘剑（化名）是重庆市城郊一农村居民，排行老幺，一直好吃懒做，因此没成家。但因俊朗的外表和"天才"级的口才，围绕在刘身边的女子不断。1998 年一次偶然机会，刘认识了比自己大 9 岁的已婚富婆林平（化名）。

林和丈夫早在 1997 年就已离婚，但其前夫对她经济上仍很"支持"。林多愁善感，刘与她不到两个月就同居了。2001 年，林花钱以自己名义，买了一套价值 15 万元的房屋和一辆价值 30 万元的帕萨特轿车。次年，林平又投资 30 万元购置设备开了家公司，刘剑专当她的司机。

2003 年年底，林平和刘剑闹分手。刘剑称："分手可以，财产分一半。"多次协商不成，刘剑竟上法庭讨财产。

【问题】

刘剑能否分割林平的一半财产？

【法理分析】

财产分割涉及同居财产分割和夫妻财产分割。法律规定：夫妻财产系法定共有，离婚时自然分割，除非有反证；而同居财产是谁的就是谁的，除非有反证才能分割。法院审判中，也重点关注此类争议财产是否属于同居双方"共同购置"或者"共同创造"。本案中的林平和刘剑仅仅属于同居关系，不是事实婚姻。按照最高人民法院《意见》第十条规定："解除非法同居关系时，同居生活期间双方所得的收入和购置的财产，按一般共有财产处理。"按照该意见，同居期间的财产按照一般共有财产来对待，而不是共同共有。即能证明为个人财产的，按个人财产处理；不能证明为个人财产的按共同财产处理。两人同居期间，所有的财产都是林平自己出钱购买的，刘剑只是一个司机，并没有什么个人财产，自然无权分得一半财产。

【法院判决】

一审法院认为，两人同居期间共同经营公司，应对其共同购置的财产收益分割，判决刘剑得到了帕萨特轿车和近 40 万元的存款。

林平不服上诉。2004 年年初，重庆市某中级法院二审认为，房子和车子都是林平自己掏钱买的，不是同居共同财产。同时，男方只是女方公司的司机，无证据证明其出资并参与了公司经营，最后判决刘剑"净身出户"。

①　男友撒手人寰人财两空同居引发财产纠纷. http：//www.lawtime.cn/info/hunyin/hunyinfaanly/20110225119595.html.

【问题思考】

以上的同居案例给了我们什么样的启示？

启示：婚姻才是爱情的保障。

以上三个典型案例说明，男女在恋爱期间或者同居期间由于人身关系的不稳定，也并不是只有自由没有负担。如何避免这样的纠纷呢？

（1）不妨丑话说在前面。一般来说，在具有特定的人身关系比如亲属关系之间的经济往来在没有确定证据的情况下，依据日常的经验法则我们认为无偿是原则，有偿为例外，比如配偶、父母子女、兄弟姐妹之间的经济往来；但是恋人情侣关系算不算特定的人身关系？这恐怕很难归结到这个范畴里去。所以男女在恋爱期间，难免有互赠礼物的情形，但不可让感情冲昏了头脑。在大额经济支出的时候，一定要丑话说在前面，甚至写在纸上，或者干脆等双方进行结婚登记之后再进行。

（2）走进婚姻。对同居者来说，要想避免风险，那只有向前走一步，走进婚姻，走进法律所保护和调整的婚姻状态。

（3）保存和固定证据。如果同居者拒绝走进婚姻，却还一直相爱着，那么另一方就应该为对方多做些考虑。尤其是当一方处于弱势时，另一方就应该尽可能地保存和固定一些过硬的证据，比如财产协议、财产公证或者遗嘱公证等。

四、非婚同居期间子女抚养纠纷的认定与处理

（一）同居期间子女抚养的法律依据

（1）《婚姻法司法解释（二）》第一条规定：当事人起诉请求解除同居关系的，人民法院不予受理。但当事人请求解除的同居关系，属于《婚姻法》第三条、第三十二条、第四十六条规定的"有配偶者与他人同居"的，人民法院应当受理并依法予以解除。

当事人因同居期间财产分割或者子女抚养纠纷提起诉讼的，人民法院应当受理。

（2）《婚姻法》第二十五条规定：非婚生子女享有与婚生子女同等的权利，任何人不得加以危害和歧视。

不直接抚养非婚生子女的生父或生母，应当负担子女的生活费和教育费，直至子女能独立生活为止。

（3）最高人民法院《意见》第九条规定：解除非法同居关系时，双方所生的非婚生子女，由哪一方抚养，双方协商；协商不成时，应根据子女的利益和双方的具体情况判决。哺乳期内的子女，原则上应由母方抚养，如父方条件好，母方同意，也可由父方抚养。子女为限制民事行为能力人的，应征求子女本人的意见，一方将未成年的子女送他人收养，须征得另一方的同意。

（4）《婚姻法司法解释（三）》第二条规定：夫妻一方向人民法院起诉请求确认亲子关系不存在，并已提供必要证据予以证明，另一方没有相反证据又拒绝做亲子鉴定的，人民法院可以推定请求确认亲子关系不存在一方的主张成立。

当事人一方起诉请求确认亲子关系，并提供必要证据予以证明，另一方没有相反证据又拒绝做亲子鉴定的，人民法院可以推定请求确认亲子关系一方的主张成立。

这一规定同样适用于非婚同居关系中的亲子关系认定问题。

（二）司法实例分析

◆案例

市民胡女士三年前来天津打工期间认识了同事王某，并产生了感情。因两人户口都在外地，没有办理结婚登记手续，就直接搬到一起共同生活。一年前，她生下一个女儿。6个月前，王某离津去外地工作，此后便不再给付她们母女生活费用。

【问题】

如果胡某不再和王某共同生活了，而女儿随王某的姓，是否应当由王某来抚养孩子？如果由胡女士抚养孩子，她有无权利向王某索要女儿的生活费？

【法理分析】

胡女士和王某由于未办理结婚登记手续，在同居期间生下的子女属非婚生子女。对非婚生子女的抚养问题，最高人民法院《意见》第九条规定："解除非法同居关系时，双方所生的非婚生子女，由哪一方抚养，双方协商；协商不成时，应根据子女的利益和双方的具体情况判决。哺乳期内的子女，原则上应由母方抚养，如父方条件好，母方同意，也可由父方抚养。子女为限制民事行为能力人的，应征求子女本人的意见，一方将未成年的子女送他人抚养，须征得另一方的同意。"

就目前情况看，胡女士可以先和王某协商解决女儿的抚养问题。如无法协商解决，根据《婚姻法司法解释（二）》第一条第二款"当事人因同居期间财产分割或者子女抚养纠纷提起诉讼的，法院应当受理"的规定，可以直接向人民法院起诉。

如果由胡女士抚养女儿，根据《婚姻法》第二十五条"非婚生子女享有与婚生子女同等的权利，任何人不得加以危害和歧视。不直接抚养非婚生子女的生父或生母，应当负担子女的生活费用和教育费，直至子女能独立生活为止"的规定，王某应当给付女儿的生活费和教育费用，直到女儿能够独立生活。

◆案例

同居一方拒绝做亲子鉴定如何确认亲子关系

李小姐和王先生于2009年9月相识相恋，2009年11月至2010年6月期间，李小姐居住在王先生家。2010年9月李小姐发现自己怀孕，当时她在外租房。后李小姐和王先生因怀孕问题发生矛盾，王先生及其家人多次要求李小姐堕胎，遭到李小姐拒绝。

2011年7月李小姐生下小孩，之后带着小孩到王先生家，与王先生及其家人发生纠纷。后李小姐于2011年10月诉至法院，以王先生为小孩的亲生父亲为由，要求王先生每月支付抚养费2 000元。王先生拒不承认孩子是自己亲生的，既不到庭又拒绝做亲子鉴定。

【问题】

本案应该如何处理？

【法理分析】

本案的关键问题是：王先生和孩子之间是否存在亲子关系。一般而言，确认亲子关系存在与否的最直接证据就是亲子鉴定结论。但本案中王先生在开庭时拒不到庭应诉，也拒绝进行亲子鉴定。那么，在缺失亲子鉴定结论的情况下，法院是否能依据其他证据推定亲子关系成立呢？

应当看到，在此类涉及亲子关系的诉讼中，原告方一般只能提供一些间接证据（如本案中李小姐提供的照片、租赁协议、居委会证明、证人证言等），这些间接证据又无法直接对争议事实作出肯定性或否定性的结论，而被告方（王先生）往往或不到庭应诉，或坚决拒作亲子鉴定。在这种情况下，若法院一味要求一方提供确实、充分的证据来证明亲子关系的存在，这对当事人来说将几乎没有胜诉的机会，也违背了公平原则。因此，法院在特定条件下可以运用推定规则来得出存在亲子关系的结论。

为保障民事诉讼"谁主张、谁举证"的一般举证规则，在适用推定规则时须满足以下两个条件：①举证责任人首先应对自己的主张（即对方与孩子间存在亲子关系）提供"必要的证据"证明这种可能性；②未成年子女存在亟须抚养和教育的情形。一般情形下，是指未婚先孕，孩子幼小而无人抚养的情况。在这里，如何理解"必要的证据"是审理中的难点，取决于法官的"自由心证"。在本案中，从现有证据分析，李小姐和王先生之间的亲密合照、居委会证明等证据表明两人曾谈过恋爱，并曾同居，双方关系密切。派出所的询问笔录、邮件整理稿、证人证言等证据则表明李小姐怀孕后王先生及其家人曾要求其堕胎，但遭到拒绝，双方为此产生矛盾。至此，李小姐已提供"相当的证据"证明存在亲子关系的可能性，初步完成自己的举证责任，满足了适用推定规则的第一个条件。从第二个条件来看，由于王先生不到庭应诉，本案无法做亲子鉴定，且目前孩子尚年幼，亟须抚养。在综合上述两个条件的情况下，根据《婚姻法司法解释（三）》第二条第二款"当事人一方起诉请求确认亲子关系，并提供必要证据予以证明，另一方没有相反证据又拒绝做亲子鉴定的，人民法院可以推定请求确认亲子关系一方的主张成立"的规定，法院可以据此推定，孩子与王先生之间的亲子关系成立。

【法院判决】

一审法院认为，在案件审理中，李小姐出具了照片、邮件、租赁协议、居委会证明等相关证据证实她与王先生曾经存在亲密关系，以及双方为李小姐怀孕一事多次产生矛盾，应该认定已经提供了王先生与孩子之间存在亲子关系的必要证据。故李小姐对于王先生和小孩存在亲子关系的举证责任已初步完成。

王先生对反驳李小姐的诉讼请求也应承担举证责任，现王先生无正当理由拒不到庭又拒绝做亲子鉴定，视为放弃自己的抗辩权利，并承担对其不利的法律后果。综合考虑小孩尚年幼、亟须抚养等因素，根据《婚姻法司法解释（三）》第二条第二款"当事人一方起诉请求确认亲子关系，并提供必要证据予以证明，另一方没有相反证据又拒绝做亲子鉴定的，人民法院可以推定请求确认亲子关系一方的主张成立"的规定，法院据此推定，孩子与王先生之间的亲子关系成立。王先生应当承担起作为生父的抚养责任。

鉴于王先生未到庭，无法证明其经济情况，故从本案小孩的实际需要和当地生活水平出发，酌情确定抚养费为每月 800 元。

五、同居期间女方怀孕男方要求解除同居关系的纠纷处理

（一）相关的法律规定

《婚姻法》第三十四条规定："女方在怀孕期间、分娩后一年内或中止妊娠后六个月内，男方不得提出离婚。女方提出离婚的，或人民法院认为确有必要受理男方离婚请求的，不在此限。"

最高人民法院民事审判庭关于贯彻执行最高人民法院《意见》有关问题的电话答复中

指出："关于女方在非法同居期间怀孕，男方提出解除非法同居关系人民法院（是否受婚姻法 1980 年《婚姻法》第二十七条的限制）是否受理的问题，我们认为《婚姻法》第二十七条保护的前提是合法的婚姻关系，女方在非法同居期间怀孕，违反了《婚姻法》的有关规定，为了严肃执法，对男方诉到法院要求解除非法同居关系的，应予受理。受理后即应作出解除非法同居关系的判决。女方分娩后，再处理子女抚养问题。"

虽然以上意见与现行司法解释冲突，但从其立法本意来看，在同居期间，女方怀孕或分娩后不足一年或中止妊娠后不足六个月的，与男方于同居期间因财产纠纷或子女抚养问题引起的诉讼，不受《婚姻法》第三十四条的限制，人民法院仍应受理。

（二）司法实例分析

◆案例

陈某（男）与潘某（女）都是来京打工者，在一家饭店上班。陈某是饭店的厨师，潘某是大厅服务员。两个人都处于单身状态，经过一段时间的交往，潘某感觉陈某人还不错，就和他发展了恋爱关系，没多久两人便一块租房共同生活。不久，潘某发现自己怀孕了，因为女方年龄比较大，便想要这个孩子，但陈某却想把孩子打掉。两人关于此事协商多次不成，陈某扬言将以双方未进行结婚登记为由向法院申请解除同居关系，潘某觉得依法律规定，女方怀孕期间男方不得提出离婚。

【问题】

陈某提出解除同居关系的请求，法院会受理吗？潘某提出的女方怀孕男方不得离婚的说法是否正确？

【法理分析】

陈某与潘某之间为一般同居关系，陈某向法院提起解除同居关系的诉讼，法院不会受理。因为《婚姻法司法解释（二）》第一条规定："当事人起诉请求解除同居关系的，人民法院不予受理。但当事人请求解除的同居关系，属于婚姻法第三条、第三十二条、第四十六条规定的'有配偶者与他人同居'的，人民法院应当受理并依法予以解除。当事人因同居期间财产分割或者子女抚养纠纷提起诉讼的，人民法院应当受理。"因此，当事人一方或双方向法院提起单纯解除同居关系的诉讼，法院是不会受理的。这是因为新婚姻法修改后，"非法同居"一词被"同居关系"所代替，这说明没有领取结婚证居住在一起不再被认为非法，法律充分尊重当事人的自由抉择生活方式的权利，同居行为既未被法律明确禁止，但也不受法律保护。同居关系非法律上的婚姻关系，同居关系的解除男女双方可以协商解决，故法院不予干涉。

同居期间，潘某怀孕不适用《婚姻法》第三十四条"女方在怀孕期间、分娩后一年内或中止妊娠六个月内，男方不得提出离婚"之法律规定。因为《婚姻法》第三十四条的规定只适用于依法形成的婚姻关系或事实婚姻关系。潘某与陈某未办理合法登记结婚手续而共同生活，其同居关系不能作为合法婚姻关系对待，因此，不存在"离婚"一说。双方可以协商解除同居关系，待女方分娩后，再处理子女抚养问题。①

---

① 同居期间女方怀孕，男方能否向法院提出解除同居关系 . http：//www. 66law. cn/goodcase/8005. aspx.

第二章　婚前财产约定纠纷法律实务

第一节　婚前财产约定协议的概念及其法律依据

一、婚前财产协议的概念

过去人们生活水平普遍较低，个人即使拥有一些财产，数量也不多，再加上传统观念的束缚，故较少有人达成婚前财产协议。随着中国经济的不断发展，人们拥有的婚前财产越来越多，同时整个社会的观念也更加理性，达成婚前财产协议就成了新趋势。

婚姻本来就应该以爱情为基础，达成婚前财产协议不仅不会淡化这一点，反而由于对婚前财产的归属有了明确的约定，从某种程度上是强化了婚姻的爱情基础。另外，由于现代社会的离婚率越来越高，而离婚时双方争议最大的一个问题就是财产问题，与其到时双方为财产的所有权争执不休，不如事先作出约定，这样一旦婚姻不幸走到了尽头，双方可以免去很多不必要的纷争。为此，签订婚前财产协议就自然而然具有以下优势：

（1）明确男女双方婚前财产的范围，避免将来不必要的财产纠纷；

（2）确定双方婚后财产的使用方法，是采用共有财产制还是区别财产制；

（3）为将来的婚姻风险提供证据支持。

关于婚前财产协议的概念并未出现在具体的法律条文之中，所以关于婚前财产协议概念的理解在司法实践中存有不同的观点。一种观点认为：婚前财产协议是指男女双方在结婚登记之前就双方各自婚前、婚后所得的财产的归属所作的约定。约定的内容可以是婚前财产及婚后各自所得归各自所有，也可以是共同所有。另一种观点认为：婚前财产协议是指男女双方对各自婚前所有财产作出的不作为婚后共有财产的约定。对婚前财产所有权的归属作出约定在婚前、婚后均可办理，不受登记与否的限制。我们认为第一种观点是正确的。

二、婚前财产约定的法律依据

（1）《婚姻法》第十九条规定："夫妻可以约定婚姻关系存续期间所得的财产以及婚前财产归各自所有、共同所有或部分各自所有、部分共同所有。约定应当采用书面形式。没有约定或约定不明确的，适用本法第十七条、第十八条的规定。夫妻对婚姻关系存续期间所得的财产以及婚后财产的约定，对双方具有约束力。"

（2）《婚姻法》第十七条规定："夫妻在婚姻关系存续期间所得的下列财产，归夫妻共同所有：（一）工资、奖金；（二）生产、经营的收益；（三）知识产权的收益；（四）继承或赠与所得的财产，但本法第十八条第三项规定的除外；（五）其他应当归共同所有的财产。"

夫妻对共同所有的财产，有平等的处理权。

（3）《婚姻法》第十八条规定："有下列情形之一的，为夫妻一方的财产：（一）一方的婚前财产；（二）一方因身体受到伤害获得的医疗费、残疾人生活补助费等费用；（三）遗嘱或赠与合同中确定只归夫或妻一方的财产；（四）一方专用的生活用品；（五）其他应当归一方的财产。"

由此可见，我国《婚姻法》原则上规定夫妻各方婚前的财产归各自所有，但同时又允许夫妻双方书面约定婚前个人财产归夫妻双方共有。

第二节 常见婚前财产协议的纠纷与处理

一、婚前财产协议中关于离婚赔偿的约定纠纷及处理

《婚姻法》第十九条规定："夫妻可以约定婚姻关系存续期间所得的财产以及婚前财产归各自所有、共同所有或部分各自所有、部分共同所有。约定应当采用书面形式。没有约定或约定不明确的，适用本法第十七条、第十八条的规定。夫妻对婚姻关系存续期间所得的财产以及婚前财产的约定，对双方具有约束力。"

有了法律规定的支持，实践中，新人在婚前或婚后做婚前财产协议以及婚内财产协议的人数越来越多。在这些协议中，绝大多数约定的内容相对于双方基本是公平的，比如，约定"婚后双方各自所得归各自所有"。但是，也不乏一些约定是约定在特定条件成就时，将原属于自己的财产按协议归对方所有。比如，约定一方若提出离婚，需将原属自己的财产无条件归属另一方，或者婚前财产协议除了按婚姻法规定对婚内财产进行约定外，还有人对离婚的赔偿也进行了约定，如一方提出离婚或因一方的过错导致离婚，一方应赔偿对方多少万元等等。从这些约定的内容上来看，似乎十分不"公平"，并且还有限制离婚自由的嫌疑。那么，这些约定有效吗？我们从司法实践的角度来分析。

◆案例

闫彪（男方，化名）与陈靖（女方，化名）在婚前签订了一份协议，协议约定："男方婚前的一套住房价值60万元左右，供双方婚后共同居住使用……若男方提出离婚，则男方婚前的房产归女方所有，男方还要向女方支付生活费，数额为男方每月工资收入的70%。男方在离婚时向女方支付赔偿金20万元……"双方结婚3个月后即开始出现矛盾，闫彪向法院提起了离婚诉讼，要求解除婚姻关系，并主张婚前签订的协议违反了公平原则，违背其真实意思，应予撤销，不同意按照婚前协议履行。而女方辩称，该协议系双方

真实意思表示，现男方提出离婚，应按照协议履行。

【问题】

该协议是否有效？财产的处理能否按照协议内容执行？

【法理分析】

目前，我国法律和司法解释尚未对"婚前财产协议"作出明确的概念描述。《婚姻法》第十九条规定："夫妻可以约定婚姻关系存续期间所得的财产以及婚前财产归各自所有、共同所有或部分各自所有、部分共同所有。约定应当采用书面形式。没有约定或约定不明确的，适用本法第十七条、第十八条的规定。夫妻对婚姻关系存续期间所得的财产以及婚前财产的约定，对双方具有约束力。"我们认为，婚前财产协议，是指男女双方对各自婚前婚后所得财产的归属作出的约定，约定内容可以是婚前财产及婚后各自所得归各自所有，也可以是一方婚前的财产婚后共同共有，也可以约定婚后财产各自名下归各自所有。婚前财产协议的法律基础，在于我国《婚姻法》第十九条的规定。

本案中，闫彪与陈靖的婚前财产协议符合夫妻财产制的约定。本案的双方关于婚前财产的约定实际上是对男方婚前个人财产约定归女方所有的财产约定形式，法律允许当事人通过书面约定来处理自己的个人所有财产。本案双方签订的婚前协议内容不规避法律，也没有损害他人的财产权益，并且签订时双方已成年，具有完全民事行为能力，约定的内容合法，也系双方当事人的真实意思表示，因此，人民法院应该认定该协议有效。

【法院判决】

一审判决：该房产应为闫彪的婚前个人财产，但闫彪提出离婚，应按婚前协议约定履行，将该房产过户给陈靖；闫彪每月向陈靖支付其月工资收入的70%，并在离婚判决生效后的七日内，向陈靖支付20万元赔偿金。

一审判决后，男方不服，提起了上诉，认为自己并无过错，没有向女方赔偿的义务，并且月工资收入的70%如果归女方，自己的生活将无法维持。后来，中级人民法院依然支持了闫彪的房产归陈靖所有及20万元赔偿金的约定，但关于离婚后男方支付工资的70%给女方的约定因显失公平，考虑到双方婚龄较短，男方离婚后的收入并不处于已确定的状态，于是依法予以撤销。[①]

二、婚前财产协议中赠与房产的约定纠纷与处理

(一) 婚前协议中赠与房产约定的法律依据

在现实生活中，一方为了表示对爱情的忠贞，常常在婚前协议中约定赠与对方房产，按照《合同法》的相关规定，像这样的约定为赠与协议。

(1)《婚姻法》第十九条关于夫妻财产约定的规定为：夫妻可以约定婚姻关系存续期间所得的财产以及婚前财产归各自所有、共同所有或部分各自所有、部分共同所有。

(2)《婚姻法司法解释（三）》第六条规定：婚前或者婚姻关系存续期间，当事人约定将一方所有的房产赠与另一方，赠与方在赠与房产变更登记之前撤销赠与，另一方请求判令继续履行的，人民法院可以按照《合同法》第一百八十六条的规定处理。

---

① 婚前财产协议离婚时是否应履行？. http: //china. findlaw. cn/falvchangshi/hunyinjiating/gzxy/xyal/2798. html.

所以，对于赠与对方的房产，如果没有办理变更登记手续，且该协议又未公证，则可以撤销该赠与。

（3）《合同法》第一百八十六条规定：赠与人在赠与财产的权利转移之前可以撤销赠与，但具有救灾、扶贫等社会公益、道德义务性质的赠与合同或经过公证的赠与合同，不适用前款规定。

（4）《合同法》第一百八十七条规定：赠与的财产依法需要办理登记手续的，应当办理有关手续。

（二）司法实例分析

◆ 案例

婚前协议约定婚前赠与房产案

秦某（男）与柯某（女）于2009年9月登记结婚，婚前双方感情较好，遂签一协议：秦某自愿将位于某市某小区的一套房屋的一半产权赠与柯某，该房产为柯某与秦某的婚后共同财产，今后柯某如无原则过错，秦某不论基于何种理由致感情破裂离婚，柯某均享有一半的产权。2011年11月秦某提出离婚，要求确认房屋归自己所有，共同财产依法分割。柯某辩称共同财产共同分割无异议，但房产有协议在先，应无条件分割一半。秦某说婚前协议不是其真实意思表示，不认可该协议。经查，双方结婚后未办理房产变更登记手续。

【问题】

如何定性这一婚前赠房协议？女方的主张能不能得到支持？

【法理分析】

《婚姻法》第十九条规定：夫妻可以约定婚姻关系存续期间所得的财产以及婚前财产归各自所有、共同所有或部分各自所有、部分共同所有。《婚姻法司法解释（三）》第六条规定：婚前或者婚姻关系存续期间，当事人约定将一方所有的房产赠与另一方，赠与方在赠与房产变更登记之前撤销赠与，另一方请求判令继续履行的，人民法院可以按照《合同法》第一百八十六条的规定处理。婚前协议其法律性质应定性为赠与协议。根据《合同法》第一百八十六条的规定，赠与人在财产转移权利之前可以撤销赠与。具有救灾、扶贫等社会公益、道德义务性质的赠与合同或者经过公证的赠与合同，不适用前款规定。《合同法》第一百八十七条规定：赠与财产依法需要办理登记手续的，应当办理有关手续。因此，除了具有救灾、扶贫等社会公益、道德义务性质的赠与合同之外，赠与人在财产权利转移之前都可以撤销赠与。本案中，双方虽然签订了房产赠与协议，但由于该套房产未办理过户登记，房屋产权尚未发生转移，所以，原房屋产权人主张撤销是符合法律规定的，在转移权利过户之前秦某有权撤销，柯某无权分得一半。

【法院判决】

某区法院认为，双方登记结婚后未办理权属变更登记，讼争的一半产权未发生变更，仍为男方所有。另外，一半房产的约定是对原告离婚自由的限制，且被告无证据证明原告有重大过错，故该约定无效。女方不服一审判决，于是上诉，二审维持原判。①

◆**案例**

婚前协议约定婚后赠与房产案

2006 年，义乌男子李某经人介绍认识了女子张某。李某年龄较大，急于成家，就在与张某谈婚论嫁时承诺结婚后将自己所有的两幢房屋的一半赠与张某。两人于 2007 年 6 月 27 日办理了结婚登记，并于第二日签订了房产赠与协议。刚刚结婚时，两人感情尚可，半年后却是矛盾不断。妻子张某勉强与丈夫李某共同生活了一年多，就开始经常夜不归宿。从 2008 年 7 月开始，张某干脆不回家了。李某到处找不到妻子，也丝毫没有她的音讯，只好在 2008 年 12 月向法院起诉要求离婚。

丈夫提出离婚，妻子张某又出现了，她欣然同意离婚，但提出要求分割财产，获取丈夫婚后赠送给她的一半房产。丈夫李某认为，当初张某的婚姻目的并不是与自己白头偕老，所以婚前承诺婚后赠送给她的财产已不符合自己的初衷。并且根据《合同法》的规定，请求法院撤销自己与妻子于 2006 年 12 月 28 日签订的协议书。

女方张某认为，双方签订的协议并不违反法律禁止性规定，这是双方对婚前财产的约定，并且经过义乌市某法律服务所的见证，应确认有效。她认为，协议就可以算是赠与合同，要求驳回李某的诉讼请求。

【问题】

本案应当如何处理？理由是什么？

【法理分析】

《婚姻法》第十九条规定：夫妻双方可以约定婚姻关系存续期间所得的财产以及婚前财产归各自所有、共同所有或部分各自所有、部分共同所有。此婚前协议其法律性质应定性为赠与协议。根据《合同法》第一百八十六条的规定：赠与人在财产转移权利之前可以撤销赠与。具有救灾、扶贫等社会公益、道德义务性质的赠与合同或者经过公证的赠与合同，不适用前款规定。《合同法》第一百八十七条规定：赠与财产依法需要办理登记手续的，应当办理有关手续。因此，除了具有救灾、扶贫等社会公益、道德义务性质的赠与合同之外，赠与人在财产权利转移之前都可以撤销赠与。由于该套房产未办理过户登记，房屋产权尚未发生转移，原房屋产权人主张撤销是符合法律规定的，在转移权利过户之前李某有权撤销，张某无权分得一半。

【法院判决】

法院审理后认为，赠与的财产是动产的应当予以交付，是不动产的应当办理产权过户手续或者予以公证，这种赠与行为才能实现。在本案中，丈夫李某虽然与张某在婚前签订了房产赠与协议，但并未办理产权过户手续，亦未经过公证机关的公证，所以作为赠与人的李某依法享有撤销权。依照我国《合同法》的规定，赠与人在赠与财产的权利转移之前可以撤销赠与。②

---

① 婚前协议赠与房产的效力怎样判定？. http：//blog. sina. com. cn/s/blog_ 5bcaeae40100dc5o. html.

② http：//www. jhnews. com. cn/2007 - 04 - 14/.

三、婚前财产协议与"附结婚"条件的赠与纠纷

附结婚条件的赠与行为，是指已经发生法律效力的赠与行为，当事人所约定的结婚条件成就时，该赠与行为即发生效力。在当事人所约定的结婚条件不成就时赠与行为则失去其效力。

（一）关于赠与的法律规定

（1）《合同法》第一百八十六条规定：赠与人在赠与财产的权利转移之前可以撤销赠与，但具有救灾、扶贫等社会公益、道德义务性质的赠与合同或经过公证的赠与合同，不适用前款规定。

（2）《合同法》第一百八十七条规定：赠与的财产依法需要办理登记手续的，应当办理有关手续。

（3）《民法通则》第五十四条规定：民事法律行为是指公民或法人（民事主体）设立、变更、终止民事权利和民事义务的合法行为。

（4）《民法通则》第六十二条规定：民事法律行为可以附条件，附条件的民事法律行为在符合所附条件时生效。

（二）司法实例分析

◆案例

张某为了能与未婚妻李某早日结婚，遂签订了一份婚前协议，约定张某将坐落于宣武区某小区 3 号楼 6 单元 B02 号两居室住房一套系张某名下的私产送给女方李某。2009 年 1 月 21 日，双方签订了一份赠与协议，张某将位于宣武区某小区的这套两居室住房赠与李某，约定协议经公证后生效，并在海淀区某公证处进行了公证，有公证书（09）京海民证字第 0902 号为证。没想到两人最终还是没有办理结婚手续，女方即告到法庭，称因被告张某至今未向原告交付赠与合同的标的物，也未办理该房的产权过户手续，为保护受赠人的合法权益，现起诉要求法院依法判令被告：（1）交付赠与合同标的物——坐落于宣武区某小区 3 号楼 6 单元 B02 号两居室住房并办理该房的产权过户手续；（2）承担该案件的受理费。

【问题】

你认为本案应当如何处理？理由是什么？

【法理分析】

该赠与房产的协议明显是赠与协议而非婚前财产约定协议。张某之所以签订这份赠与协议就是为了与未婚妻早日结婚，也就是说该赠与行为是附结婚条件的赠与，按照《民法通则》第六十二条规定：民事法律行为可以附条件，附条件的民事法律行为在符合所附条件时生效。所以，即使该赠与房产协议办理了公证，如果赠与房产所附的条件没有成就，也即二人未履行登记结婚手续，该赠与协议即不能发生效力，女方无权要求获得该房产。

【法院判决】

法院认为这是附结婚条件的赠与行为，只有在符合所附条件时才能生效，因为双方没有办理结婚登记，所以条件没有实现，李某不能主张权利。[①]

◆ **案例**

婚前签订"卖身契"，"我的都是你的，你的还是你的"，离婚时财产如何处理

实践中，很多人在婚前签订协议时，考虑得很简单，认为只要两人结婚，对方提出的什么条件都可以接受，甚至一些明显对一方很不公平的协议，如像"卖身契"一样的协议。一方为了讨对方欢喜、高兴，都答应并白纸黑字写书面承诺。这样的情形下，一旦双方离婚，一方就有可能付出惨重的代价。

跟江敏（女，化名）相识前，赵军（男，化名）有过一段短暂而幸福的婚姻。10年前，前妻不幸去世，留下尚未懂事的儿子浩浩跟赵军相依为命。前妻走后，赵军将全部精力放在工作和儿子身上，没有考虑感情的事，直到遇上江敏。

2005年，赵军认识比她小4岁的江敏时，他已经是有房、有车、有存款的富翁了，两人很快建立恋爱关系。在江敏面前，赵军有点底气不足，毕竟自己有过婚史，还带着小孩。出于补偿心理，他对江敏特别好。不久，两人谈及婚嫁。女人结婚前总会忐忑不安，江敏也不例外，她反复追问赵军："你会不会变心？""结婚后还会对我这么好吗？"赵军理解江敏的顾忌，为了证明自己是一心一意的，他承诺结婚后什么都给江敏。

2005年年底，两人领证结婚。婚前赵军签了一份财产协议，内容为：本人自愿将名下一套价值百余万元的房屋无偿赠送给江敏；婚后添置的财产（如车辆、房屋、存款等）都归江敏所有；如果离开江敏，不得带走任何财物；江敏的婚前财产仍然归她个人所有。"我的都是你的，你的却不是我的。"很明显，这是一份极不公平的协议，但赵军心甘情愿签了字。他是抱着白首到老的愿望结婚的，既然白首到老，还分什么彼此？没想到婚后不久，双方就出现了难以调和的矛盾。赵军当了多年单身爸爸，做梦都想拥有完整的家。因此，蜜月刚过，他就向江敏提出，要把儿子浩浩从父母家接回来。江敏的脸一下子冷了下来："哪有刚嫁人就当妈的？"赵军很意外："你不是一直都挺喜欢浩浩吗？我爸妈年纪大了，照顾浩浩太吃力，而且浩浩也需要母爱……"他试图说服江敏，但江敏坚决不同意。赵军火了。他之所以跟江敏结婚，一方面是喜欢她，另一方面是想给浩浩一个完整的家庭，没想到江敏这样排斥浩浩。江敏也火了，她质问赵军到底是想娶个老婆，还是想给他儿子找个保姆。

之后，两人多次为浩浩的事吵架，赵军说服不了江敏，只好一次次地妥协。随着争吵次数的增加，感情不可避免地出现了裂痕。其实他们都挺想跟对方过下去，还不约而同地想到：也许有个孩子就好了。婚后第三年，江敏顺利生下一名男婴，取名南南。南南出生后，江敏搬到娘家居住，赵军也跟了过去。这时的江敏浑身散发着母性光辉，赵军以为时机成熟了，再次提出接浩浩同住，谁知江敏仍然反对。双方好不容易修复的关系又闹僵

[①]　北京市宣武区人民法院审理王玉清诉赵宇增赠与合同纠纷民事判决书. http：//www.chinacourt.org/html/article/200312/18/95576.shtml.

了。为了照顾浩浩，赵军搬回了原来的家。江敏对赵军搬出去的事耿耿于怀，坚决不让步，两人就此分居。

2008 年年底，江敏提出离婚，赵军坚决不同意，法官认为双方关系尚未恶化，判决不离。之后，两人关系没有任何改善。2009 年夏天的一次争吵中，赵军动手打了江敏，致使双方关系彻底恶化。江敏再次起诉到南京某区法院，坚决要求离婚，同时要求赵军履行婚前协议，放弃所有财产。

【问题】

两人离婚，财产分割能否完全按照婚前所签协议执行？

【法理分析】

《婚姻法》第十九条规定：夫妻双方可以约定婚姻关系存续期间所得的财产以及婚前财产归各自所有、共同所有、部分各自所有、部分共同所有。约定应当采用书面形式。

夫妻对婚姻关系存续期间所得的财产以及婚前财产的约定，对双方具有约束力。法律规定夫妻有权约定婚后财产以及婚前财产的归属问题。夫妻对婚后财产以及婚前财产的约定，对双方具有约束力。赵军与江敏自愿在婚前达成财产协议，协议内容不违反法律规定，因此合法有效。赵军已经将原属于自己的房屋赠给江敏，并且房子已经过户到江敏名下，这说明赠与协议已经履行，根据相关法律规定，现在已经无权更改此协议。关于二人约定将婚后添置的所有财物全部给江敏的约定是双方真实的意思表示，所以对双方均有约束力，不能擅自更改。所以离婚时，双方的财产应该按照协议约定的内容分割。

【法院判决】

法院最后下了判决，准许两人离婚，财产分配完全遵循婚前财产协议。赵军是名副其实的"净身出户"——赵军婚前赠送给江敏的房子归江敏所有；双方婚后取得的财产，大到汽车存款，小到家电家具，悉数归江敏所有，就连一起买的车位也归江敏使用。两个孩子一人抚养一个，赵军抚养浩浩，江敏抚养南南，赵军每个月还要给南南 1 000 元生活费。①

【问题思考】

订立婚前财产协议时要注意哪些问题？

（1）婚前协议包括离婚后的财产处理条款，都必须体现双方的真实意愿。

（2）婚前协议中涉及房产赠与问题，应明确过户的条件及时间，并在条件及时间成就时，及时办理过户，彻底杜绝隐患。

（3）签订婚前财产约定协议时，有条件的话双方最好到公证处办理协议的公证手续，原则上双方协议一经签字即可成立。在一定条件下，比如结婚时或离婚后生效，但经过公证后的协议效力最高，如房产赠与原则上是不可撤销的。

（4）签订婚前财产协议，一定要理性，不要为了讨好对方而全部答应对方提出的条件，因为没有一个人可以单凭自己的良好愿望而和对方白头偕老。

---

① 罗光飞. 从该案看婚前财产协议书的法律效力. http：//www. 110. com/ziliao/article－225071. html.

第三章　结婚纠纷的法律实务

第一节　违背婚姻法基本原则的结婚纠纷处理

《婚姻法》第二条规定：实行婚姻自由、一夫一妻、男女平等的婚姻制度。保护妇女、儿童和老人的合法权益。实行计划生育。

可见我国婚姻家庭法的基本原则共有五项：婚姻自由；一夫一妻；男女平等；保护妇女、儿童和老人的合法权益；实行计划生育。我们重点讲解前两项原则。

一、对婚姻自由干涉的法律纠纷处理

婚姻自由是我国《婚姻法》的一项基本原则，包括结婚自由、离婚自由和不结婚的自由。结婚自由是男女双方缔结婚姻关系的自由，即男女双方必须完全自愿且意思表达真实，不容许一方对另一方进行强迫、欺骗或者乘人之危，不容许任何人以任何借口予以强迫和非法干涉。

（一）结婚自由的法律依据

（1）《婚姻法》第二条规定：实行婚姻自由、一夫一妻、男女平等的婚姻制度。

（2）《婚姻法》第三条规定：禁止包办、买卖婚姻和其他干涉婚姻自由的行为。禁止借婚姻索取财物。

（3）《婚姻法》第五条规定：结婚必须男女双方完全自愿，不许任何一方对他方加以强迫或任何第三者加以干涉。

（二）司法实例分析

◆案例

包办买卖婚姻

川北山区某乡年近 30 岁的村民吴富贵（化名），高中毕业后虽未考上大学，但聪明好学，掌握了维修技术，经常走村串户为村民修理家电、农机具，收入较好。由于他脸部有一红色"胎记"，虽经人介绍了几个对象，均因对方嫌其相貌丑陋而未能成功。他的远房

亲戚杨德高（化名），因丧偶又多病，与其 20 岁的女儿杨珍（化名）相依为命，生活困难。2003 年 8 月，吴为讨得杨家父女的欢心，主动送去 1 000 元给杨德高治病，并表示今后在经济上大力帮助，杨家父女感激不已。

同年 9 月初，吴富贵委托"媒人"带着礼物去杨家提亲。杨德高认为，吴虽然相貌不敢恭维，但聪明、勤劳，又有手艺、收入可观，将女儿许配给他，不仅生活有依靠，而且会得一笔丰厚的"彩礼"，便背着女儿一口答应了这门亲事。

9 月 15 日，吴富贵与"媒人"再次来到杨家，商议订婚和"彩礼"事宜，几经讨价还价，最后议定吴付给杨德高彩礼款 3 万元，并负担一切结婚用品费用，定于 10 月 1 日举行婚礼。不几天，吴如数送去了彩礼及结婚用品，杨德高也去村委会开具了杨珍与吴富贵的结婚证明。杨珍知情后，坚决不同意与吴结婚，要其父退回钱物，但遭到其父打骂。9 月 20 日，杨德高逼杨珍去乡政府办理结婚登记，杨珍不从又遭毒打，杨德高还凶狠地说："父母之命，媒妁之言，自古以来是天经地义的规矩，必须去办结婚证。"杨珍无奈，只得哭哭啼啼随杨德高去乡政府，因婚姻登记员是吴富贵的堂兄，便违法为双方办理了结婚登记。

婚期将至，杨珍便逃到 20 里外的舅父唐建方（化名）家躲藏，10 月 1 日，吴富贵带着亲友到杨家"迎亲"，见杨珍不在，便威逼杨德高交人，杨便带吴等 20 余人到唐建方家"迎娶"。杨珍东躲西藏，仍被其父抓住，又遭打骂，但仍表示誓死不与吴富贵结婚。杨德高便对吴富贵说："人我交给你了，你用什么办法叫她跟你去成亲，我不管。"说完后便扬长而去。吴富贵便找来绳索，将杨珍手脚捆绑，由四个小伙子轮流抬去吴家举行"婚礼"后，杨珍仍然誓死反抗。

10 月 5 日，杨珍舅父唐建方见杨珍未按风俗"回门"，担心外甥女受到折磨，便赶去吴家看望，见杨珍仍被捆在床上，奄奄一息。当即要求恢复杨珍人身自由，吴富贵声称："她是我用了 3 万元买来的，'娶来的媳妇买来的马，任我骑来任我打'，你无权干涉。"

唐建方便向当地警方报案，要求解救。派出所立即出警，赶到吴家时，吴又指使亲友持械阻止，并将公安人员打伤。公安机关将吴富贵拘留，并将杨珍解救，使其恢复了人身自由。

【问题】

吴富贵的行为是否违反法律？对他应该如何处罚？对于杨德高的行为应如何处理？

【法理分析】

婚姻自由是指婚姻当事人依法自主决定其婚姻问题，不受其他任何人强迫或干涉的权利。婚姻自由包括结婚自由和离婚自由两个方面。结婚自由是指婚姻当事人有依法缔结婚姻关系的自由，其主要的内容有两点：一是必须是男女双方完全自愿且意思表示真实，不容许任何一方对他方强迫或任何第三者加以包办及非法干涉；二是必须符合法律规定的条件和程序，这里的条件主要是指当事人双方的年龄要符合婚姻法的规定，当事人双方没有婚姻法规定的不能结婚的情形，必须依据婚姻法及婚姻登记条例的规定履行登记手续等。结婚自由还包括再婚自由和不结婚的自由。离婚自由是指夫妻有依法解除婚姻关系的自由。离婚自由也包括两方面的内容：一是夫妻双方有共同作出离婚决定，达成离婚协议的权利，或者夫妻感情破裂，夫妻关系再也无法维系，其中任何一方均有提出离婚的权利。

二是离婚必须符合法定的条件，履行法定的程序，并承担相应的法律后果。《婚姻法》第二条规定"实行婚姻自由"；第五条规定"结婚必须男女双方完全自愿，不许任何一方对他方加以强迫或任何第三者加以干涉"。以上的这些规定确立了婚姻法上的婚姻自由原则。违反婚姻自由原则的情形主要包括：包办、买卖婚姻的行为。《婚姻法》第三条明确规定："禁止包办、买卖婚姻和其他干涉婚姻自由的行为。"包办婚姻是指包括父母在内的第三者，包办强迫他人婚姻的行为。主要表现为父母为子女选择对象，在一方不同意的情况下，采用强制手段，强迫结婚，还有换亲、转亲等。买卖婚姻则指包括父母在内的第三者，以索取大量财物为目的，包办强迫他人婚姻的行为。对包办或买卖婚姻的行为，因违反婚姻法中婚姻自由的原则，婚姻当事人可以向法院请求离婚，包办或买卖过程中第三人的获益，由国家机关依法没收。当事人可依《婚姻法》第十一条的规定"因胁迫结婚的，受胁迫的一方可以向婚姻登记机关或人民法院请求撤销该婚姻"请求离婚。

本案是一起典型的包办买卖婚姻。第一，本案中的杨德高，不顾女儿杨珍的反对，贪图财物，不惜用打骂等手段，强迫其女与吴富贵"结婚"，实质上是将女儿作为商品出卖，是典型的买卖婚姻和暴力干涉婚姻自由的行为，侵犯了杨珍的婚姻自由权。第二，包办婚姻、买卖婚姻都属于可撤销婚姻。第三，暴力干涉婚姻自由应承担刑事责任。第四，吴富贵以暴力强行与杨珍发生关系，构成强奸罪；将杨珍捆在床上限制其人身自由，构成非法拘禁罪；持械阻止构成妨碍国家工作人员执行公务罪，应当承担相应的刑事责任。

【法院判决】

公安机关经侦查吴富贵的上述行为属实，报经县检察院批准后将吴逮捕，并由检察院向法院提起公诉。

县法院刑庭以吴富贵犯强奸罪，判处徒刑四年；非法拘禁罪，判处徒刑两年；阻碍国家工作人员依法执行职务罪，判处徒刑三年。数罪并罚，合并执行徒刑八年。判决杨德高构成暴力干涉婚姻自由罪，处一年缓刑。

吴富贵对刑事判决不服，认为杨德高是暴力干涉婚姻自由罪才处一年缓刑，而自己被判八年之久，显然不公，遂提起上诉。

二审法院判决认为，一审判决认定的事实清楚，证据确凿，适用法律得当，遂驳回上诉，维持原判。[①]

◆**案例**

儿女干涉老人再婚案

三台县某厂工人方某于 1972 年与赵某结婚，生育一儿二女，均已结婚另立门户。2006 年 7 月，赵某因病去世，方某一人独居。平时儿女少有看望，垂暮之年，倍感孤独凄凉。2007 年 12 月经人介绍，方某与 54 岁的周某相识。两人都因丧偶感到孤独，想找个老伴，生活上有所照应。方某的儿女知道后，极力反对并说长道短。在女儿的干涉下，方某不敢与周某在家见面，只能躲到公园里相对垂泪。虽然经单位和邻居劝说，儿女仍然多方阻止。他们只好停止往来。

---

① 本案例摘自西南政法大学陈苇的"婚姻家庭继承法学案例教程"课件。

【问题】

老年人有再婚自由权吗？

【法理分析】

我国《婚姻法》规定的"婚姻自由"原则，不仅是法律赋予青年人的权利，也是赋予老年人的权利。《婚姻法》第二条规定"实行婚姻自由"；第五条规定"结婚必须男女双方完全自愿，不许任何一方对他方加以强迫或任何第三者加以干涉"；第三十条规定"子女应当尊重父母的婚姻权利，不得干涉父母再婚以及婚后的生活。子女对父母的赡养义务，不因父母的婚姻关系变化而终止"。在法律上，任何人的婚姻自由权利都是平等的。丧偶老人再婚，只要是出于双方自愿，并且符合法律的规定，都应当受到法律的保护。本案中，方某的女儿无视婚姻法的规定，出于旧的思想观念阻止其父再婚，这是干涉婚姻自由的违法行为。《婚姻法》第二条第二款中明确规定保护老人的合法权益。因此，对于方某的子女干涉父亲和周某婚姻自由的行为，有关部门应当对他们进行严肃的批评教育，帮助他们正确对待老人再婚的问题。同时，应鼓励和支持方某与周某要敢于同违法行为作斗争，大胆地追求幸福，运用婚姻法来保护自己的正当权利。

◆ **案例**

暴力迫婚案

段某，男，25岁，山西省某市郊农民。2003年，段某与本村女青年吴某建立恋爱关系。2004年年初，吴某感到两人性情不合，便提出与段某中断恋爱关系。段某不答应，并以种种手段威胁恫吓吴某，他把点燃的雷管扔到吴家的院内。吴某仍不答应和好。一天晚上，段某乘吴某的父母外出之机，闯入吴家中，将吴某捆绑起来，扛回自己家里，用暴力奸污了吴某。

【问题】

段某的行为是否违反婚姻法并构成犯罪？如何处罚？

【法理分析】

我国《婚姻法》第五条规定："结婚必须男女双方完全自愿，不许任何一方对他方加以强迫或者任何第三者加以干涉。"这是婚姻自由原则的具体体现。本例中，吴某因感到与段某性情不合而中断恋爱关系，这是吴某的权利。段某一味纠缠吴某，并把雷管扔到吴家院内相威胁，更为严重的是段某捆绑吴某，以暴力强奸吴某，不仅是对婚姻自由的践踏和破坏，而且构成了强奸罪，触犯了刑律，理应受到惩处。

◆ **案例**

借婚姻索取财物案

某村女青年刘某经人介绍，与邻村男青年徐某建立了恋爱关系，经过长期交往，双方彼此满意。2005年，双方登记结婚并举行婚礼。在结婚之前，刘某的父母向徐家索要各种财物，价值6万元左右。婚后不久，刘某发现徐某好逸恶劳，酗酒赌博，屡教不改，刘某只好回娘家居住。在刘某回娘家的两个月期间，徐某一直未去找刘某。刘某认为徐某无情无义，不愿与徐某继续维持婚姻，遂向县法院起诉，要求与徐某离婚。徐某在答辩中称，离婚可以，但要求刘某及其家人退还自己婚前支付的费用 62 000 元。

【问题】

刘某的家人索要财物的行为如何定性？应如何处理？

【法理分析】

本案争议要点：在刘某与徐某的婚姻中，刘某父母的行为是借婚姻索取财物还是买卖婚姻？买卖婚姻是指第三者（包括父母）以索取大量财物为目的，包办强迫他人结婚的行为。婚姻以感情为基础，但买卖婚姻却使婚姻蒙上了浓厚的金钱色彩，将交付一定数量的财物作为结婚的前提条件，无视男女双方当事人的意愿，严重侵犯了当事人的人身权利，是对"婚姻自由"原则的严重破坏，所以为法律所禁止。买卖婚姻是一种违反法律规定的无效婚姻。

借婚姻索取财物是指买卖婚姻以外的其他借婚姻索取财物的行为。这种婚姻是建立在男女双方当事人自愿的基础上的，婚姻关系本身是合法的。但一方当事人（多数情况下为女方）或一方当事人的父母以对方当事人交付一定数量的财物，作为结婚的前提条件。这种行为是对婚姻自由权利的滥用。婚姻以感情为基础，借婚姻索取财物，将婚姻建立在追求金钱和物质享受的基础上，违背了法律的规定和道德的要求，为婚姻法所禁止。

买卖婚姻和借婚姻索取财物，从内容上讲都是借婚姻索取财物的行为；从其法律性质上讲，都是为法律所禁止的违法行为。但两者又有着重要的差别：

（1）主体不同。买卖婚姻行为的主体是婚姻关系当事人以外的第三者，包括当事人的父母。借婚姻索取财物的行为主体，既可以是婚姻关系的当事人，也可以是婚姻关系的当事人以外的包括当事人的父母在内的第三者。

（2）婚姻基础不同。买卖婚姻是以索取财物为目的，包办强迫他人的婚姻。男女双方当事人对于结婚并非出于自愿，不符合结婚的条件，因而是无效婚姻。借婚姻索取财物是建立在男女双方当事人自愿结婚的基础上的，交付一定量的财物是建立婚姻关系的附加条件。借婚姻索取财物并没有违反婚姻自由的原则，婚姻关系具有法律效力，是合法婚姻。

（3）法律后果不同。根据最高人民法院《关于贯彻执行民事政策法律若干问题的意见》、《关于人民法院审理离婚案件处理财产分割问题的若干具体意见》等司法解释的规定：买卖婚姻是无效婚姻，没有法律效力，当事人之间不具有夫妻间的权利义务。当事人之间的人身和财产关系，法律不予保护。属于买卖婚姻所得的财物，当事人离婚时依法予以收缴；借婚姻索取财物，婚姻关系本身是合法的，但索取财物的行为违反了法律的规定，离婚时，如结婚时间不长或者因索取财物给对方的生活造成困难，可以酌情返还。[①]

本案中刘某父母的行为是借婚姻索取财物的行为。因为本案涉及的婚姻没有违背刘某的意愿，刘某是经人介绍自愿与徐某建立恋爱关系的，并且双方是在相互满意的基础上登记结婚的，因此，刘某与徐某的婚姻关系有效。至于婚后不久，刘某发现徐某有屡教不改的赌博恶习，遂向法院起诉要求离婚，对此，法院应按一般离婚案件处理。本案涉及的价值 6 万元财物是刘某的父母在刘某与徐某结婚前，向徐家索取的作为刘、徐结婚的先决条

[①] 王伟律师点评婚姻家庭纠纷案例之结婚篇【1】. http://lawyer-wangwei.blog.163.com/blog/static/9862225200896318383383/? mode = prev.

件，这是借婚姻索取财物的行为。

对于该财物的处理，因刘、徐结婚的时间不长，根据《关于人民法院审理离婚案件处理财产分割问题的若干具体意见》第十九条的规定："借婚姻关系索取的财物，离婚时，如结婚时间不长，或者因索要财物造成对方生活困难的，可酌情返还。"所以，在他们离婚时，应该要求女方家酌情返还。

二、违背一夫一妻制原则的婚姻纠纷与处理

（一）一夫一妻制原则的概念及违反此原则的表现

一夫一妻制是指一男一女结为夫妻的婚姻制度。包括如下含义：任何人都不得同时有两个或两个以上的配偶；已婚者在配偶死亡或双方离婚之前不得再行结婚；一切公开的或隐蔽的一夫多妻或一妻多夫的两性关系都是违法的。

一夫一妻是我国婚姻制度的基本原则。违反一夫一妻制原则的情形主要是重婚。重婚不仅侵犯了公民个人的合法权益，破坏了公民之间的合法婚姻关系，给合法婚姻关系的一方及其子女造成伤害，而且侵犯了我国婚姻法所保护的一夫一妻的婚姻制度。重婚给夫妻、给家庭、给社会造成了一定的损害，具有一定的社会危害性。在刑事上，重婚损害了国家登记机关婚姻登记的公信力，破坏了国家机关的正常管理秩序和我国一夫一妻制的婚姻立法原则，因而应受刑律的追究。《中华人民共和国刑法》（以下简称《刑法》）第二百五十八条规定："有配偶而重婚的，或者明知他人有配偶而与之结婚的，处两年以下有期徒刑或者拘役。"在民事上，重婚违背了一夫一妻制的原则，不受法律保护，为无效婚姻。《婚姻法》第十条规定，有"（一）重婚的；（二）有禁止结婚的亲属关系的；（三）婚前患有医学上认为不应当结婚的疾病，婚后尚未治愈的；（四）未到法定婚龄的"情形之一的，婚姻无效。所以法律严禁重婚。

重婚是指男女一方或双方有配偶者又与他人结婚或与他人以夫妻名义共同生活的行为，或明知他人有配偶而与之结婚的行为。

重婚有两种形式：

（1）法律上的重婚，是指前婚未解除，又与他人办理了结婚登记而形成的重婚。

（2）事实上的重婚，是指前婚未解除，未办结婚登记，又与他人以夫妻名义共同生活。

（二）司法实例分析

◆案例

法律上的重婚

王强（男，化名）和江芳（女，化名）均是广东某村的村民，虽说不上青梅竹马，倒也自小认识，作为同龄的小孩经常在一起游玩。随着时间的推移，已到谈婚论嫁的年龄。王强和江芳在日常的交往中也不知不觉"好"上了，经过一段时间的恋爱，水到渠成，准备结婚。双方的父母都认为大家都是同村人，知根知底的，比较满意，也非常赞同这门婚事。1999 年 5 月，双方到婚姻登记机关进行了结婚登记。婚后，王强自己经营了一

家陶瓷公司，而江芳在一贸易公司上班。一晃几年过去，随着生意的红火，王强心里总觉得少了点什么，原来江芳一直都没有怀孕。而作为农村老人，王强的父母尤其是母亲经常在王强面前唠叨："该抱孙子了。"王强觉得挺烦的。2007年1月，王强因生意关系经常出差湖南，结识了年龄只有23周岁的丽，丽热情漂亮，王强为之倾倒，于是热烈追求丽。在王强的鲜花和猛烈攻势之下，三个月后，丽为王强所"俘虏"，王强在丽的家乡买了一套房子，此后，王强经常借"出差"之机与丽同居在一起。一年多之后，不知道王强已结婚的丽多次催促王强办理登记结婚，王强为了稳住丽，瞒着妻子在广东通过关系出具了未婚证明，2009年1月在丽的家乡湖南办理了结婚登记。从此，王强过上了从广东到湖南"一夫二妻"的生活。天下没有不透风的墙，王强的重婚行为终于被江芳发现，2010年2月，江芳作为申请人向法院提起诉讼，申请宣告王强与丽的婚姻关系无效。

【问题】

王强的行为是否构成重婚？他与丽的婚姻应如何认定？

【法理分析】

重婚，是指有配偶者又与他人结婚的行为，即已有合法的婚姻关系后，又与他人缔结婚姻关系。重婚有两种形式：一是前婚未解除，又与他人办理结婚登记的，为法律上的重婚。此种形式现实生活中较少。二是前婚未解除，又与他人以夫妻名义同居生活，但未办理结婚登记手续的，构成事实上的重婚。现实生活中重婚以此种形式居多。构成重婚罪的有两类人：第一类是有配偶，又与他人登记结婚，或者与他人以夫妻名义共同生活的；第二类是明知他人已有配偶，又与之登记结婚，或者以夫妻名义共同生活的人。明知对方有配偶，而与之结婚的，属明知故犯，当然是重婚行为，要追究其重婚罪的刑事责任。即使属上当受骗，不知对方有配偶，而与之结婚的（此在法学理论上称为"法律婚"，指有配偶的人与他人登记结婚，即到婚姻登记机关进行结婚登记），也是重婚，同样形成了前婚和后婚重叠的重婚事实，虽不追究刑事责任，但同样侵犯了一夫一妻制的婚姻法律原则，属无效婚姻，应当撤销。当然，本案中的王强构成了法律上的重婚，应当承当相应的刑事责任。

【法院判决】

《婚姻法》第十条规定："（一）重婚的；（二）有禁止结婚的亲属关系的；（三）婚前患有医学上认为不应当结婚的疾病，婚后尚未治愈的；（四）未到法定婚龄的。有以上情形之一的，婚姻无效。"规定，王强与丽之结婚属重婚行为，故法院根据《婚姻法》第十条规定判决宣告王强与丽的婚姻关系无效。同时，虽然江芳没有要求追究王强的重婚责任，但法院审查后认为应当追究王强的刑事责任，于是将有关证据移交公安机关处理，后经检察院提起公诉，法院作出判决，判决王强构成重婚罪，判处有期徒刑一年。

◆案例

有配偶者又与他人同居

1998年3月，吴某经人介绍与张某相识后恋爱，同年12月，双方到民政部门办理结婚登记手续。婚初，双方感情尚可，但1999年吴某生育一女孩后，双方为了孩子问题经常发生争吵。2000年9月，在一次激烈争吵后，吴某赌气离家外出打工。后结识男青年刘某，双方产生感情，并于 2002 年同居，2003 年 3 月生育一子取名刘天。2004 年 3 月，吴某返乡要求与张某离婚。张某得知吴某在外与人同居生子后，非常愤怒，于 3 月 30 日以吴某犯重婚罪为由向当地法院起诉。

【问题】

吴某是否构成重婚？

【法理分析】

根据我国法律规定，重婚是指有配偶而重婚，或明知他人有配偶而与之结婚的行为。构成重婚罪在客观上必须有重婚行为，即：①已经结婚的人，在婚姻关系存续期间，又与他人结婚，这种结婚可以是通过不法手段取得了合法手续登记结婚或者虽未履行结婚登记手续，但正式以夫妻关系共同生活的事实婚姻；②没有配偶的人，明知他人有配偶而与之结婚的行为。由上述分析可知，妻子跑到外地与他人同居生子，如果其与同居人是以夫妻关系正式生活的，属于事实婚姻，其行为构成重婚罪；如果其仅是与同居人共同生活，并未对外声明是夫妻关系，则属婚外同居，虽然是不道德的，但不构成重婚。

本案中吴某与张某为合法夫妻关系。吴某虽然在婚姻存续期间与刘某同居生子，但对外并未声称是夫妻关系，也未办理婚姻登记手续，依据上述分析仅为非法同居，不符合重婚的构成要求。因此，对吴某不能以重婚罪定罪处刑。

【法院判决】

法院审理认为：吴某在其婚姻存续期间虽与他人同居生子，但并未以夫妻名义同居，也未办理婚姻登记，不符合重婚罪的构成要件，因此不构成重婚罪，故依法驳回张某的诉讼请求。

第二节　违背结婚实质要件的纠纷与处理

一、结婚的实质要件

结婚的实质要件包括结婚的必备条件和结婚的禁止条件。

（一）结婚的必备条件

《婚姻法》第五条规定：结婚必须男女双方完全自愿，不许任何一方对他方加以强迫或任何第三者加以干涉。《婚姻法》第六条规定：结婚年龄，男不得早于 22 周岁，女不得早于 20 周岁。晚婚晚育应予鼓励。可见，结婚的必备条件包括以下三点：

（1）必须男女双方完全自愿，不许一方对他方加以强迫或任何第三者加以干涉；

（2）须达到法定婚龄，结婚年龄男不得早于 22 周岁，女不得早于 20 周岁；

（3）符合一夫一妻制的基本原则。

（二）结婚的禁止条件

《婚姻法》第七条规定：有下列情形之一的，禁止结婚：

（1）直系血亲和三代以内的旁系血亲；

（2）患有医学上认为不应当结婚的疾病；

（3）禁止有配偶者结婚。

这里的直系血亲，是指具有直接血缘关系的亲属，具体是指直接生育自己和自己所生育的上下各代的亲属，如父母和子女，祖父母、外祖父母和孙子女、外孙子女等都包括在内。

三代以内的旁系血亲，是指出于同一祖父母、外祖父母的旁系血亲，具体包括：兄弟姐妹（异父异母的兄弟姐妹除外）；伯、叔、姑、舅与侄（侄女）、甥（甥女）；堂兄弟姐妹、表兄弟姐妹。

近亲属结婚，极容易将一方或双方生理上、精神上的弱点和缺陷毫无保留地暴露出来，累积起来遗传给后代。据统计，人类隐性遗传性疾病有1 000多种，如父母为近亲，其隐性基因发病率比非近亲结婚的高150倍，出生婴儿的死亡率也高3倍多。禁止近亲结婚，对提高中华民族的整体素质，促进民族的繁荣昌盛具有重要意义。

患有医学上认为不应当结婚的疾病是指哪些？在司法实践中，主要有以下几类：①患性病未治愈的；②重症精神病（包括精神分裂症、躁狂抑郁症和其他精神病发病期间）；③先天痴呆症（包括重症智力低下者）；④非常严重的遗传性疾病。

二、结婚的形式要件

结婚的形式要件又称结婚的程序，是指法律规定的缔结婚姻所必经的形式。要求结婚的男女双方必须亲自到婚姻登记机关进行结婚登记。符合婚姻法规定的，予以登记，发给结婚证。取得结婚证，即确立夫妻关系。结婚的具体程序如下：

（一）申请

1. 中国公民在中国境内申请结婚

双方必须亲自到一方户口所在地的婚姻登记机关申请结婚登记，申请时，应当持下列证件和证明：①户口；②居民身份证。

离过婚的，还应当持离婚证。离婚的当事人恢复夫妻关系的，必须双方亲自到一方户口所在地的婚姻登记机关申请复婚登记。

2. 中国公民同外国人（包括常驻我国和临时来华的外国人、外籍华人、定居我国的外国侨民）在中国境内申请结婚

男女双方当事人必须共同到中国公民一方户口所在地的省、自治区、直辖市人民政府指定的婚姻登记机关申请登记。申请登记的中国公民和外国人须分别持有下列证件：

（1）中国公民须持有：本人户籍证明；本人户口所在地的县级人民政府或工作所在单位的县级以上机关、学校、事业、企业单位出具的本人姓名、性别、出生年月、民族、婚姻状况（未婚、离婚、丧偶）、职业、工作性质、申请与何人结婚的证明。

（2）外国人须持有：本人护照或其他身份、国籍证件；公安机关签发的《外国人居留证》，或外事部门颁发的身份证件，或临时来华的入境、居留证件；经本国外交部（或外交部授权机关）和我国驻该国使、领馆认证的由本国公证机关出具的婚姻状况证明，或

该国驻华使、领馆出具的婚姻状况的证明。

3. 外国侨民在中国境内申请结婚

须持有：①本人护照或代替护照的身份、国籍证件（无国籍者免交）；②公安机关签发的《外国人居留证》；③本人户口所在地的县级人民政府或工作所在单位的县级以上机关、学校、事业、企业单位出具的本人姓名、性别、出生年月、民族、婚姻状况（未婚、离婚、丧偶）、职业、工作性质、申请与何人结婚的证明。

凡证件齐全、符合法律规定的中国公民和外国人，可持证件和男女双方照片，到婚姻登记机关提出申请。

申请婚姻登记的当事人，应当如实向婚姻登记机关提供规定的有关证件和证明，不得隐瞒真实情况。

（二）审查

婚姻登记管理机关对当事人的申请应当进行审查，查明结婚申请是否符合结婚条件，不明之处，应当向当事人询问，必要时，可要求当事人提供有关证明材料。

（三）登记

1. 予以登记

婚姻登记机关对符合结婚条件的，应当即时予以登记，发给结婚证；对离过婚的，应注销其离婚证。对中国公民和外国人的登记申请，应在收到申请后一个月内办理登记手续，发给结婚证。涉外婚姻的结婚证须贴有男女双方当事人照片，并加盖办理涉外婚姻登记的县级以上人民政府婚姻登记专用章。

申请结婚登记的当事人受单位或者他人干涉，不能获得所需证明时，婚姻登记管理机关查明确实符合结婚条件的，应当予以登记。

2. 不予登记

申请人有下列情形之一的，婚姻登记机关不予登记：

①未到法定结婚年龄的；②非自愿的；③已有配偶的；④属于直系血亲或者三代以内旁系血亲的；⑤患有医学上认为不应当结婚的疾病的。

婚姻登记机关对当事人的婚姻登记申请不予登记的，应当以书面的形式说明理由。当事人认为符合婚姻登记条件而婚姻登记机关不予登记的，可以依照行政复议法的规定申请复议，对复议不服的，可以按照行政诉讼法的规定提起行政诉讼。

三、无效婚姻和可撤销婚姻

1. 无效婚姻

无效婚姻，也称婚姻无效，是指因不具备法定结婚实质要件或形式要件的男女结合，在法律上不具有婚姻效力的制度。无效婚姻法律制度历来是婚姻法律制度的重要组成部分，目前许多国家的法律中也都有无效婚姻的规定。《婚姻法》第十条规定："有下列情形之一的，婚姻无效：（一）重婚的；（二）有禁止结婚的亲属关系的；（三）婚前患有医学上认为不应当结婚的疾病，婚后尚未治愈的；（四）未到法定婚龄的。"

2. 可撤销婚姻

可撤销的婚姻是指当事人因意思表示不真实而成立的婚姻，或者当事人成立的婚姻在结婚的要件上有欠缺，法律赋予一定的当事人以撤销婚姻的请求权，该当事人可以通过行使撤销婚姻的请求权，而使该婚姻无效。通过有撤销权的当事人行使撤销权，使已经发生法律效力的婚姻关系失去法律效力。《婚姻法》第十一条规定："因胁迫结婚的，受胁迫的一方可以向婚姻登记机关或人民法院请求撤销该婚姻。受胁迫的一方撤销婚姻的请求，应当自结婚登记之日起一年内提出。被非法限制人身自由的当事人请求撤销婚姻的，应当自恢复人身自由之日起一年内提出。"

四、违背结婚禁止条件的纠纷与处理

◆案例

继父母子女能否结婚

苏某出生后不久其生父死亡，母亲刘某独自抚养苏某到 10 岁时，与同厂的何某结婚。何某比刘某小 5 岁，性情温和，很喜欢小孩，对继女苏某非常疼爱。何某不但与刘某一起供养、照料苏某的生活，还经常给继女苏某辅导功课，苏某也非常喜欢继父，一家三口生活幸福平静。刘某在苏某 16 岁时被确诊乳腺癌晚期，三个月后就去世了。刘某在去世前将已经渐渐长大懂事的女儿苏某托付给何某，何某承诺要将苏某抚养成年。苏某此后一直与何某共同生活，相依为命，父女俩的感情也很好。多年来没有父亲又失去母亲的苏某非常珍惜现在的生活，对继父何某有一种很特殊的感情。苏某高中毕业后，在当地的一家大型超市找到一份工作。

亲友给苏某介绍男友，均遭拒绝。在她的心中，继父是选择男友的唯一标准，他有责任感、恬淡、温和、有修养、有爱心，没有任何不良的习惯。渐渐地，苏某产生了一种想法，希望能够一辈子跟继父一起生活，或者嫁给继父。苏某向当地一家媒体的热线电话咨询，想知道没有任何血缘联系的继父与继女是否可以结婚。

这家媒体对这个问题很有兴趣，于是向一家律师事务所询问。律师的答复是可以结婚，理由是现行婚姻法并没有禁止继父继女结婚。媒体又向当地的民政部门询问，民政部门的答复是不可以结婚，理由是何某和苏某之间不仅仅是直系姻亲，由于已经形成抚养教育关系，所以他们是法律拟制的直系血亲，不得结婚。①

【问题】

依照我国婚姻法规定，苏某和何某是否可以结婚？

【法理分析】

表面上看起来，苏某与何某之间并不存在婚姻法规定的禁止结婚的亲属关系，但《婚姻法》第二十七条规定："继父或继母和受其抚养教育的继子女间的权利和义务，适用本法对父母子女关系的有关规定。"本案中的何某与刘某结婚时，苏某只有 10 岁，其后苏某与母亲、继父一起生活，继父何某承担了对继女苏某的抚养教育义务，刘某死后，何某还

---

① 山西省案例：继父母子女能否结婚. http：//china. findlaw. cn/info/case/dqal/215655. html.

继续抚养苏某到其成年。多年的抚养教育，已经使苏某与何某形成了法律拟制的直系血亲关系。因此，父母子女这种直系血亲之间的禁婚规定也同样适用于形成抚养教育关系的继父母子女之间。所以说，民政部门的意见是正确的，苏某与何某不能结婚。

◆**案例**

王某（男）与张某（女）是表兄妹关系。两人青梅竹马，自幼一起长大，相互产生了爱慕之意。大学期间，两人在同一所学校读书，建立了恋爱关系。大学毕业后，王某与张某到同一座城市工作，两人计划结婚。但考虑到近亲结婚的危害和我国《婚姻法》禁止三代以内的旁系血亲结婚的规定，王某与张某十分苦恼。经过再三考虑，两人认为：法律之所以禁止近亲结婚，主要是因为近亲结婚可能使后代患上严重的遗传疾病，生出素质低劣的孩子。如果结婚之后不生育，法律禁止近亲结婚的根据也就不存在了。于是，两人到医院做了绝育手术，以示其结婚之后不生育的决心。2009 年 11 月，王某和张某向当地婚姻登记机关提出结婚申请。

【问题】

不生育的三代以内旁系血亲间能否结婚？

【法理分析】

本案的焦点是不生育的三代以内旁系血亲能否结婚。对此，婚姻登记机关有两种不同的意见：一种意见认为，应当准予王某与张某结婚。两人已经做了绝育手术，因此，他们结婚不会因为违反优生学和遗传学规律而造成严重危害后代健康的后果。法律禁止三代以内的旁系血亲结婚，主要是基于优生优育方面的考虑，而不是伦理道德上的考虑。在我国，人们素有"舅表婚，亲上亲"的传统观念。如果不让王某与张某结婚，既有悖情理，也不符合中国特殊的社会传统和婚姻观念。另一种意见认为，不应准许王某与张某结婚。《婚姻法》和有关法律、法规明确规定：禁止三代以内的旁系血亲结婚。该规定属于具有强制性的禁止性规范，不允许随意变通适用。从王某与张某的自身情况看，两人现在愿意以终身不育为代价，换取建立婚姻关系，但结婚以后，两人的想法可能会随着时间发生变化，对终身无法生育子女感到懊悔，影响夫妻关系的和谐和稳定。如果两人在婚后设法恢复生育能力，法律也无法阻止。因此，为了维护法律的权威和尊严以及当事人自身的利益，不应当准许两人结婚。

禁止一定范围内的血亲结婚，是古今中外婚姻家庭立法的通例。这一方面是基于遗传学和优生学方面的考虑，另一方面也是基于伦理道德观念的要求。遗传学和优生学的原理证明近亲结婚有很大的危害。人类有多种遗传疾病，其中有几百种是隐性遗传疾病。在正常人群中，几乎每个人都有五六种这种致病基因，每个个体带有的这种致病基因并不相同。由于显性基因的存在，正常情况下不会发病。但如果血缘过近的人结婚，容易使双方从共同祖先那里获得的相同的病态基因在后代的体内相遇和集中（遗传学上称之为"纯合"），生出素质低劣的孩子。此外，根据人类在社会生活中长期形成的伦理道德传统，认为近亲结婚有伤风化，为社会道德所不容。因此，为了提高中华民族的人口质量，保证子孙后代的健康，保障优生优育，同时尊重人们长期形成的婚姻伦理道德，我国《婚姻法》禁止直系血亲和三代以内的旁系血亲结婚。

禁止直系血亲结婚，是指凡是男女属于亲生的曾祖父母与曾孙子女关系、外曾祖父母与外孙子女关系、祖父母与孙子女关系、外祖父母与外孙子女关系、父母与子女关系等的，法律都不允许他们结婚。

禁止三代以内的旁系血亲结婚，是指凡是男女双方为兄弟姐妹（包括同父母的兄弟姐妹以及同父异母、同母异父的兄弟姐妹）、堂兄弟姐妹、表兄弟姐妹，或者为叔、伯、姑与侄子、侄女关系，或者为舅、姨与外甥女、外甥关系的，法律禁止他们结婚。

在我国，婚姻法禁止三代以内的旁系血亲结婚，主要针对的是"中表婚"，即表兄弟姐妹之间的婚姻。在我国，"中表婚"有悠久的历史传统，为社会所普遍接受。这一方面是因为"中表婚"不受宗法制度"同宗同姓不婚"的限制，另一方面是受小农经济和封闭生活环境的制约以及"舅表婚，亲上亲"的传统观念的影响。至今，"中表婚"的观念在一些人的脑海中还根深蒂固，现实生活中表兄弟姐妹违反法律规定，建立婚姻关系的现象还时有发生。因此，对于有表兄弟姐妹关系的男女，不论其是否有生育能力，都应当一律不准予结婚。这一方面是为了维护法律的权威和尊严，另一方面也是为了保证优生优育。

本案中，王某和张某现在为了达到结婚的目的，做了绝育手术，愿意以终身不育为代价来换取结婚。但两人结婚之后，随着时间的流逝，膝下没有子女，不能为人父母的遗憾之情会越来越强烈，两人难免会产生恢复生育能力、生育子女的强烈愿望。如果两人设法恢复生育能力，法律将无法予以阻止。而且，没有子女也不利于婚后生活的幸福美满和婚姻家庭关系的和谐、稳定。有生育能力但未生育过的男女，无论按什么法律都应准许其生育，没有任何切实可行的办法预防其劣生。

事实上法律上准许或要求一对夫妻在有生育能力的情况下终生不育是不可能的，也不人道，更不利于家庭幸福长久，社会也将为这对老年无子的夫妇付出更大的代价。如果法律禁止了在何种情况下的表兄弟姐妹之间结婚，就能抑制他们之间产生结婚的念头，而自觉地寻觅无亲属关系的人作为恋爱对象。这比在他们产生感情之后让他们做绝育手术，终生不要孩子的策略要明智合理得多。①

◆ 案例

婚前隐瞒精神病的婚姻

姚某与杜某于2006年11月经人介绍认识，于2007年6月6日在朝阳区民政局登记结婚。婚后感情一般，2008年11月6日杜某出现严重幻听，砸碎了玻璃茶几。2009年1月5日杜某生下一女孩，1月底开始，杜某精神失常症状更加严重，有攻击他人的行为，2月3日入住安定医院。

2009年2月姚某得知，杜某于2004年2月在日本学习期间患有精神分裂症并住院治疗3个月，回国后于2006年2月5日因精神病发作在北京某医院住院治疗。从姚某与杜某认识之日起，杜某及其父母始终隐瞒病情，杜某一直暗中服用抗精神分裂的药物，甚至在

① 王伟律师点评婚姻家庭纠纷案例之结婚篇【1～4】. http：//lawyer-wangwei. blog. 163. com/blog/static/986222520089631838383/？ mode = prev.

怀孕期间仍在服药。双方于 2009 年 2 月 3 日起开始分居。

姚某认为杜某在婚前就患有医学上认为不应当结婚的疾病——精神分裂症，但杜某对其隐瞒病情，并暗中服药，婚后未治愈，目前病情更加严重，故向法院申请要求认定婚姻无效。

【问题】

姚某与杜某之间的婚姻是否属于无效？

【法理分析】

《婚姻法》第十条第三项规定：婚前患有医学上认为不应当结婚的疾病，婚后尚未治愈的，应当依法判决该婚姻无效。这里指的不应当结婚的疾病主要指：①正处于发病期的精神分裂症、躁狂抑郁症患者及痴呆症患者；②性病患者未经治愈的；③正处于发病期的法定传染病。但上述条文对未处于发病期的精神病患者是否应当暂缓结婚或禁止结婚没有进行规定。笔者认为当精神病人未处于发病期，意识清楚，行为能力并未受到限制，能够对结婚作出正确的意思表示，只要双方就结婚达成一致意见，应当认定双方的婚姻有效。

本案中，被申请人杜某虽然患有偏执型精神分裂症，但在双方登记结婚时并未处在精神病发作期，其对结婚作出的意思表示是真实有效的，被申请人姚某不能以此为理由要求法院判决双方婚姻无效。

【法院判决】

法院经审理认为，根据相关法律规定，婚前患有医学上认为不应当结婚的疾病，婚后尚未治愈的，婚姻无效。被申请人杜某虽然婚前患有偏执型精神分裂症，婚后尚未治愈，但没有法律明确规定精神分裂症属于医学上认为不应当结婚的疾病范围。杜某与姚某登记结婚时，并未处在精神病发作期，作出的与姚某办理结婚登记手续的意思表示真实、有效，故姚某主张其与杜某婚姻无效的诉讼请求，缺乏法律依据，本院不予支持。人民法院审理宣告婚姻无效案件，对婚姻效力的审理不适用调解，应当依法作出判决，判决驳回姚某的诉讼请求。

第四章　婚内夫妻关系纠纷的法律实务

第一节　夫妻人身关系纠纷的法律实务

我国虽然没有规定配偶权，但在夫妻双方缔结婚姻关系后，就形成了一系列财产关系和人身关系。下面我们分别介绍人身关系和财产关系方面的纠纷处理。

一、婚内夫妻人身关系的内容及法律依据

夫妻人身关系是指夫妻双方在婚姻中的身份、地位、人格等多个方面的权利义务关系，是夫妻关系的主要内容，根据婚姻法的有关规定，夫妻人身关系主要有下列内容：

（1）夫妻双方地位平等、独立。《婚姻法》第二条第三款对夫妻双方地位平等、独立内容作了明确规定。这是宪法中男女平等原则的体现。其核心是指男女双方在婚姻、家庭生活中的各个方面都平等地享有权利，负担义务，互不隶属、支配。夫妻双方地位平等贯穿于整个婚姻法，表现在人身关系、财产关系、子女抚养等多个方面，是一个总的规定。

（2）夫妻双方都享有姓名权。《婚姻法》第十四条规定，作为人身权的姓名权由夫妻双方完整、独立地享有，不受职业、收入、生活环境变化的影响，并排除他人（包括其配偶在内）的干涉。在婚姻家庭生活中，夫妻一方可合法、自愿地行使、处分其姓名权。这还体现在子女姓名的确定上，对子女姓名的决定权，由夫妻双方平等享有，即子女既可随父姓，也可随母姓，还可姓其他姓。

（3）夫妻之间的忠实义务。《婚姻法》第三条第三款、第四条对夫妻双方所负的忠实义务作了规定。忠实义务主要是指保守贞操的义务、专一的夫妻性生活义务、不为婚外性行为的义务。其具体有：不重婚；不与配偶以外的第三人非法以夫妻名义持续、稳定地共同居住，一般包括通奸与姘居；不从事性交易等。法律对夫妻间同居的权利和义务未作明确规定。一般认为，权利的行使与义务履行以正当、合理为限，并因其具有强烈的人身性而不能被强制执行。违反忠实义务不仅伤害夫妻感情，还不利于一夫一妻制的维护。法律对忠实义务的规定为追究各种侵犯婚姻的违法行为提供了法律依据。

（4）夫妻双方的人身自由权。《婚姻法》第十五条规定，夫妻双方都有参加生产、工作、学习和社会活动的自由，一方或他方不得加以限制和干涉。这是夫妻双方各自充分、自由发展的必要和先决条件。夫妻一方行使人身自由权以合法、合理为限，并应互相尊

重，反对各种干涉行为。

（5）计划生育义务。夫妻双方负有公法上的计划生育义务。禁止计划外生育，是我国的基本国策所要求的，是夫妻的法定义务。义务的主体是夫妻双方，而非仅仅是女方。《妇女权益保障法》第四十七条明确规定，妇女有按照国家有关规定孕育子女的权利，也有不生育的自由，即妇女有生育权。对于男性生育权，学界意见不一，法律对此也未作明确规定。不过，作为夫妻生活重大事项之一的生育应由夫妻双方协商，共同决定，同时还应符合国家相关法律的规定。

（6）夫妻之间有互相扶养的义务。《婚姻法》第二十条规定，夫妻有互相扶养的义务。一方不履行扶养义务时，需要扶养的一方，有要求对方付给扶养费的权利。①

实践中，夫妻之间婚内的人身纠纷主要集中在扶养、分居这些方面。下面我们重点讲解夫妻之间的扶养关系及分居协议引发的纠纷的解决。

二、夫妻扶养义务纠纷与处理

《婚姻法》第二十条规定：夫妻有互相扶养的义务。一方不履行扶养义务时，需要扶养的一方，有要求对方付给扶养费的权利。

（一）什么是夫妻扶养

夫妻扶养是指夫妻之间经济上供养和生活上扶助的法定权利和义务。理解本条规定应注意以下几个方面：

（1）夫妻之间的互相扶养既是权利又是义务，这种权利义务是平等的。也就是说，丈夫有扶养其妻子的义务，妻子也有扶养其丈夫的义务；反之，夫妻任何一方均有受领对方扶养的权利。

（2）夫妻间的扶养权利义务以经济上相互供养、生活上相互扶助为内容，是婚姻内在属性和法律效力对主体的必然要求。这既是双方当事人从缔结婚姻开始就共生的义务，也是婚姻或家庭共同体得以维系和存在的基本保障。夫妻可以约定夫妻在婚姻关系存续期间所得的财产的归属，如将其中的某项财产或收入确定归一方所有或双方分别所有。有的夫妻约定各自的工资或收入归各自所有，但这并不意味着夫或妻只负担各自的生活费用而不承担扶养对方的义务，如当一方患有重病时，另一方仍有义务尽力照顾，并提供有关治疗费用。

（3）夫妻扶养从婚姻合法有效成立之时起产生，至婚姻合法有效终止时消灭，在婚姻关系有效存续的整个过程中一直存在且具有法律约束力，因而是一种状态性的、持续性的法律关系。

（4）夫妻扶养为法定义务，具有法律强制性。基于夫妻关系的特殊性，夫妻扶养通常在婚姻共同生活中自觉履行。当夫妻一方没有固定收入和缺乏生活来源，或者无独立生活能力或生活困难，或因患病、年老等原因需要扶养，另一方不履行扶养义务时，需要扶养的一方有权要求对方承担扶养义务。

---

① 夫妻人身关系主要内容. http://www.110. com/ziliao/article - 204208. html.

（二）不履行扶养义务的法律责任

夫或妻一方不履行扶养义务时，需要扶养的一方可以根据《婚姻法》第二十条第二款的规定，要求对方付给扶养费。应当付给扶养费的一方拒绝付给的，需要扶养的另一方可以通过诉讼获得扶养费。如果夫或妻一方患病或者没有独立生活能力，有扶养义务的配偶拒绝扶养，情节恶劣构成遗弃罪的，应当承担刑事责任。

（三）司法实例分析

◆ **案例**

原告田女士诉称，原告与被告系夫妻关系，因夫妻双方感情确已恶化，不能共同生活，现已分居数月。由于夫妻共同财产均由赵先生控制，原告又无其他经济收入，现生活十分困难。因原告与赵先生存在夫妻关系，赵先生依法对原告负有扶养的义务。故要求赵先生每月给付原告生活费 1 000 元。

被告赵先生辩称，现年事已高，并患有各种疾病，也无子女。田女士走后，被告为了生活，现在村绿化队劳动，每天收入 12 元。家中虽有存于被告名下的存款 26 万元，但其中 10 万元是被告赵先生的哥哥让被告为他建房的钱，但未来得及建房，被告的哥哥就去世了，故此款与被告的存款存在一起；现田女士未与被告共同生活，被告既无能力，也无义务给付其生活费，不同意田女士的诉讼请求。

【问题】

分居后生活困难，妻子要求丈夫扶养能否获支持？

【法理分析】

我国《婚姻法》第二十条规定："夫妻有互相扶养的义务。一方不履行扶养义务时，需要扶养的一方，有要求对方付给扶养费的权利。"婚姻法中所指的扶养，专指夫妻在生活上相互供养和扶助的法律责任。夫妻扶养义务的含义包括：①夫妻之间的扶养权利和义务，是夫妻身份关系所导致的必然结果，夫妻一方向对方所负的扶养义务，也是接受者所享有的权利；②夫妻之间的扶养义务，其内容包括夫妻之间相互为对方提供经济上的供养、精神上的安慰和生活上的扶助，以此维系婚姻家庭日常生活的正常运行；③夫妻之间的扶养义务，属于民法上的强行性义务，夫妻之间不得以约定形式改变这种法定义务；④夫妻之间接受扶养的权利和履行扶养对方的义务是以夫妻合法身份关系的存在为前提条件的，这种扶养权利和义务始于婚姻缔结之日，终于夫妻离婚或一方死亡时。本案中，夫妻双方在婚姻关系存续期间，双方就有相互扶养的义务。现在田女士生活困难，有权要求丈夫赵先生给予经济上的供养。赵先生应该履行扶养田女士的义务。

【法院判决】

法院经审理查明，田女士与赵先生于 1981 年结婚，田女士系再婚。双方婚后未生育子女。2004 年 7 月，田女士因故与赵先生分居生活至今。另查，田女士与其前夫生育两子三女。

审理中，赵先生陈述，家中现有存于其名下的存款 26 万元，其中 10 万元为其兄建房款。对此，田女士提出质疑，但赵先生未能提供证据予以证实。

法院认为，夫妻有互相扶养的义务。双方虽已年迈，但在田女士与赵先生分居生活后，赵先生作为掌握夫妻共同财产一方，依法对田女士负有扶养的义务。对于赵先生给付扶养费数额，法院根据田女士基本生活需要及双方各自年龄、有无子女赡养等实际情况酌定。田女士请求生活费数额明显过高，法院不予支持。最后，法院判决，赵先生每月给付田女士生活费 200 元，均于每年 1 月 10 日前给付。[①]

三、夫妻分居协议纠纷与处理

（一）分居制度简介

分居，是指夫妻双方在继续维持其夫妻关系的情况下，停止共同生活，并各自建立属于自己的生活方式的状况，又称别居或分床分食制，是外国亲属法（或婚姻家庭法）中的一项制度。西方国家认可的分居大致有三种：一为裁判分居，由当事人向法院请求并经法院判令分居。二为协议分居，是指夫妻可以契约方式约定分居，约定免除同居义务及分居时的有关权利义务。三为事实上的分居，指当事人既有客观的分居状态，又有主观上的分居愿望，但多数立法体例不承认事实上的分居。作为禁止离婚主义的产物，分居起源于宗教法，盛行于中世纪。目前，国外许多国家的现行立法中仍有分居制度，并赋予其新内容。我国婚姻法没有规定分居制度，有关这一制度的民事立法也基本空白。但是相关的理论探讨一直存在，人大代表也曾多次提案建议设立该制度。

分居，在古罗马的十二铜表法中已作为一项解除时效婚姻的制度而被确认。分居制度正式确立是在中世纪的欧洲，由教会法确认下来的。1804 年的《法国民法典》首开先河，在世界婚姻立法史上第一次以明确的语言确立了分居制度。此后，许多国家在其民法典或婚姻法中，都把分居制度作为一项重要内容作了规定。国际公约方面，1902 年《关于离婚与别居法律冲突与管辖权冲突的公约》、1970 年《关于承认离婚与别居的公约》亦相继承认和确认了分居制度。

从目前世界各国法律中有关分居制度的规定看，有两种不同的立法体例：一种是大陆法系的立法体例，另一种是英美法系的立法体例。在前者中，分居是近似离婚的一种制度，夫妻双方要求分居的，法律不仅规定了严格的条件和理由，而且程序复杂，但由分居到离婚，程序则较为简单。在后者，分居被视为简易离婚，分居程序简单，但由分居到离婚，则应根据正当理由起诉，由法院判决离婚，其程序复杂、条件要求严格。在分居与离婚的关系上，国外的立法又有三种类型：一是将分居与离婚并列，由当事人选择。瑞士、比利时等国采此模式。二是将分居作为离婚的必经程序。实行这一立法模式的有挪威、意大利等国。三是实行分居转换制，即在分居满法定期限后，当事人可将分居转换为离婚。如荷兰及美国的部分州。

我国婚姻法没有规定分居制度，通常情况下，即使夫妻双方仍然同住于一个屋檐下，但只要彼此已分房，各不相干，这种情况如果满了两年，那么在法律上即可认定为夫妻分

---

① 王杨，李颖．分居后生活困难，妻子要求丈夫扶养获支持．http：//www.chinacourt.org/public/detail.php？id = 247304&k_title.

居。在法定分居情况下，双方当事人可通过自愿协商或法庭判决的方式对财产分割、配偶抚养费、子女抚养费等问题作出安排。

我国法律仅将分居作为夫妻感情破裂的具体情形，《婚姻法》第三十二条规定："因感情不和分居满两年，调解无效的，应准予离婚。"除此之外别无规定。

（二）司法实例分析

◆案例

2000 年，张某（男）与钱某（女）结婚。婚后，双方因性格不合，夫妻关系恶化。2003 年，张某与钱某分居并书面约定：收入各自所有，互不承担扶养义务。2004 年，张某开始做生意，获利 30 万元。2008 年，钱某到法院起诉离婚，要求依法分割包括分居后张某做生意赚取的 30 万元在内的全部夫妻共同财产。张某同意离婚，但认为双方在分居时已有约定，收入归各自所有，互不承担扶养义务。因此，分居后做生意赚取的 30 万元属于其个人财产，不应当作为夫妻共同财产加以分割。钱某则认为该财产是在婚姻关系存续期间取得的，属于夫妻共同财产，应当依法予以分割。

【问题】

你认为本案应如何处理？理由是什么？

【法理分析】

本案的焦点是分居时约定财产收入各自所有及夫妻之间互不承担扶养义务是否有效。对此，存在三种不同意见：

第一种意见认为，张某与钱某就关于分居后互不承担扶养义务的约定，违反了《婚姻法》。但张某与钱某关于夫妻财产的约定，符合法律规定，应认定有效。所以，张某分居后做生意所得的 30 万元应当归其个人所有，不属于夫妻共同财产。钱某要求分割该财产的诉讼请求不应当支持。

第二种意见认为，张某与钱某在分居时约定收入归各自所有，互不承担扶养义务。该约定对分居取得的财产的归属、占有、使用等作出了约定，属于夫妻财产约定。按照《婚姻法》的规定和该约定的内容，张某分居后做生意所得的 30 万元应当归其个人所有，不属于夫妻共同财产。钱某要求分割该财产的诉讼请求不应当支持。

第三种意见认为，张某与钱某就关于分居后互不承担扶养义务的约定，违反了《婚姻法》，其中关于分居期间财产归各自所有的约定也属无效。所以，张某做生意所得的 30 万元，是在婚姻关系存续期间取得的经营收益，应当归夫妻共同所有。钱某要求分割该财产的诉讼请求应当支持。

《婚姻法》第十九条规定："夫妻可以约定婚姻关系存续期间所得的财产以及婚前财产归各自所有、共同所有或部分各自所有、部分共同所有。约定应当采用书面形式。"据此，夫妻双方可以对夫妻在婚姻存续期间和婚前的所得以书面形式进行约定。一旦达成书面约定，即具有法律效力。该书面约定的效力不因当事人的单方反悔而影响。本案中，双方当事人签订的"分居协议"所涉及的财产约定的条款其实是对婚内财产归属的一个约定，所以对双方均有约束力，任何一方不得反悔。而张某与钱某就关于分居后互不承担扶养义务的约定，违反了《婚姻法》第二十条的规定："夫妻有互相扶养的义务。"该扶养义务是法定义务，不随夫妻分居而解除。在夫妻双方分居后，如果一方患病或生活遇到困难，另一方仍然存在予以扶助的义务。所以双方有关分居期间互不履行扶养义务的约定无效。[①]

◆案例

分居两年是否自动离婚

2004 年，常女士因家庭矛盾与丈夫分居，之后自己到南方发展。在近两年的时间里，常女士只是过年过节向家里寄钱和打电话问候，平时与家里没有更多的联系。2006 年入冬之际，当她返回家中时，丈夫已经与另一女人结婚，并声称与常女士已经分居超过两年，算是自动离婚了。

【问题】

分居两年就自动离婚了吗?

【法理分析】

"分居久了就算自动离婚"这是一些人对法律条文的误解。我国婚姻法并没有"自动离婚"一说。按照法律规定，结婚必须到民政部门办理相关的法律手续。与此同时也规定，如果夫妻双方想结束婚姻关系，也必须到民政部门办理法定离婚手续。所以，分居多长时间也不能算自动离婚。婚姻法规定"因感情不和分居满两年，调解无效的"是离婚的条件之一。但分居达到两年并不能自动离婚。常女士的丈夫犯了重婚罪。

◆案例

分居协议虽然签订，并不能代表协议已经履行

原告：齐梅（化名），女，28 岁，现住上海市闵行区。

被告：刘冰（化名），男，30 岁，现住址同上。

原、被告 2004 年 2 月相识，于同年 12 月办理结婚登记手续。因夫妻感情不和，原、被告决定离婚，并且原告向法庭提供了一份 2006 年双方签署的分居协议一份，协议上言明由于双方婚姻失调，决定分居。期限为一年，即从 2006 年 4 月至 2007 年 4 月。分居期间双方约定严禁同房，并对家庭消费、家务、债务等作了相应的约定。

被告辩称：分居协议是在发生家庭矛盾之后书写，实际并未履行；原、被告相识后，经多次接触方确定恋爱关系，由于被告单位有分房机会，经双方慎重考虑后领取结婚证。现原、被告虽然有分居协议，但之后仍居住在一室，并未真正履行过该份协议，且在写下分居协议后，被告与原告及其家人仍一起外出游玩，因此根本不存在夫妻关系不和之情形，因此请求法院驳回原告诉讼请求。

【问题】

如何理解分居协议的签订与履行?

---

① 司法局 . 分居时夫妻约定互不承担扶养义务是否有效 . http：//www.bjdch.gov.cn/n5687274/n5723220/n5732733/n5733694/8010859. html.

【法理分析】

该案的争议焦点在于，原、被告是否在婚后存在分居行为以及分居满两年的行为。根据《婚姻法》第三十二条的规定，分居满两年是法院必须判离的情形。因此，原告力图证明原、被告已分居满两年。而原、被告 2006 年签订的分居协议是否履行，是判决原、被告感情破裂的重要参考依据。虽然原、被告曾签订过分居协议，但并不代表已经履行。在庭审中原告也承认虽然签订该分居协议，但之后原、被告仍居住在同一室内，因此，分居协议并未得到实际履行，自然谈不上夫妻感情确已破裂以及适用《婚姻法》第三十二条、法院直接判离的问题。

【法院判决】

法院受理该案后，作出如下判决：

（1）驳回原告离婚的诉讼请求；

（2）案件受理费 50 元由原告自行承担。

通过本案，可以看出，任何协议不仅要证明已经签订，而且要考虑是否需要搜集证据证明已实际履行。[①]

第二节 夫妻财产关系纠纷的法律实务

一、夫妻财产关系概述

男女双方因结婚产生了夫妻人身关系，也随之产生了夫妻财产关系。根据《婚姻法》第十九条规定，夫妻可以约定婚姻关系存续期间所得的财产以及婚前财产各自所有、共同所有或部分各自所有、部分共同所有。约定应当采取书面形式。没有约定、约定不明的，适用本法第十七条、第十八条的规定。夫妻对婚姻关系存续期间所得财产以及婚前财产的约定对双方具有约束力。夫妻对婚姻关系存续期间所得财产归各自所有的，夫或妻一方对外所负的债务，第三人知道该约定的，以夫或妻一方所有的财产清偿。夫妻双方对其共同所有的财产享有平等的处理权。

我国婚姻法对夫妻财产制采取的是法定夫妻财产制与约定夫妻财产制相结合的模式，并作了详细的规定。

（一）法定夫妻财产制

法定夫妻财产制是指夫妻双方在婚前、婚后都没有约定或约定无效时，直接适用有关法律规定的夫妻财产制度。婚姻法明确了夫妻共同所有财产的范围。《婚姻法》第十七条规定，夫妻在婚姻关系存续期间所得的下列财产，归夫妻共同所有：①工资、奖金；②生产、经营的收益；③知识产权的收益；④继承或赠与所得的财产，但《婚姻法》第十八条

---

① 分居的概念及背景. http：//www. jsflw. com/xnews. asp？ newsid＝478.

第三项规定的除外；⑤其他应当归夫妻共同所有的财产。夫妻对共同所有的财产，有平等的处理权。

《婚姻法》第十八条则明确了夫妻一方所有的财产范围，包括：①一方的婚前财产；②一方因身体受到伤害获得的医疗费、残疾人生活补助费等费用；③遗嘱或赠与合同中确定只归夫妻一方所有的财产；④一方专用的生活用品；⑤其他应当归一方的财产。根据《婚姻法司法解释（二）》第十三条的规定，军人的伤亡保险金、伤残补助金、医药生活补助费等也属于个人财产。

夫妻财产除了包括积极财产外，还包括消极财产，即对外负担的债务。夫妻共同负担债务，由夫妻共同所有财产清偿；夫妻一方所负的债务，由其个人所有的财产清偿。如果夫妻在婚姻关系存续期间所得的财产约定归各自所有，而第三人又不知道该约定的，则以夫妻在婚姻关系存续期间所得的财产清偿。婚前、婚后的时间分隔点是婚姻登记之日，同居、共同生活、举办传统婚姻仪式，都不是两者的划分标准。

（二）约定夫妻财产制

约定夫妻财产制是相对法定夫妻财产制而言的，是依据不同的发生原因作出的划分。它是指夫妻双方通过协商对婚前、婚后取得的财产的归属、处分以及在婚姻关系解除后的财产分割达成协议，并优先于法定夫妻财产制适用的夫妻财产制度，又称有契约财产制度，这是意思自治原则在婚姻法中的贯彻和体现。

关于约定的内容，据《婚姻法》第十九条规定：夫妻可以约定婚姻关系存续期间所得的财产以及婚前财产归各自所有、共同所有或部分各自所有、部分共同所有。约定应当采用书面形式。没有约定或约定不明确的，适用本法第十七条、第十八条的规定。夫妻对婚姻关系存续期间所得的财产以及婚前财产的约定，对双方具有约束力。夫妻对婚姻关系存续期间所得的财产约定归各自所有的，夫或妻一方对外所负的债务，第三人知道该约定的，以夫或妻一方所有的财产清偿。

约定的生效条件必须具备民事法律行为的生效要件：首先，必须合法、自愿、真实；其次，应符合特别法上的要求，如男女双方平等，保护妇女、儿童和老人的合法权益。约定的内容在第三人知晓时，其对外具有对抗的效力，否则，无对抗的效力。对内则对夫妻处理财产的行为产生约束力。为逃避债务的虚假约定应被认定为无效行为。对债务人非法目的的认定，可结合夫妻财产约定或协议分割的时间、方式、当时背景等加以考察。

约定应当采用书面形式。没有约定或约定不明确的，适用《婚姻法》第十七条、第十八条的规定，即法定夫妻财产制的有关内容。夫妻对婚姻关系存续期间所得的财产以及婚前财产的约定，对双方均具有约束力。

二、夫妻处理共同财产的权利与限制纠纷及处理

（一）法律依据

（1）《婚姻法》第十七条规定：夫妻在婚姻关系存续期间所得的下列财产，归夫妻共同所有：①工资、奖金；②生产、经营的收益；③知识产权的收益；④继承或赠与所得的财产，但本法第十八条第三项规定的除外；⑤其他应当归共同所有的财产。夫妻对共同所有的财产有平等的处理权。

（2）《婚姻法司法解释（三）》第五条规定：夫妻一方个人财产在婚后产生的收益，除孳息和自然增值外，应认定为夫妻共同财产。

《婚姻法司法解释（三）》第十二条规定，婚姻关系存续期间，双方用夫妻共同财产出资购买以一方父母名义参加房改的房屋，产权登记在一方父母名下，离婚时另一方主张按照夫妻共同财产对该房屋进行分割的，人民法院不予支持。购买该房屋时的出资，可以作为债权处理。

《婚姻法司法解释（三）》第十三条规定，离婚时夫妻一方尚未退休、不符合领取养老保险金条件，另一方请求按照夫妻共同财产分割养老保险金的，人民法院不予支持；婚后以夫妻共同财产缴付养老保险费，离婚时一方主张将养老金账户中婚姻关系存续期间个人实际缴付部分作为夫妻共同财产分割的，人民法院应予支持。

《婚姻法司法解释（三）》第四条规定：婚姻关系存续期间，夫妻一方请求分割共同财产的，人民法院不予支持，但有下列重大理由且不损害债权人利益的除外：①一方有隐藏、转移、变卖、毁损、挥霍夫妻共同财产或者伪造夫妻共同债务等严重损害夫妻共同财产利益行为的；②一方负有法定扶养义务的人患重大疾病需要医治，另一方不同意支付相关医疗费用的。

《婚姻法司法解释（三）》第十一条规定：一方未经另一方同意出售夫妻共同共有的房屋，第三人善意购买、支付合理对价并办理产权登记手续，另一方主张追回该房屋的，人民法院不予支持。夫妻一方擅自处分共同共有的房屋造成另一方损失，离婚时另一方请求赔偿损失的，人民法院应予支持。

（3）《婚姻法司法解释（一）》第十七条规定：《婚姻法》第十七条关于"夫或妻对夫妻共同所有的财产，有平等的处理权"的规定，应当理解为：①夫或妻在处理夫妻共同财产上的权利是平等的。因日常生活需要而处理夫妻共同财产的，任何一方均有权决定。②夫或妻非因日常生活需要对夫妻共同财产作重要处理决定，夫妻双方应当平等协商，取得一致意见。他人有理由相信其为夫妻双方共同意思表示的，另一方不得以不同意或不知道为由对抗善意第三人。

（4）《城市房地产管理法》第三十七条规定，共有房地产，未经其他共有人书面同意的，不得转让。

（二）相关法律的理解

1. 夫妻共同财产的范围

夫妻共同财产，是指夫妻在婚姻关系存续期间，一方或双方取得，依法由夫妻双方共同享有所有权的共有财产。按照我国《婚姻法》第十七条及相关司法解释的规定，共同财产包括夫妻在婚姻关系存续期间所得的：①工资、奖金；②生产、经营的收益；③知识产权的收益；④继承或赠与所得的财产，但本法第十八条第三项规定的除外；⑤一方以个人财产投资取得的收益；⑥男女双方实际取得或者应当取得的住房补贴、住房公积金；⑦男女双方实际取得或者应当取得的养老保险金、破产安置补偿费。

2. 夫妻对共同财产处理的权利及限制

我国《婚姻法》第十七条规定：夫妻对共同所有的财产，有平等的处理权。这一平等权应当理解为：

（1）夫或妻在处理夫妻共同财产上的权利是平等的。因日常生活需要而处理夫妻共同财产的，任何一方均有权决定。

（2）夫或妻非因日常生活需要对夫妻共同财产作重要处理决定，夫妻双方应当平等协商，取得一致意见。他人有理由相信其为夫妻双方共同意思表示的，另一方不得以不同意或不知道为由对抗善意第三人。

（三）司法实例分析

◆案例

劳燕未分飞，房产先易手

张先生与杨女士及女儿虽然同住一个屋檐下，但琴瑟失和由来已久，夫妻俩曾两度到法院提出离婚。令张先生吃惊的是，离婚的过程尚在进行中，夫妻共有的房产却已经没有了他的份额。原来，早在 2009 年 12 月，杨女士就与其母签订了一份房产转让合同，将购买了才一年的房产作价 20 万元，转让 60% 的产权归其母亲。张先生认为这是妻子背着他与岳母之间的恶意串通，于是告到法院，要求确认妻子与岳母签订的房产转让合同无效。庭审中，杨女士辩称，因家中经济条件较差，曾向母亲借过 21 万元，故以部分房产抵债。买房时原告没有出资，也没有产权，故房产转让也无须告知原告。

【问题】

杨女士与其母签订的房产转让协议是否有效？理由是什么？

【法理分析】

张先生与杨女士的房产属于夫妻共同财产。《婚姻法》第十七条规定：夫妻对共同所有的财产，有平等的处理权。《婚姻法司法解释（一）》第十七条规定："婚姻法第十七条关于'夫或妻对夫妻共同所有的财产，有平等的处理权'的规定，应当理解为：（一）夫或妻在处理夫妻共同财产上的权利是平等的。因日常生活需要而处理夫妻共同财产的，任何一方均有权决定。（二）夫或妻非因日常生活需要对夫妻共同财产作重要处理决定，夫妻双方应当平等协商，取得一致意见。"《贯彻民法通则的意见》第八十九条规定："在共同共有关系存续期间，部分共有人擅自处分共有财产的，一般认定为无效。"本案中，杨女士背着丈夫将共有房产转让给杨女士的母亲，而杨女士的母亲明明知道女儿正在与女婿离婚，且杨女士处理的房产属于女儿和女婿的共同财产，是非善意的第三人，所以，杨女士背着丈夫处理房产的协议是无效的。

【法院判决】

法院认为，夫妻关系存续期间所得的财产，如双方对财产没有约定，均应认定为夫妻共同财产，即使共同居住的房产为一方出资所购，未经双方同意，房产亦不得擅自处理。被告的行为，违反了有关法律，损害了原告的利益，应予以纠正。转让行为无效。[①]

---

① 袁玮，侯荣康，罗涛. 劳燕未分飞房产先易手 法院判决：擅自处理交易无效. 新民晚报，2003 - 06 - 01.

◆**案例**

妻子开"单身证明"出售共有房产

2011 年 11 月离婚前，王女士用"单身证明"将与陈先生共有的房产出售给唐某，并办理了产权登记手续。得知情况的陈先生将王女士及买房人唐某一起告上法庭。

原来陈先生、王女士因感情不和引发离婚诉讼。诉讼期间，王女士向公证部门提交"单身证明"，将所住房屋出售给了唐某。

【问题】

女方开单身证明，卖掉夫妻共有房，买卖合同是否有效？

【法理分析】

《婚姻法》第十七条规定：夫妻对共同所有的财产，有平等的处理权。《婚姻法司法解释（一）》第十七条规定：婚姻法第十七条关于"夫或妻对夫妻共同所有的财产，有平等的处理权"的规定，应当理解为："①夫或妻在处理夫妻共同财产上的权利是平等的。因日常生活需要而处理夫妻共同财产的，任何一方均有权决定。②夫或妻非因日常生活需要对夫妻共同财产作重要处理决定，夫妻双方应当平等协商，取得一致意见。"《贯彻民法通则的意见》第八十九条规定："在共同共有关系存续期间，部分共有人擅自处分共有财产的，一般认定为无效。"但《婚姻法司法解释（三）》第十一条规定："一方未经另一方同意出售夫妻共同共有的房屋，第三人善意购买、支付合理对价并办理产权登记手续，另一方主张追回该房屋的，人民法院不予支持。夫妻一方擅自处分共同共有的房屋造成另一方损失，离婚时另一方请求赔偿损失的，人民法院应予支持。"根据以上规定，可以看出王女士背着丈夫处理房产的协议本来是无效的，但买房人有理由相信王女士是有权出售房产的人，其属于善意买受人，所以房产买卖协议就有效了。现在陈先生请求追回房产的诉求得不到支持。只能请求王女士对其损失予以补偿。

【法院判决】

判决结果：法院审理认为，涉案房屋属于陈先生、王女士的夫妻共同财产。但唐某基于善意取得房屋的所有权，房屋买卖合同有效，陈先生只能向王女士请求赔偿。

◆**案例**

丈夫瞒着妻子赠情人财产是否有效

公司老总宋先生自 2002 年 11 月开始与未婚女子白小姐非法同居。2005 年 10 月，宋先生与白小姐以 16 万元的价格共同购房一套。2007 年 9 月 30 日，宋先生与白小姐签订协议一份，协议约定：宋先生愿将两人共有的价值 18.5 万元的房产中属于自己的一半送给白小姐，同时宋先生在 2008 年 12 月底之前，再拿 10 万元作为对白小姐的补偿。

2007 年 11 月 15 日，白小姐将房子以 12 万元的价格转让。2008 年 1 月 23 日，宋先生向白小姐的银行账户转入 2 万元补偿款。

2010 年 1 月份，宋先生的妻子高女士发现这一情况后，当即把丈夫和白小姐告上法庭，认为丈夫在没有征得自己同意的情况下，无权将他们夫妻的共有财产赠与他人。

【问题】

宋先生的赠与行为是否有效？高女士的主张能否得到法院的支持？理由是什么？

【法理分析】

我国《婚姻法》规定，夫或妻对夫妻共同所有的财产，有平等的处理权。《婚姻法司法解释（一）》认为，夫或妻在处理夫妻共同财产上的权利是平等的。因日常生活需要而处理夫妻共同财产的，任何一方均有权决定。夫或妻非因日常生活需要对夫妻共同财产作重要处理决定，夫妻双方应当平等协商，取得一致意见。他人有理由相信其为夫妻双方共同意思表示的，另一方不得以不同意或不知道为由对抗善意第三人。

在这一案件中，首先，宋先生和他妻子高女士对财产拥有平等的处理权。但是，宋先生对第三者白小姐的赠与属于"非因日常生活"的赠与行为，该财产的处置必须经夫妻双方协商取得一致才能进行。

其次，按照法律规定，如果他人对夫妻双方任何一方处置财产的行为有理由认为是"夫妻双方的共同意思表示"，则夫妻另一方不得以不同意对抗善意第三人。但在本案件中，作为第三者的白小姐并不是"善意"第三人，而是过错第三人。该过错足以使白小姐认识到：当宋先生处置财产给她时，如果基于婚外情的原因，高女士是不会同意该处置行为的。

进一步说，白小姐没有理由认为高女士和宋先生存在着共同赠与的意思表示。因此，该赠与没有高女士的同意，白小姐获得宋先生赠与财产的行为属于无效民事行为。

【法院判决】

一审法院审理后认为，本案诉争的住房系两被告共同购置，其所有权应由两被告共有。而被告宋先生所享有的一半房产及付给被告白小姐的现金 2 万元，是在其与原告高女士婚姻关系存续期间取得的，应属于他们夫妻的共同财产。宋先生擅自将夫妻共有财产送给白小姐的行为违反法律规定，侵犯了原告的财产所有权，应认定为无效民事行为。据此判令被告白小姐、宋先生于 2007 年 9 月 30 日签订的协议无效；判令白小姐返还原告高女士现金 112 500 元。

一审宣判后，白小姐不服，向某中级法院提起上诉。法院作出终审判决，驳回了白小姐的上诉请求。①

三、婚内财产约定纠纷与处理

（一）婚内财产约定的法律依据

（1）《婚姻法》第十九条规定：夫妻可以约定婚姻关系存续期间所得的财产以及婚前财产归各自所有、共同所有或部分各自所有、部分共同所有。约定应当采用书面形式。没有约定或约定不明确的，适用本法第十七条、第十八条的规定。

夫妻对婚姻关系存续期间所得的财产以及婚前财产的约定，对双方具有约束力。

（2）《物权法》第九条规定：不动产物权的设立、变更、转让和消灭，经依法登记，发生效力；未经登记，不发生效力，但法律另有规定的除外。

（3）《合同法》第一百八十六条规定：赠与人在财产转移权利之前可以撤销赠与。具

---

① 韩景玮，王玮皓. 丈夫瞒着妻子赠情人财产，法院判情人返还妻子财产. http：//www. chinacourt. org/html/article/200710/16/269620. shtml.

有救灾、扶贫等社会公益、道德义务性质的赠与合同或者经过公证的赠与合同，不适用前款规定。

(4)《合同法》第一百八十七条规定：赠与财产依法需要办理登记手续的，应当办理有关手续。

(5)《婚姻法司法解释（三）》第六条规定：婚前或者婚姻关系存续期间，当事人约定将一方所有的房产赠与另一方，赠与方在赠与房产变更登记之前撤销赠与，另一方请求判令继续履行的，人民法院可以按照合同法第一百八十六条的规定处理。

(二) 司法实例分析

◆案例

拿着前夫的赠房协议拿不到房

王先生与李女士在日本留学时相识。王先生回国后购置了本市大同花园的两套房屋。李女士回国后，两人于2011年2月登记结婚。婚后不久，两人即产生了矛盾。为平息矛盾，两人于7月签订了一份房屋财产转让约定，王先生声明将自己婚前购置的其中一套房子转让给妻子，上述房产自声明签订之日开始，属于李女士个人财产，与双方夫妻关系无关，不属于夫妻共同财产，李女士在受赠人栏内签字。但在房产交易中心，该套房屋的产权至今还在王先生名下。同年11月，李女士即向法院起诉离婚，在法院判决双方离婚后，两人为了财产分割又接连打了几场官司，其中就涉及该套房屋的产权。李女士认为该套房屋的产权应当确认为自己所有。但王先生则认为房屋尚未办理过户登记，自己可以要求撤销赠与。

【问题】

李女士请求将该套房屋的产权归自己的主张能否得到法院的支持？理由是什么？

【法理分析】

由于王先生赠与李女士的标的是作为不动产的房产，协议本身是双方真实意思的表示，应认定为有效。但《婚姻法司法解释（三）》第六条规定，婚前或者婚姻关系存续期间，当事人约定将一方所有的房产赠与另一方，赠与方在赠与房产变更登记之前撤销赠与，另一方请求判令继续履行的，人民法院可以按照合同法第一百八十六条的规定处理。《合同法》第一百八十六条规定，赠与人在财产转移权利之前可以撤销赠与。具有救灾、扶贫等社会公益、道德义务性质的赠与合同或者经过公证的赠与合同，不适用前款规定。按照《合同法》第一百八十六条的规定，不动产产权变更以登记为依据，双方签订赠与协议后，该房屋始终没有办理产权变更登记手续，所以该产权尚未发生转移，在此前提下，王先生可以撤销将房屋赠与李女士的决定，房屋产权依旧归王先生所有。法院应当驳回李女士的诉讼请求。

【法院判决】

法院经审理后认为，虽然王先生与李女士的约定属于赠与协议，但根据《合同法》的有关规定，除了具有救灾、扶贫等社会公益、道德义务性质的赠与合同或者经过公证的赠与合同之外，赠与人在财产权利转移之前都可以撤销赠与。由于该套房屋未办理过户登记，房屋产权尚未发生转移，王先生主张撤销是符合法律规定的。法院遂判决驳回了李女士要求确认该房屋所有权属自己所有的诉讼请求。

◆案例

"AA"制夫妻要离婚，法院判定双方财产也 AA

王女士和苏先生 2008 年经介绍相识，于次年 3 月登记结婚。也许是再婚的缘故，双方都不太愿意一方掌管经济"大权"，家庭开支大多是相互分摊，个人开销也基本上是各花各的。婚后，两人签订了"协议书"和"财产公证书"各 1 份，约定"夫妻双方原则上实行'AA'制，各自收益归个人所有，个人的物品归个人使用。用于共同生活中的物品共同支出，双方各半承担……"，"夫妇无共同债权债务，各自发生的债权债务分别由各自承担。……自签字之日起双方无其他经济纠葛"。

从 2010 年夏天开始，夫妻关系恶化，继而发生吵闹。2010 年年底，王女士诉至某法院要求离婚。在离婚后的财产分割问题上，王女士认为，既然原、被告双方签订了"协议书"和"财产公证书"，对家庭日常生活的经济模式和婚前婚后的财产进行了约定，那么该约定应合法有效，双方应按双方协议约定处理财产。

被告苏先生则辩称，"协议书"和"财产公证书"是被告在被胁迫的情况下所签，且此约定并非对现在离婚时财产分割的约定。请求法院重新认定并分割夫妻共同财产，同时提出原告在银行的存款、证券公司的股票以及集资款共计 20 多万元，也应作为夫妻共同财产平均分割。

【问题】

此案的财产应该如何分割？

【法理分析】

根据我国《婚姻法》第十九条的规定，夫妻可以约定婚姻关系存续期间所得的财产以及婚前财产归各自所有、共同共有或部分各自所有、部分共同共有。原、被告签订了"财产协议书"和"财产公证书"，该约定内容是明确的，是对各自的收益、家庭支出、债权债务的承担以及房屋的产权归属等所作的约定。所以，该约定合法有效。一旦夫妻离婚，双方在财产分割中均应按此约定履行。被告称该约定不是其真实意思，是在被胁迫的情况下所签，但未提供相应证据予以证明，因此，被告主张上述约定无效的理由不能成立。原、被告双方应按照"协议书"和"财产公证书"中约定的方式分割财产，即按"AA制"的约定分割财产。

【法院判决】

法院经审理后于 2010 年 12 月 28 日作出判决，判定原、被告双方"AA 制"的约定有效，两人的财产分割按照"AA 制"的约定分割。①

---

① 罗军民. AA 制夫妻要离婚，法院判定双方财产也 AA. http：//www. 110. com/ziliao/article-203159. html.

◆案例

婚内财产约定一经签订，能否轻易反悔

刘某（女）与黄某（男）于 2007 年 2 月在杭州自行相识并确立了恋爱关系。2008 年 6 月，黄某打算购买杭州一小区的经济适用房，但是由于黄某不是杭州人，而刘某是杭州人，购买经济适用房资格仅限于杭州市民，于是黄某一次性出资购买房产，产权证办在了刘某名下。2008 年年底双方登记结婚。

婚后，双方感情十分融洽。黄某多次向刘某提出现住房系其婚前个人财产，想做一个财产公证，刘某表示同意。于是双方到公证处进行了财产协议公证。后来，刘某亲戚知道后，提出了异议，为此刘某在亲戚的怂恿下要求撤销公证，两人关系由此开始恶化。

刘某起诉到法院，主张协议是在被黄某欺诈下所签，并非自愿，房产系刘某个人财产，房款是黄某对其的赠与。

黄某提出房产系其个人全款出资婚前购买，只是因为没有杭州户口故将产权证落在原告名下，该协议是双方真实意思的表示，刘某不能反悔，因此请求法院驳回刘某的请求。

【法理分析】

根据我国《婚姻法》第十九条的规定，夫妻可以约定婚姻关系存续期间所得的财产以及婚前财产归各自所有、共同共有或部分各自所有、部分共同共有。本案中男女双方对房产的协议约定是双方真实意思的表示，一经签订即对双方有约束力，不能轻易反悔。

【法院判决】

法院审理认为协议经公证具有公信力，刘某主张受其欺诈胁迫证据不足，故驳回刘某的起诉。[①]

【问题思考】

通过以上三个案例的分析可见如何才能避免婚内财产约定的纠纷？应注意哪些问题？

四、夫妻忠诚协议的效力与纠纷处理

（一）忠诚协议的定义

改革开放 30 多年以来，市场经济的发展改变了人们的经济生活方式，也改变了人们的婚姻观念。在经济高速增长、人们物质生活越来越丰富的同时，随之而来的却是离婚率的高增长。近年来，婚外情逐渐成为导致婚姻走向解体的重要原因之一，为避免和预防婚外情的发生，越来越多的夫妻选择在婚前或者婚后以订立所谓的"忠诚协议"来维护夫妻之间的相互忠诚。于是越来越多的夫妻忠诚协议开始走上法庭。然而因为对法律适用的不同理解，司法实践中涉及对夫妻忠诚协议效力认定的判决也是大相径庭。法院在审理离婚案件的过程中，有以夫妻一方违反夫妻忠实义务为由而判决赔偿另一方"空床费"的；有依据夫妻双方签订的忠诚协议的约定，判令不忠的一方向另一方赔偿的；也有以夫妻间的忠实义务只是道德原则，而不是强制义务，判决不予支持的。事实上，在我国配偶权并不明晰的情况下，对于"第三者插足"问题中"侵犯配偶权"的侵权责任存有诸多争议，但通过承认夫妻签订"忠诚协议"的方式追究过错方责任，既是公民自我救济的有效方

① 贾明军．婚姻家庭纠纷案件律师业务．北京：法律出版社，2008.75.

式，也是对婚内侵害配偶权制度的填补。

所谓忠诚协议，就是男女双方在婚前或婚后，自愿制定的有关在婚姻存续期间夫妻双方恪守婚姻法所倡导的夫妻之间互相忠实的义务，如果违反，过错方将在经济上对无过错方支付违约金、赔偿金、放弃部分或全部财产的协议。

（二）理论界对忠诚协议效力的认识

理论上，关于夫妻忠诚协议是否有效的问题，学界出现了两种观点：

（1）认为夫妻忠诚协议不应受法律保护，理由如下：

第一，此类约定的履行与制裁，是亲情的问题，不是法律问题，法院并不适于处理此类复杂而敏感的亲情问题。所以，无论是从协议的目的还是内容来看，双方都无建立法律关系的意图，这是一个默示"排除法院管辖"的协议，所以不受法院强制力保护。

第二，《婚姻法》第四条规定的夫妻之间有相互忠实的义务，只是一个宣言，一种法律价值取向，结合《婚姻法司法解释（一）》第三条，法律没有把夫妻双方相互忠实规定为一项义务。因为有配偶者与他人通奸或者发生"婚外情"仅仅是道德问题，法律虽不鼓励，但也不应加以限制，当事人也不可以通过契约加以限制。理由是，涉及人身自由的权利，不能通过合同契约加以限制，即使是违反道德的行为也不例外。

第三，侵权损害不能通过合同契约预定。理由是在侵权法中实行的是填补损害的赔偿原则，如果允许当事人对此侵权损害事先约定，就违反了填补损害的原则，也会造成有钱人任意侵犯他人权利的恶果。

第四，个人隐私权、人格权应高于"忠诚原则"。如果法院赋予"忠诚协议"以法律效力，则为了确定一方当事人有"违约行为"，一方当事人或人民法院就有举证证明和查证的义务。在这个过程中，势必会使婚姻另一方甚至是无辜第三者的隐私暴露。

第五，赋予"忠诚协议"以法律效力的另一个后果是鼓励婚姻当事人在结婚前都缔结这样一个协议，以"拴住"对方，这样势必会增加婚姻的成本，另外也会使建立在纯洁的爱情和相互信任基础上的婚姻关系变质，婚姻不免变成类似商人买卖的讨价还价。

（2）认为夫妻忠诚协议应受法律保护，理由如下：

第一，婚姻法允许夫妻双方自己约定财产的处理方式，拥有对财产的处理权。同时，新婚姻法也规定，如果因重婚、有配偶者与他人非法同居等过错导致离婚的，无过错方有权请求损害赔偿。此外，夫妻相互保持忠诚是婚姻关系最本质的要求，婚姻关系稳定与否很大程度上有赖于此。违约赔偿的"忠诚协议"，实际上是对婚姻法中抽象的夫妻忠实责任的具体化，完全符合婚姻法的原则和精神，所以应该而且能够得到法律的支持。

第二，只要"婚姻协议"在制定时，婚姻双方自愿约定的内容没有违反法律禁止性规定，也不损害他人和社会公共利益，约定的赔偿数额就有可行性；同时，只要双方在协议中体现的是各自的真实意愿，并且在平等、自愿的前提下签约，法律就应该认可它，法官就应该采信它。[①]

笔者认为，肯定忠诚协议效力的观点是正确的。但从我国目前国情出发，对忠诚协议

---

① 贾明军. 婚姻家庭纠纷案件律师业务. 北京：法律出版社，2008. 81～82.

效力的认定应持谨慎和保守的态度，危害家庭关系的契约无效，侵害第三人合法权益的契约也应当认定为无效。

（三）有关夫妻应当忠实的法律依据

《婚姻法》第三条规定：禁止重婚。禁止有配偶者与他人同居。

《婚姻法》第四条规定：夫妻应当互相忠实，互相尊重；家庭成员间应当敬老爱幼，互相帮助，维护平等、和睦、文明的婚姻家庭关系。

夫妻之间的相互忠诚、相互尊重的理念，是道德规范一直强调的重中之重，我国法律以明文规定的形式呈现出来，上升到法律高度，体现了法律与道德的一致性。

（四）司法实例分析

◆案例

富翁为挽救婚姻写"忠诚协议"：如离婚，8套房产归妻

金某（女）和刘某（男）经过两年自由恋爱才结婚，到感情彻底破裂时，他们的婚龄有15年之长，算是"老夫老妻"了。但是，因为金某曾经多次流产，不能正常生育，所以还没有自己的亲骨肉，这曾经在好多年里都是他们的遗憾。金某在诉状中称，导致夫妻感情彻底破裂，是因为刘某2008年在外面与其他女人有"不正常交往"。金某知道丈夫有第三者后，即主张与刘某离婚。刘某不同意离婚，为了向妻子保证以后不再出轨，他给妻子写了"忠诚协议"，内容主要是：①如果刘某和郭某（金某眼中的第三者）再继续交往，以此条为据，刘某愿和金某离婚。②如果刘某因出轨而离婚，愿意将主城各区的夫妻共有财产8套房屋（每套面积从30~230平方米不等，平均每套面积超100平方米）约定归金某个人所有，今后若双方离婚，上述房产不作为夫妻共同财产分割。协议签订后，双方还于2009年3月做了夫妻财产公证。刘某虽然写了保证书，也将8套房屋公证为金某个人所有，但让他意料不到的是，保证书也没能保住他的婚姻。

今年年初，金某发现刘某又与婚外异性来往，即向法院起诉，请求按照夫妻保证书的内容将8套房屋判归自己所有；对另外的6套住宅、一个车位，共640平方米的房产，还有1辆宝马轿车、1辆宝马越野车和1辆一般品牌轿车，以及三个公司的股权进行依法分割。

【问题】

这份保证书有效吗？财产应该如何处理？

【法理分析】

夫妻忠实义务是婚姻关系最本质的要求，婚姻关系稳定与否，很大程度上有赖于此。因此，新修订的《婚姻法》第四条规定："夫妻应当相互忠实。"此外，《婚姻法》第十九条规定，夫妻可以约定婚姻关系存续期间所得的财产以及婚前财产归各自所有、共同所有或部分各自所有、部分共同所有。约定应当采用书面形式。约定对双方当事人均有约束力。根据该规定，这对夫妻的财产约定是以忠诚协议的方式对婚内财产进行的约定，且约定是双方真实意思的表示，是有效的。一旦夫妻离婚，双方在财产分割中均应按此约定履

行。除非有证据证明约定当时是受胁迫、威胁等情况所签，协议就是无效的，否则双方均应当遵守。所以，应当将约定的8套房产归金某个人所有，8套房产之外的其他共同财产，应当依法分割。

【法院判决】

法院认为，从目前证据看，双方感情确已破裂。如果勉强维持婚姻关系，对双方均不利，所以法庭准许离婚。庭审中，刘某提出，他已经通过公证将他们夫妻财产中的8套房屋给了金某，如果平均分割其他财产，对他来说肯定吃亏，所以他提出要多分财产。承办法官称，法律规定夫妻财产可以约定。既然作出约定，也没有证据证明被胁迫，所以约定这部分财产并不影响其他财产的分配，也不会计入夫妻共同财产进行分割。刘某提出的多分财产的理由没有法律依据，法院无法支持。对于起诉分割的共同财产（6套住宅、1个车位、3辆车、3个公司股权），法院本着照顾女方权益，确定女方适当多分一点。最后，女方分了3套房、1个车位、1辆宝马轿车和一半公司股权。①

◆**案例**

夫妻忠诚协议捍卫婚姻　出轨丈夫被判痛失房产

2004年5月，刚到不惑之年的高某经人介绍与26岁的艾某相识。同年10月，他们共同购置了一套120平方米的新房，走进婚姻殿堂。因高某曾离过两次婚，初婚的艾某多长了一个心眼，便与高某签订了一份婚姻忠诚协议：约定婚后任何一方有外遇或不忠诚于对方，夫妻共同购买的房子则归无过错方所有。

2006年3月，高某在外做香菇生意时结识一女子，不久两人同居。艾某知道后，苦心规劝无果。2007年3月，艾某想到了那份婚姻忠诚协议，当即诉至法院，请求与高某离婚，房子归其所有。

庭审中，高某见双方感情已不可挽回，同意离婚，但不愿履行忠诚协议，认为那是当时讨取艾某高兴的一种轻率举动。

【问题】

夫妻忠诚协议是否有效？法院能支持艾某的观点吗？

【法理分析】

所谓忠诚协议，就是男女双方在婚前或婚后，自愿制定的有关在婚姻存续期间夫妻双方恪守婚姻法所倡导的夫妻之间互相忠实的义务，如果违反，过错方将在经济上对无过错方支付违约金、赔偿金、放弃部分或全部财产的协议。《婚姻法》第四条规定，夫妻应当互相忠实，互相尊重；家庭成员间应当敬老爱幼，互相帮助，维护平等、和睦、文明的婚姻家庭关系。夫妻相互保持忠诚是婚姻关系最本质的要求，婚姻关系稳定与否很大程度上有赖于此。忠诚协议实际上是对《婚姻法》中抽象的夫妻忠实责任的具体化，完全符合《婚姻法》的原则和精神。本案中，艾某和高某签订的协议是当时在双方自愿协商的基础上订立的，是双方真实意思的表示，且不违反法律规定。如今被告高某的行为已违背了当时的协议，所以应该依约定将夫妻共同购买的房产给原告艾某。

---

① http：//www.cnwest.com2010 - 12 - 2710：35：57.

【法院判决】

艾某与高某签订的婚姻忠诚协议是双方真实的意思表示，且双方均是具有完全民事行为能力的人，对违反协议的不利后果都有能力去预见和面对，故该婚姻忠诚约定可视为夫妻双方在离婚时的书面共同财产分割协议，对双方都有法律约束力。法院遂依据有关法律规定作出判决。

◆案例

刘先生和肖女士1998年下半年建立恋爱关系，在当年11月"闪电"结婚。因了解甚少，婚后感情不好，双方经常为家庭琐事争吵、打架。2006年下半年开始，刘先生开始经常夜不归宿，肖女士经过一段跟踪调查，发现丈夫和婚外女性同居。肖女士即提出离婚，但刘先生不同意。为了安抚肖女士，刘先生即按肖的要求双方签了一份忠诚协议。内容主要为：夫妻二人必须忠于对方，但考虑到丈夫的情感需求，肖女士同意刘先生与别人婚外同居，但丈夫必须同意每在外留宿一晚，即补偿妻子300元。肖女士统计丈夫在外留宿约100次时，遂要求丈夫支付"空床费"3万元。刘先生不同意。肖遂提起离婚诉讼：①请求与刘离婚；②要求按法律分割夫妻共同财产；③要求丈夫按照忠诚协议支付婚姻存续期间的空床费3万元补偿。刘先生则认为，"空床费"是无理取闹的"乱收费"，不肯支付。

法院认为，刘先生和肖女士的感情确已破裂，对离婚诉讼请求予以支持。对于肖女士提出要按照忠诚协议规定要求3万元"空床费"的约定没有支持。

【问题】

法院为什么没有支持这份"忠诚协议"？

【法理分析】

《婚姻法》第四条规定，夫妻应当互相忠实，互相尊重；家庭成员间应当敬老爱幼，互相帮助，维护平等、和睦、文明的婚姻家庭关系。夫妻相互保持忠诚是婚姻关系最本质的要求，婚姻关系稳定与否很大程度上与双方是否忠诚有关。忠诚协议实际上是对《婚姻法》中抽象的夫妻忠实义务的具体化，完全符合《婚姻法》的原则和精神。但双方的"忠诚协议"只有在不涉及夫妻双方的人身关系，不违反我国《婚姻法》等民事法律的基本原则时才具有法律效力，否则便会因为违反法律基本原则而无效，也即忠诚协议只有形式合法，内容不合法也不行。本案中这份协议的内容违法：其一是"允许丈夫与婚外异性同居"不仅违反一夫一妻制原则，而且违反了社会的基本道德，冲击了现行的婚姻制度，违反了民法的公序良俗原则；其二，"空床费"本质上是用性和钱做了一种交换，而这种交换恰恰是法律明文禁止的。因此此协议内容没有得到法院的支持。

【问题思考】

通过以上三个案例的分析，你认为签订夫妻忠诚协议应注意哪些问题？

签订忠诚协议要注意以下几个问题：

（1）忠诚协议的内容要符合法律规定：

①限制一方基本人权，如离婚自由权、人身自由权、通信自由权等的相关条款无效。

②违背民法基本原则的忠诚协议无效。

③侵犯其他人的权益的相关条款无效。

④剥夺孩子抚养权、探望权的无效，因为孩子抚养权的归属是以考虑孩子利益为着眼点，探望是父母的权利也是义务，不能将剥夺抚养权、探望权作为对过错方的惩罚。

⑤对家庭财产的分配不能影响一方的基本生活。约定的赔偿数额要符合家庭经济的实际情况，明显畸高的法院不会认可。

（2）不要在"抓奸现场"拿出事先准备好的忠诚协议要出轨方立刻签。这会被认为是在"胁迫"状态下所签，不具有法律效力。

（3）根据我国的司法实践，忠诚协议一般是判决离婚时才有可能支持。不离婚只要求按协议赔偿的，法院立案的可能性非常小。

五、婚内人身损害赔偿纠纷与处理

（一）婚内人身损害赔偿纠纷处理的理论进路

婚内人身伤害，受害方是否有权要求赔偿，我国婚姻家庭的相关法律未作明确规定。在实践中形成两种观点：

第一种意见认为，婚内人身损害案属一种特殊的生命健康权纠纷案件，当事人是夫妻关系，为典型的婚内赔偿案件。我国法律规定，公民的生命健康权受法律保护。夫妻之间人身侵权，侵害方应当承担法律责任。但由于这类案件中原、被告系夫妻关系，对夫妻财产大多未约定分别财产制，而是实行法定的共同财产制，且如果被告又没有自己的个人财产，原告在保留婚姻情况下进行婚内赔偿就如"羊毛出在羊身上"，婚内损害赔偿则失去了物质基础而没有实际意义。

第二种意见认为，这类案件中，夫妻一方的行为对另一方已构成侵权，婚内实行何种财产制及当事人婚姻关系是否存续均不影响其依法承担侵权赔偿责任。为切实维护受害人的合法权益，应判决由侵权人承担对受害人婚内侵权的赔偿责任。

笔者同意第二种意见，现作一些简要分析：

（1）在婚内人身侵权关系中，笔者认为，当事人主体之间虽身份具有一定的特殊性，夫妻财产上具有一定的复杂性，但婚内侵权与一般侵权在构成要件和法律特征上是相同的，并无本质区别。因此婚内主体身份与财产属性并不构成人身侵权赔偿法律关系成立的障碍，也不影响夫妻间人身损害赔偿的可行性。夫妻之间地位是平等的，财产权利夫妻间可以共同享有，但生命权、健康权、身体权却是相互独立的，并不依附任何一方，与是否存在婚姻关系均无关。根据民法通则等相关法律规定，公民的生命权、健康权、身体权不因侵害人身份的不同，不因侵害人有无财产而得不到保护，不管是谁，侵害公民生命权、健康权、身体权都要承担法律责任，都应受到法律的制裁。第一种意见在法理上讲不通。再者，应注意把我国《婚姻法》第四十六条规定的因家庭暴力等四种法定情形之一导致离婚，无过错方有权请求损害赔偿的情形与一般侵权赔偿情形加以区别，前者主要指婚内家庭暴力导致离婚的婚姻过错情形，主要由婚姻法调整，因此《婚姻法司法解释（一）》强调在离婚诉讼同时提出，不起诉离婚而单独提起离婚损害赔偿的法院不予受理。后者指侵权过错情形，属侵权法调整，不受离婚诉讼前提的限制。当同一行为发生离婚损害赔偿请求权与侵权损害赔偿请求权的竞合时，笔者认为，可参照我国《合同法》第一百二十条规定的违约责任和侵权责任竞合时的处理原则，应当允许受害人选择一种有利于自己的方式主张权利，即提出离婚诉讼的同时主张离婚损害赔偿，或在保留婚姻情况下单独提出侵权损害赔偿，为受害人提供充分救济的法律保障。

（2）第一种意见一方面肯定了婚内妻子遭丈夫殴打构成侵权，侵权人对受害人应承担法律责任。另一方面又以婚内侵权人没有个人财产，夫妻是共同财产制，婚内赔偿没有实际意义而不予支持。而民事责任是民事侵权行为人依法所必须承担的法律后果。第一种意见前后有矛盾，在逻辑上讲不通。

（3）第一种意见认为夫妻实行共同财产制，如果侵权人没有个人责任财产，婚内赔偿就成了"羊毛出在羊身上"，则无实际意义，这其实是考虑判后执行的问题，但执行中被执行人是否有个人责任财产可供执行，是在执行程序中要解决的问题，不妨碍对实体争议的审判。审判实践中法院一般也不存在在审判阶段就刻意去查明被告今后是否有履行判决责任财产的做法。在笔者看来，被执行人的财产状况或履行能力也是处于动态的过程，是随着各种情况而不断发生变化的，现在侵权人无财产缺乏履行能力并不代表将来也无财产或无履行能力，现在可能无法执行并不代表以后也是这样。另外即使实行的是法定共同财产制，夫妻各方也应有自己所属的一部分，因此笔者认为其观点是片面的。第一种意见实质是以侵权人有无履行判决的个人责任财产，受害人婚内求偿判决能否实际执行而作为裁判依据，是不适宜的。

（4）第一种意见在实践中具有危害性，缺乏对公民法律教育的正确引导，在一定程度上将可能误导一些人产生"只要不离婚，打人不负责"的错误认识，纵容了婚内侵权违法行为，助长家庭暴力等其他违法犯罪行为的发生，不利于建立和睦、平等、文明的现代婚姻家庭关系。对受害人诉请作出驳回诉讼请求处理有失公允，社会效果也不足取。

（5）我国《婚姻法》不仅确认了夫妻关系存续期间的夫妻共同财产，同时也确认了夫妻关系存续期间的夫妻个人财产的存在，这就为婚内发生的人身损害赔偿确立了执行基础。根据《婚姻法》第十八条的规定，有下列情形之一的，为夫妻一方的财产：①一方的婚前财产；②一方因身体受到伤害获得的医疗费、残疾人生活补助费等费用；③遗嘱或赠与合同中确定只归夫或妻一方的财产；④一方专用的生活用品；⑤其他应当归一方的财产。《婚姻法》第十九条规定，夫妻可以约定婚姻关系存续期间所得的财产以及婚前财产归各自所有、共同所有或部分各自所有、部分共同所有。诚然，婚内赔偿是执行赔偿义务人的个人责任财产而不是执行夫妻共同财产，否则失去了对侵权人法律惩罚的实际意义，实践中对侵权人确实没有个人财产或个人财产不足以支付赔偿数额的，可在分割夫妻共同财产后，从对方一方的财产中执行。笔者认为，法院也可以能动地司法，对夫妻共同财产建议先由双方根据公平原则及财产的具体情况自行约定分别财产制后，再从赔偿义务人约定析出的个人部分中执行。义务人拒绝将应属个人部分从共同财产中析出的，参照《民事诉讼法》第一百零二条的规定，以拒不履行法院生效判决确定的义务为由，视情节轻重予以罚款、拘留。①

因此第一种意见无论从法理、法律效果、社会效果等方面都不足取，第二种意见更趋

---

① 吴凰行．婚内人身侵权赔偿具有可行性与必要性．http：//www.chinacourt.org/html/article/201101/07/440156.shtml.

理性，较为妥当，具有可行性、必要性，这也是社会公平正义的价值取向和必然结果。

（二）婚内人身损害赔偿纠纷的法律依据

《婚姻法司法解释（一）》第二十九条规定：人民法院判决不准离婚的案件，对于当事人基于《婚姻法》第四十六条提出的损害赔偿请求，不予支持。在婚姻关系存续期间，当事人不起诉离婚而单独依据该条规定提起损害赔偿请求的，人民法院不予受理。

除此之外，我国宪法、婚姻法、妇女权益保护法仅仅在宏观上立论，缺乏可操作性。但婚姻法确认了夫妻关系存续期间夫妻个人财产的存在，这为婚内人身损害赔偿确立了执行基础，从而也使赔偿成为可能。如《婚姻法》第十八条规定："有下列情形之一的，为夫妻一方的财产：……（二）一方因身体受到伤害获得的医疗费、残疾人生活补助费等费用。"

此外，婚内损害赔偿权，不是婚姻过错赔偿权，而是人身损害赔偿权。我国《婚姻法》第四十六条规定的损害赔偿权，实为婚姻过错赔偿权，其中虽然包含了家庭暴力可能造成的人身损害赔偿，但与一般人身损害赔偿完全不同。

一般人身损害，赔偿数额取决于损害程度和双方过错，数额是固定的，与夫妻双方的经济状况无关。而婚姻过错赔偿，则取决于双方过错和双方的财产状况。也就是说，婚姻过错赔偿是由法院根据当事人过错，以夫妻共同共有的财产作为基数，确定一个赔偿比例。因此，婚姻过错赔偿数额并不固定，由法官自由裁量，且赔偿的数额可能大于一般人身损害赔偿数额。因此，不能以人身损害赔偿来代替婚姻过错赔偿。

（三）司法实例分析

◆案例

丈夫打伤妻子，法院判决给予赔偿

丈夫孙兵（化名）因有婚外恋与妻子张洁（化名）引发争吵，随着时间的推移，夫妻矛盾日益激化，2009 年 5 月 8 日双方因争吵引发殴斗，丈夫孙兵用木棍将张洁左腿打成骨折，住院治疗各项费用共计 7 828.57 元。妻子张洁出院后，一纸诉状将丈夫孙兵告上法庭，要求丈夫赔偿因住院而支付和损失的费用共计 9 342 元，赔偿健康损失费 50 000 元，当庭赔礼道歉，具结保证。

【问题】

丈夫应不应该赔偿妻子的以上费用？理由是什么？

【法理分析】

第一，丈夫孙兵与妻子张洁经结婚登记为合法的婚姻关系，双方均应遵从《婚姻法》有关"夫妻之间应当互相忠实"的基本原则。孙兵在婚姻关系存续期间与第三人发生恋爱关系，这种行为严重违反《婚姻法》关于"夫妻间应相互忠实"的基本原则，导致家庭关系紧张。作为丈夫，孙兵本应认真反思、检点自己的行为，缓和因自己的行为导致家庭关系紧张的气氛，但是，孙兵却反其道而行之，采用家庭暴力，殴打张洁，致张洁左腿骨折，这对妻子张洁的身心健康造成伤害，严重侵害了妻子张洁的身体健康权。依据《民法通则》的规定："侵害公民身体健康权，造成伤害的，应当赔偿医疗费，因误工减少的收入，残废者生活补助费等费用。"人民法院应当依据《婚姻法》和《民法通则》的有关规定，对孙兵作出赔偿张洁的人身损害赔偿，并当庭赔礼道歉，具结悔过的判决。

第二，婚内索赔问题是我国法制建设的一个重大突破，是我国婚姻法向传统的婚姻家庭关系的挑战，是现代婚姻家庭关系迈向文明的象征，是我国《婚姻法》基本原则的一个体现。我国《婚姻法》不仅确认了夫妻关系存续期间的夫妻共同财产，同时也确认了夫妻关系存续期间的夫妻个人财产的存在，这就为本案的人身损害赔偿确立了执行基础。传统的婚姻家庭关系的财产，均是夫妻共同财产，提出赔偿要求只能是用自己的财产赔给自己，无赔偿的本来意义。现行的《婚姻法》确立了夫妻个人财产，使妻子张洁在人身健康权受到损害时能提出赔偿要求，使自己的人身健康权得到法律保护。现行的《婚姻法》不仅强化了夫妻间的平等地位，也对采用家庭暴力、夫妻一方与他人非法同居或发生不正当性行为等破坏婚姻家庭关系的行为以极大的制约，对建立和睦、平等、互相忠实的家庭关系起重要作用。

第三，婚内索赔是执行夫妻关系存续期间的夫妻个人财产。我国《婚姻法》第十八条规定："有下列情形之一的，为夫妻一方的个人财产：（一）一方婚前财产；（二）一方因身体受到伤害获得的医疗费、残疾人生活补助费等费用；（三）遗嘱或赠与合同中确定只归夫妻一方的财产；（四）一方专用的生活用品；（五）其他应当归一方的财产。"人民法院对丈夫孙兵的判赔，首先应当用上述规定的属于丈夫孙兵的财产来支付，以示对其惩罚的公正性、严肃性。如果没有个人财产，则可先分割夫妻共同财产，然后从丈夫一方的财产中执行，赔偿张洁的费用应该成为张洁的个人财产。

【法院判决】

经法院审理，支持张洁的诉讼请求，判令丈夫孙兵赔偿张洁住院治疗费 7 828.57 元，误工损失费 1 500 元，身体健康损失费 17 000 元。人身损害费用共计 26 328.57 元，并当庭赔礼道歉，具结悔过。①

---

① 丈夫侵害妻子健康权，法院判赔二万六千元. http：//www. xici. net/d5246193. u450266. htm.

第五章 父母子女关系纠纷的法律实务

第一节 亲子关系概述

一、亲子关系的概念及分类

（一）亲子关系的概念

中国古代的父母子女关系完全从属于宗法家族制度。封建社会中的有关规定以孝道为本。不孝被列为十恶之一。祖父母、父母尚在而子孙别籍异财、供养有阙，都须按律科刑。父母对子女握有主婚、教令、惩戒等权，子女的人身和财产权益都得不到保障。在外国，古代法中有关亲子关系的规定，也都以家族、父母为本位。当代各国的亲属法，除对子女的出生、姓名、父母子女间的扶养等问题有具体规定外，还特别规定父母对未成年子女享有亲权。中华人民共和国废除了宗祧继承和纳妾制度，嫡子、庶子、嗣子等名目不复存在，基本确立了近现代的亲子关系法律制度。

近现代的亲子关系也称父母子女关系，在法律上是指父母和子女之间的权利义务关系。

（二）亲子关系的种类

根据我国婚姻法的规定，父母子女关系可分为两大类：

（1）自然血亲的父母子女关系。这是基于子女出生的法律事实而发生的，其中包括生父母和婚生子女的关系、生父母和非婚生子女的关系，其特点为：自然血亲的父母子女关系，以血缘为纽带，其权利义务只能因依法送养子女或父母子女一方死亡而终止。在通常情况下，他们之间的相互关系是不允许解除的。

（2）拟制血亲的父母子女关系。这是基于收养或再婚的法律行为以及事实上抚养关系的形成，由法律认可而人为设定的。包括养父母和养子女的关系，继父母和受其抚养教育的继子女的关系，其特点为：拟制血亲的父母子女关系因法律行为和法定的抚养事实而成立，可因收养的解除或继父（母）与生母（父）离婚及相互抚养关系的变化而终止。[1]

---

[1] 陈苇. 婚姻家庭继承法学. 北京：群众出版社，2005. 148.

二、亲子关系法的历史沿革

亲子关系是婚姻家庭关系的一个重要组成部分。父母子女关系法又称亲子法，是关于调整亲子关系的法律规范。亲子法是近代社会的产物，但在其形成初期，受家族法的支配，亲权仍具有家长权的实质。所以亲子法经历了所谓"家本位的亲子法"、"亲本位的亲子法"的过程。社会发展到现代，亲子法的内容有了很大的变化。亲权已从父权演变为父母对子女平等的权利和义务，故又有所谓"子本位的亲子法"之说。

新中国成立以后颁布的第一部婚姻法，即1950年《婚姻法》规定了"父母子女间的关系"，该法以1/5的篇幅规定了以保护子女合法权益为原则的、父母子女间平等的、互相扶养的权利义务关系。之后，1980年《婚姻法》又以七条，占全法20%的篇幅重申了前述规定，并增加了关于子女姓氏、权利请求权及父母对子女的管教、保护权的规定，确立了以保护未成年子女合法权益为原则的、父母子女间平等的、相互扶养和相互继承的新型的亲子关系。

1980年以来，改革开放的中国社会发生了巨大的变化。市场经济的推行，不仅带来了经济的高速发展，人民生活水平的大大改善，也带来了市场经济和物质利益关系对婚姻家庭、亲属关系的强烈震撼、冲击和渗透。一共只有三十七条的婚姻法早已不适应社会发展的需要。健全完善婚姻法迫在眉睫，特别是补充完善亲子法制度更是确保父母、子女合法权益，促进家庭关系健康发展的一项重要任务。

亲子法制度是随着社会的发展而不断变化、完善的。当前世界各国的亲子法几乎均已发展为充分考虑子女权利的亲子法，而且规定得越来越详尽、明确。这是历史的进步，也是世界各国亲子法的发展趋势，是市场经济和人类社会发展的必然结果。我国1980年《婚姻法》虽然在第十五条至二十一条中对亲子关系专门作了规定，但既不全面，又缺少可操作性。2001年的新《婚姻法》对亲子关系进行了完善，用20%的篇幅对父母子女之间的抚养教育、赡养扶助、遗产继承方面的权利和义务进行了全面的规定。亲子关系法的这些变化既借鉴了世界各国法制变革中的有益经验，吸取了外国法律的精华，同时依照我国的具体情况修改了婚姻法等相关法律关于亲子关系的规定，使我国亲子法制度适应市场经济条件下权利义务平等的公平原则，重视利益关系、财产关系，同时发扬我国重伦理、道德、和谐、精神的优良传统，从而将两者有机地结合起来、相得益彰，进一步完善我国亲子法制度。

根据我国现行《婚姻法》第二十一条至三十条及有关法律的规定，父母与婚生子女间的权利义务的具体内容有以下几个方面：①父母对子女抚养教育的权利义务。②子女对父母有赡养扶助的义务。《中华人民共和国宪法》第四十九条第三款规定："父母有抚养未成年子女的义务，成年子女有赡养扶助父母的义务。"《婚姻法》第二十一条规定：子女对父母有赡养扶助的义务，子女不履行义务时，无劳动能力或生活有困难的父母有要求子女付给赡养费的权利。③父母子女间有相互继承遗产的权利。《婚姻法》第二十四条规定：父母和子女有相互继承遗产的权利。我国《继承法》第十条规定：父母、子女与被继承人的生存配偶同为第一顺序的法定继承人。

第二节 父母子女间的权利与义务

《婚姻法》第二十一条至二十七条及有关法律的规定，对父母与子女间的权利义务主要规定了以下内容：

一、父母对子女的抚养教育义务

（一）父母对子女的抚养义务

抚养，是指父母为子女的生活、学习等提供物质条件。这种义务对未成年子女是无条件的，对成年子女则是有条件的，即当其不能独立生活时，父母仍应承担抚养义务。如果子女已年满18周岁，能够独立生活，父母就不再承担相应的抚养义务了。抚养义务是父母最重要的义务，即使父母已经离婚，抚养义务也不会随之消失。我国《婚姻法》第二十一条规定：父母对子女有抚养教育的义务。父母不履行抚养义务时，未成年的或不能独立生活的子女，有要求父母付给抚养费的权利。只要要求合法，法院就会根据子女的需要和父母的抚养能力要求父母给付抚养费。如果父母拒不给付，恶意遗弃未成年子女已经构成犯罪的，还应该依据我国刑法的规定追究其刑事责任。

（二）父母对子女的教育义务

父母不仅应对子女的健康成长承担经济责任，还要对子女进行教育。《婚姻法》第二十三条规定：父母有保护和教育未成年子女的权利和义务。所谓教育是指父母在日常生活中对子女的思想品质、智力、科学文化知识、体质、美育、劳动等方面予以关心和帮助，引导子女树立正确的思想及高尚的情操，有文化懂技能，成长为对社会有益的人。父母对子女的教育义务包括两个方面的主要内容：

（1）家庭作为子女的启蒙学校，父母作为子女的启蒙教师，在朝夕相处的共同生活中，父母对子女的影响和感染力是十分强烈的。尤其是对未成年子女，父母的一言一行、一举一动都影响着子女，对子女起着潜移默化的教育作用，父母常常成为子女所崇拜和效仿的榜样。因此，父母一定要注意自己的言行举止，对子女在政治上、思想上、品质上加以正确的引导和教诲，并注意儿童的智力开发及科学文化知识的正确传授，培养子女形成良好的学习习惯及营造良好环境，以利于子女的健康成长。自觉承担对子女的教育义务，是父母应尽的职责，也是法律的要求。

（2）父母应积极地为子女提供接受学校教育的良好的条件和机会。适龄儿童都享有接受学校教育的权利，普及九年义务教育是每一位父母对子女应尽的职责。因此，作为父母，都必须按时送子女到学校学习，接受正规的、系统的学校教育，并为子女实现受教育的权利提供必要的经济条件，协助国家和社会顺利实现对未成年人的义务教育目标。

二、父母对未成年子女有保护和教育的权利与义务

《婚姻法》第二十三条规定：父母有保护和教育未成年子女的权利和义务。在未成年子女对国家、集体或他人造成损害时，父母有承担民事责任的义务。

（一）保护和教育的含义

父母作为子女的法定代理人和监护人，对子女有"保护和教育"的权利和义务。所谓保护，是指父母防范和排除来自自然界或社会对未成年子女人身或财产权益的非法侵害，使未成年子女的身心处于安全状态。未成年子女是无民事行为能力人或限制民事行为能力人，他们缺乏对事物的理解能力和处理能力。根据《民法通则》和《婚姻法》的有关规定，父母对子女的保护主要表现为：父母应当保护未成年子女的身心健康；管理未成年子女的财产，除了为未成年子女的利益外，不得擅自处分属于未成年子女的财产；代理未成年子女进行民事活动；为未成年子女提供住所；当未成年子女的人身或财产权益遭受他人侵害时，父母有权以法定代理人的身份提起诉讼，请求停止侵害、排除妨碍、赔偿损失等权利。

父母对未成年子女的保护和教育既是父母的权利，也是父母的义务。法律要求父母对未成年子女进行保护和教育，一方面是为了保障子女的健康和安全，当未成年子女遭受不法侵害时，如被拐卖、伤害时，父母有权要求司法机关追究责任者刑事责任；另一方面是为了防止未成年子女损害他人和社会的利益。法律同时要求，保护和教育未成年子女的手段、方式、方法要得当，教育和引导子女的行为要符合社会道德和法律确定的方向。不允许父母疏于职责，虐待、遗弃未成年子女。

（二）承担民事责任的义务

在未成年子女对国家、集体或他人造成损害时，父母有赔偿损失的义务。这不仅是保护受害方合法权益的需求，也是父母对未成年子女保护和教育的法律要求。父母承担的"民事责任"包括财产责任和非财产责任，当未成年子女给国家、集体或个人造成财产损失时，父母应当赔偿经济损失；当未成年子女的行为虽然致人损害，但没有造成经济损失时，父母也应承担停止侵害、排除妨碍、赔礼道歉等民事责任。

《民法通则》第一百三十三条规定："无民事行为能力人，限制民事行为能力人造成他人损害的，由监护人承担民事责任。监护人尽了监护责任的，可以适当减轻他的民事责任。"根据《民法通则》规定，不满10周岁的未成年人是无民事行为能力人。10周岁以上不满18周岁的未成年人是限制民事行为能力人。由于限制行为能力的未成年人的身体、心理尚未完全发育成熟，缺乏正确地分析、判断事物的能力，也不能正确理解自己行为的性质及法律后果，因此，我国婚姻法规定，父母有保护和管教未成年子女的权利和义务。在未成年子女对国家、集体或他人造成损害时，父母有赔偿损失的义务。

三、子女对父母的赡养扶助义务

《婚姻法》第二十一条第一款规定：父母对子女有抚养教育的义务；子女对父母有赡

养扶助的义务。《婚姻法》第二十一条第三款规定：子女不履行赡养义务时，无劳动能力或生活困难的父母，可要求子女给付赡养费。

我国《婚姻法》规定，子女对父母有赡养扶助的义务。子女不履行赡养义务时，无劳动能力的或生活困难的父母，有要求子女付给赡养费的权利。我国《老年人权益保障法》第十条规定："老年人养老主要依靠家庭，家庭成员应当关心和照料老年人。"《宪法》第四十九条第三款规定："父母有抚养未成年子女的义务，成年子女有赡养扶助父母的义务。"

赡养人是指老年人的子女以及其他依法负有赡养义务的人。子女对父母的赡养义务，主要应包括：经济上供养、生活上照料和精神上慰藉的义务；患病时提供医疗费用和护理；妥善安排住房并维修；耕种老人承包的田地，照管老人的林木和牲畜，收益归老人所有。赡养费是需要赡养的无劳动能力或生活困难的父母，在子女不履行赡养义务时所要求的权利。有两个以上子女的，可以根据子女的经济情况，共同负担。如发生纠纷，可先行调解，调解不成的，由法院判决。

四、父母子女间有相互继承遗产的权利

根据《婚姻法》第二十四条第二款的规定，"父母和子女有相互继承遗产的权利"。子女可以继承其父母的遗产，父母也可以继承其子女的遗产。也就是说，父母与子女之间相互有继承权。这种权利是以双方之间的身份关系为依据的。父母子女是相互之间最亲近的直系血亲，他们之间极为密切的人身关系和财产关系决定了相互之间的继承权。根据《继承法》第十条的规定，子女、父母都是第一顺序继承人。父母死亡时，子女有继承他们遗产的权利；子女死亡时，父母有继承他们遗产的权利。父母子女均为独立的继承主体。子女，包括婚生子女、非婚生子女、养子女和有抚养关系的继子女；父母，包括生父母、养父母和有抚养关系的继父母。形成抚养关系的继子女和继父母，为拟制直系血亲，继子女继承了继父母遗产的，仍可以继承生父母的遗产。但是，继子女如果已依《中华人民共和国收养法》（以下简称《收养法》）被继父或继母收养，则不得继承不与其共同生活的生父或生母的遗产了。在具体分配遗产时，应遵循继承法的遗产分配原则、方法，使父母或子女的继承权得以实现。如果子女先于父母死亡的，分割父母遗产时，先死亡子女的晚辈直系血亲享有代位继承权。被继承人死亡时尚未出生的胎儿，依法应为其保留继承份额。

第三节　父母与子女间的纠纷与处理

一、未成年人致人损害的民事责任承担纠纷与处理

◆案例

父母已离婚的未成年人致人损害的，其父母的民事责任承担

原告孙×男，男，18岁，待业青年。被告曹×新，男，17岁，学生。法定代理人

仲×芳，女，48岁，工人。法定代理人曹某，男，49岁，工人。

被告曹×新之父母于2008年离婚，被告随母仲×芳生活。2009年5月20日下午，被告曹×新与同学在原告家附近踢足球，足球击中原告孙×男的右眼，经医院诊断：右眼球钝挫伤，外伤性散瞳，外伤性白内障。自事件发生之后，连续7个月，被告之母仲×芳多次带原告孙×男到医院治疗，共花费医药费6 910.12元。事后，原告要求被告再一次性赔偿2 000元的营养费、健康损失费，但被告之母仲×芳说自己已经承担了6 910.12元的医疗费，再无力承担别的赔偿了。双方协商未成，原告将被告诉至法院。

【问题】

未成年人致人损害，已离婚的父母，如何承担赔偿责任？

【法理分析】

《婚姻法》第二十三条规定：父母有保护和教育未成年子女的权利和义务。在未成年子女对国家、集体或他人造成损害时，父母有承担民事责任的义务。《民法通则》第一百三十三条规定："无民事行为能力人、限制民事行为能力人造成他人损害的，由监护人承担民事责任。"第十六条规定："未成年人的父母是未成年人的监护人。"本案被告曹×新，现年17岁，没有劳动收入，属于限制民事行为能力人。根据《民法通则》规定精神，限制民事行为能力人致人损害时，有几个监护人的，首先由与其共同生活的监护人承担民事责任；如果与限制民事行为能力人共同生活的监护人独立承担民事责任有困难，可责令同一顺序的其他监护人适当承担民事责任。本案被告曹×新与其母仲×芳共同生活，其母依法应当承担民事责任。但其母独立承担赔偿责任确有困难，法院应责令其父曹某（未与被告共同生活的监护人）共同承担民事责任。

【法院判决】

法院审理认为：被告曹×新误伤原告右眼，侵害原告的人身权利，造成损失，应承担赔偿责任。但被告是未成年人，应由其监护人即其父母承担赔偿责任。被告父母已经离婚，被告随母亲生活，其母仲×芳应当承担责任。但考虑到仲×芳每月工资收入1 000元，母子俩生活困难，无力独自承担赔偿责任，被告之父曹某应当共同承担赔偿责任。被告之父曹某同意承担一部分赔偿责任。经过调解，原、被告达成如下协议：①被告之母仲×芳，除已付医疗费外，再赔偿原告损失600元，判决之日起一周内付清。②被告之父曹某，赔偿原告损失1 400元，判决之日起一周内一次付清。

◆案例

未成年人致人损害的，由谁承担民事责任

原告张×康，男，46岁，农民。被告余某，男，11岁，学生。法定代理人余×明，男，38岁，农民。原告张×康之子小张与被告余某都是育红小学四年级学生。一天下午放学后，两人在村边做游戏，余某在前面跑，小张在后面追。在奔跑中，小张手里的柳棍失手打在了余某的头上，由此引起争吵，并发展到拔拳相向，由于余某年龄较小，身体也瘦小，在互殴中吃了亏。余某心中气不过，为了泄愤，当晚到村中小卖部买了火柴，偷偷跑到张家，将张家的柴垛点燃。火烧着了张家的4间茅屋，将房屋和一部分财产烧毁，损失达2 000多元。事情发生后，原告要求被告的监护人余×明赔偿损失，余×明拒绝赔偿，原告便向人民法院提起诉讼。

【问题】

被告的监护人是否应当赔偿原告的经济损失？

【法理分析】

被告的监护人应当赔偿原告的经济损失。《民法通则》第一百三十三条规定："无民事行为能力人、限制民事行为能力人造成他人损害的，由监护人承担民事责任。监护人尽了监护责任的，可以适当减轻他的民事责任。"根据《民法通则》规定，不满10周岁的未成年人是无民事行为能力人。10周岁以上不满18周岁的未成年人是限制民事行为能力人。由于限制行为能力的未成年人的身体、心理尚未完全发育成熟，缺乏正确地分析、判断事物的能力，也不能正确理解自己行为的性质及法律后果，因此，我国《婚姻法》第二十三条规定：父母有保护和教育未成年子女的权利和义务。在未成年子女对国家、集体或他人造成损害时，父母有承担民事责任的义务。本案被告余某刚刚满11岁，是法律上的限制行为能力人，其在和同学做游戏时发生争执，为了泄愤，将原告家的柴垛点着，并烧毁了原告家的4间茅屋和部分家产，给原告造成了较大的经济损失。根据法律规定，被告的监护人余×明应当承担赔偿责任。

【法院判决】

人民法院在查明事实、分清是非的基础上，依法判决被告的监护人赔偿原告的经济损失。①

二、父母与非婚生子女间的纠纷与处理

（一）非婚生子女的界定

非婚生子女即私生子，是指没有婚姻关系的男女所生的子女，主要包括无婚姻关系的妇女所生的子女，已婚妇女所生但被法院判决否认婚生推定的子女，已婚妇女所生的不受婚生推定的子女等。例如：未婚男女或已婚男女与第三人发生性行为所生的子女、无效婚姻当事人所生的子女以及妇女被强奸后所生的子女。

（二）非婚生子女的法律地位

关于非婚生子女的法律地位，我国法律赋予了非婚生子女与婚生子女完全相同的权利和义务，《婚姻法》第二十五条规定："非婚生子女享有与婚生子女同等的权利，任何人不得加以危害和歧视。不直接抚养非婚生子女的生父或生母，应当负担子女的生活费和教育费，直至子女能独立生活为止。"可见，非婚生子女的父母必须承担非婚生子女的必要的生活费和教育费，直至子女能独立生活为止。不直接抚养非婚生子女的生父或生母，应当负担子女的生活费和教育费，直至子女能独立生活为止。

我国不仅是在《婚姻法》中明确了非婚生子女的法律地位，而且在《继承法》中也对非婚生子女的继承问题作出了明确的规定。即非婚生子女与生父母间有相互继承遗产的权利。我国《继承法》第十条规定："遗产按照下列顺序继承：第一顺序：配偶、子女、

---

① 以上两个案例参见 http://www.xartvu.sn.cn/VBI/vbi79/jxfd/30.doc.

父母。第二顺序：兄弟姐妹、祖父母、外祖父母。继承开始后，由第一顺序继承人继承，第二顺序继承人不继承。没有第一顺序继承人继承的，由第二顺序继承人继承。本法所说的子女，包括婚生子女、非婚生子女、养子女和有抚养关系的继子女。本法所说的父母，包括生父母、养父母和有抚养关系的继父母。本法所说的兄弟姐妹，包括同父母的兄弟姐妹、同父异母或者同母异父的兄弟姐妹、养兄弟姐妹、有扶养关系的继兄弟姐妹。"《继承法》的这一规定，使我国的非婚生子女在继承时与婚生子女完全享有相同的权利和义务，使非婚生子女不会因为其出生问题受到不公平的待遇，在继承财产时不分或者少分。同样，在非婚生子女的父母继承非婚生子女的财产时，他们之间的权利和义务也完全等同于父母子女之间的权利和义务。

（三）司法实例分析

◆案例

非婚生子女的抚养纠纷

张某与陆某结婚多年，感情较好，双方一直没有子女。2008年年初张某在同学聚会时巧遇自己的初恋情人宋某，旧情复燃之下，双方发生了性行为。事后张某自觉对不起自己的丈夫，便告诉宋某，不希望因为自己的原因导致关系破裂，也不希望对宋某的家庭关系有不良影响，双方还是普通朋友，此后双方的关系渐渐疏远。不久，张某发现自己怀孕，经推算日期，这个孩子应该是宋某的，但张某没有告诉宋某。陆某一家人得知张某怀孕，都欣喜异常，对张某也是关怀备至。2008年10月，张某生下一子，此后生活渐趋平静。2009年以后，由于对父母的赡养问题和其他生活琐事，二人经常发生争执，一次激烈争吵时，陆某动手打了张某，张某一时气愤，说出了孩子不是陆某亲骨肉的事实，在陆某的追问之下，张某说出了事情的真相。陆某决定与张某分手，双方很快达成了协议，协议中约定孩子由张某抚养，陆某不承担抚养费。2009年1月，双方正式分手。张某单独抚养孩子，负担很重，于是找到宋某，要求宋某支付孩子的抚养费。起初宋某不承认孩子是他的，后虽然承认与孩子的血缘关系，但拒绝支付抚养费。2009年3月，张某作为孩子的法定代理人，向人民法院提起诉讼，要求宋某承担抚养义务，支付抚养费。

【问题】

生父对非婚生子女有无抚养义务？

【法理分析】

本案涉及非婚生子女的认领问题。所谓非婚生子女的认领是指生父对非婚生子女承认并履行抚养义务的行为。

我国《婚姻法》中没有规定非婚生子女的认领制度，也没有关于自愿认领或强制认领的相关规定，但根据相关司法实践及最高人民法院的有关司法解释的规定，生父与非婚生子女之间形成的血缘关系不因婚姻关系而发生改变。《婚姻法》第二十五条规定："非婚生子女享有与婚生子女同等的权利，任何人不得加以危害和歧视。不直接抚养非婚生子女的生父或生母，应当负担子女的生活费和教育费，直至子女能独立生活为止。"对有血缘关系的非婚生子女，生父应当承担抚养责任，至于是否认领，需要看双方的实际情况及生母是否愿意和有无能力抚养而定。本案在确认该非婚生子与宋某的血缘关系的基础上，如果生母愿意抚养，则应判决该非婚生子随母共同生活，但生父应当承担一定的抚养费；如果生父愿意抚养，也可判决由生父抚养，生母承担一定的抚养费；如双方均不愿抚养，则应根据实际情况确定由谁抚养，不排除依法作出由宋某承担抚养教育该非婚生子，该非婚生子与生父共同生活，由生母支付必要的抚养费的判决。

【法院判决】

某县法院经审理认为：因张某与宋某承认与孩子的血缘关系，该子女是双方的非婚生子。根据我国《婚姻法》第二十五条之规定，判决宋某每月支付人民币 600 元，作为该非婚生子的抚养费，直至其成年为止。

◆ 案例

非婚生子女的遗产继承

乔某（男）与刘某于 2005 年 4 月结婚，婚生一子乔甲（化名）。随着乔某对平淡的婚姻生活产生厌倦，双方感情出现裂痕。2007 年 2 月，乔某结识了活泼漂亮的朱某，很快朱某成为乔某的地下情人。同年 10 月，朱某发现自己怀孕，当把这个消息告诉乔某时，乔某立即让朱某去堕胎。朱某非常失望，于是离开了乔某。但她不想堕胎，于是在老乡的帮助下，朱某将孩子生了下来，取名为乔乙（化名），自己抚养。为了让乔某知道自己还有一个儿子，朱某曾经给乔某写过两封信，乔某也来看望过乔乙，并通过 DNA 检测证明乔乙确实是自己的亲生儿子。

2010 年，乔某由于突发心肌梗塞死亡。朱某闻讯，认为乔某的遗产中应当包含给乔乙的一份遗产。但刘某认为，无法证明乔乙就是乔某的亲生儿子，就算是，乔乙也是非婚生子，无权继承乔某的遗产。朱某为了维护乔乙的正当权利，向人民法院提起诉讼。

【问题】

非婚所生的私生子有没有继承父亲遗产的权利？

【法理分析】

本案争议的焦点是非婚生子能否继承生父的遗产。对此，有两种不同的意见：一种意见认为，乔乙是乔某与朱某的非婚生子女，即私生子，其父母生育他时，不具有合法的婚姻关系。因此，非婚生子并不具有合法的子女地位，其与生父母之间的亲属关系是违法的，不在法律的保护范围之内。所以，乔乙无权继承生父的遗产，乔某遗产的合法继承人只有妻子刘某和婚生子乔甲。另一种意见认为，尽管乔乙是乔某与朱某的非婚生子女，但是乔乙是无辜的，应该享有作为子女的权利，如接受抚养教育，以及继承生父母遗产等。根据《婚姻法》第二十五条的规定，非婚生子女享有与婚生子女同等的权利，任何人不能加以危害和歧视。因此，乔乙有权继承生父乔某的遗产。

非婚生子女是指没有合法婚姻关系的男女所生的子女。非婚生子女包括：未婚男女所生的子女；已有配偶者又与他人发生性行为所生的子女；无效婚姻、被撤销的婚姻当事人所生的子女等。从生育的自然属性上看，非婚生子女与婚生子女并无区别，但从生育的社会属性上看，却要求将两者加以区别。由于人类对婚姻关系以外的两性行为的排斥，非婚生子女历来受到社会的歧视。但是非婚生子女本身是无辜的，他们和婚生子女一样，也应该拥有接受生父母抚养照顾、教育的权利。因此《婚姻法》第二十五条规定："非婚生子女享有与婚生子女同等的权利，任何人不得加以危害和歧视。非婚生子女的生父或生母，都应负担子女必要的生活费和教育费，直至子女能独立生活为止。"同时《继承法》第十条规定："遗产继承的第一顺序是配偶、子女、父母。本法中所说的子女，包括婚生子女、非婚生子女。"由此可见，非婚生子女与婚生子女的法律地位是完全相同的，法律有关父母子女间的权利和义务，同样适用于非婚生父母子女之间。非婚生子女的父母负有抚养教育非婚生子女的义务，对于不履行抚养义务的生父母，非婚生子女有权利要求其生父母给付抚养费；此外，非婚生子女有继承生父母遗产的权利，非婚生子女继承生父母遗产的权利与婚生子女的权利完全相同。

我国法律虽然明确规定了非婚生子女的生父对非婚生子女的抚养教育义务，但对如何确认非婚生子女的生父却没明确规定。因为非婚生子女一般都是随母亲生活，其生父大多不为人所知，而要使生父对非婚生子女尽到抚养教育义务，必须首先确认生父身份。正是因为这样，本案中刘某才会提出无法证明乔乙是乔某的亲生儿子这一问题。通常，非婚生子女与其母亲的关系是无须加以特别证明的，基于生母分娩事实即可确定。而对于如何确认生父身份，在司法实践中，主要有以下几种情况：首先是非婚生子女的生父生母结婚，非婚生子女就取得婚生子女的资格；其次就是生父对非婚生子女的自愿认领；最后就是委托专门的血液鉴定部门进行亲子鉴定。

在本案中，由于乔某与乔乙曾经做过亲子鉴定，结果表明乔乙确实是乔某的亲生儿子，所以对于两人的父子关系应当予以承认。虽然乔某和朱某婚外通奸生子的行为是与社会道德相违背的，但他们所生的非婚生子女乔乙是无辜的，不应受到任何不平等的对待和歧视。根据《继承法》第十条的规定，乔乙应当拥有与乔甲同等的继承权，与乔甲同属于第一顺序的法定继承人，同时具有均等的继承份额。[①]

三、继父母与继子女间的纠纷与处理

(一) 继父母与继子女关系的界定

继父母和继子女的关系，是由于父母一方死亡，另一方带子女再婚，或者父母离婚后再婚而形成的。继子女，是指夫与前妻或妻与前夫所生的子女。继父母，是指父之后妻或母之后夫。继父或继母与继子女之间的关系同亲生子女与父母的关系在法律上的区别，就是他们之间不一定发生父母子女之间的权利义务关系。

一般情况下，继父母与继子女的关系因婚姻而派生，是一种姻亲，但是继父母与继子女存在实际的抚养教育关系的，即构成事实的收养关系，双方关系就成了拟制血亲。我国《婚姻法》第二十七条规定："继父或继母和受其抚养教育的继子女间的权利和义务，适用本法对父母子女关系的有关规定。"也就是说，以继父母抚养教育继子女为法定条件，双方便形成了法律拟制的血亲，产生与生父母子女相同的权利和义务。继养包括继父母对继子女的抚养教育，也包括继子女对继父母的赡养扶助；继子女与继父母形成继养关系

---

① 非婚生子女能否继承生父的遗产 . http：//www. fjpf. gov. cn/web/news. asp？TName = siteDocument&FName = content&ID = 1203.

后，与生父母仍然保持权利义务关系，存在双重的权利义务关系；继子女与生父母的近亲属间的权利义务，不因继养关系的成立而消除。

（二）我国对继父母继子女形成抚养教育关系的认定

我国婚姻法对继父母与继子女之间形成抚养教育关系认定的要件未予规定。实践中一般是根据继父母对继子女在经济上尽了抚养义务（对继子女给付生活费、教育费的一部分或全部），或者生活上尽了抚养教育义务（与未成年继子女共同生活，对其生活上照料、帮助，在思想品德、学业上对继子女关怀、培养）等来认定。依据《收养法》的规定，继父或者继母经继子女的生父母同意，可以收养继子女，继子女与继父母在办理了收养手续后，继父母子女关系就转化为养父母子女关系，适用养父母子女间的权利和义务。养子女与生父母及其近亲属间的权利和义务关系，因收养关系的成立而消除。

（三）继父母与继子女的法律地位

首先，无论继父母与继子女间是否形成抚养教育关系，他们相互之间都不得虐待和歧视。其次，继父母与继子女之间是否发生法律规定的父母子女间的权利和义务，应根据他们是否形成抚养教育关系来确定。未形成抚养教育关系的继父母与继子女之间属于姻亲关系，他们之间无法律规定的父母子女间的权利与义务。已形成抚养教育关系的继父母与继子女属于法律上的拟制血亲，他们之间具有与自然血亲的父母子女相同的权利和义务。与此同时，该继子女与没有和他共同生活的另一方生父或生母的关系仍然存在。

（四）继父母继子女关系的解除

第一，未形成抚养教育关系的继父母子女关系，因生父或生母与继母或继父婚姻终止而解除。第二，已形成抚养教育关系的继父母子女关系，可在下列情况下解除：

（1）在再婚关系存续期间，继父或继母与继子女之间的扶养关系，可根据任何一方的请求及停止扶养的事实（如继子女离开继父或继母随另一方生父或生母生活）而解除。

（2）在再婚关系终止时，无论是因离婚而终止或因生父（或生母）死亡而终止，继父或继母与继子女之间的扶养关系并不当然解除，可视具体情况而定。

继父母继子女关系解除后产生的法律后果：第一，未形成抚养教育关系的继父母子女关系解除后，双方之间姻亲关系消除，继父母与继子女的称谓关系也不再存在。第二，已形成抚养教育关系的继父母子女关系解除后，双方之间拟制血亲关系消除，他们之间父母子女的权利和义务也不复存在。但被继父母抚养教育成年，并已独立生活的继子女，对年老丧失劳动能力又无生活来源的继父母，应承担给付生活费的义务。

（五）司法实例分析

◆案例

赵某诉张某解除继母子权利义务关系案

原告：赵某，女，54岁，农民。被告：张某，男，25岁，农民。

张某生母去世后，其父张×孝于1988年与原告赵某结婚，当时张某年仅5岁，即随父与赵某共同生活，赵某承担了抚养张某的义务。但张某在结婚成家后，不仅不对赵某尽赡养义务，反而经常辱骂、殴打赵某，致使双方关系恶化。经多次调解无效，赵某在与张某之父仍存在婚姻关系的情况下，向河南省某县人民法院起诉，要求解除与张某之间的收养关系，并要求张某偿付收养期间她为他支付的生活费、教育费1万元。

被告张某答辩称：赵某将我抚养长大成人，尽了一个母亲的义务，这是事实。现双方之间闹矛盾，主要是我不尽赡养义务，这是我的错误。但我们之间已形成拟制血亲关系，不能解除继母子关系。

【问题】

赵某能否与张某解除继母子关系？

【法理分析】

《婚姻法》第二十七条规定："继父母与继子女间，不得虐待或歧视。继父或继母和受其抚养教育的继子女间的权利和义务，适用本法对父母子女关系的有关规定。"继父母和继子女关系，是由于父母一方死亡，另一方带子女再婚，或者父母离婚后再婚而形成的。它是一种姻亲关系，但根据情况的不同，可以产生三种类型的法律关系：一是名分型。即继子女没有受继父或继母的抚养教育，也没有对继父或继母尽赡养扶助的义务，关系松散，仅有继父母子女名分，他（她）们相互间纯为姻亲关系，双方无任何权利义务关系。二是形成抚养关系型。即继子女尚未成年，与继父或继母生活在一起，继父或继母对其进行了抚养教育。根据《婚姻法》第二十一条"继父或继母和受其抚养教育的继子女间的权利和义务，适用本法对父母子女关系的有关规定"的规定，这种类型是一种因相互间存在着抚养事实而产生的法律拟制血亲关系。三是收养型。依照《收养法》第十四条的规定，经继子女及其生父或生母的同意，即继父或继母明确收养了继子女，该继子女与不共同生活在一起的生父或生母相互间的权利义务关系即告消除，是一种因收养事实而直接产生的养父母子女关系，也是法律拟制血亲关系。

我国法律规定形成抚养关系的继父母与继子女之间为拟制血亲关系，其目的在于保障继子女与继父母之间的幼有所育、老有所养，防止虐待和遗弃，促使家庭团结和睦。本案中，赵某和张某就是基于相互间存在的抚养事实而产生有形成抚养关系的继母子关系。现张某已经长大成人，本应尽赡养继母赵某的义务，但其不仅不履行其应尽的义务，反而经常辱骂、殴打赵某，致使继母子关系恶化。经赵某请求，人民法院可视具体情况调解或判决解除他们之间的继母子权利义务关系，并由张某支付赵某为抚养其所付出的费用。

【法院判决】

法院经审理查明：赵某自1988年开始抚养张某以来，为张某支出的生活费为7 580元、教育费为2 250元。

法院认为：原、被告之间已构成收养关系，被告负有赡养原告的义务。现被告经常辱骂甚至殴打原告，致使双方关系恶化，且经调解难以维持收养关系，原告坚决要求解除收养关系，应依法解除。被告成年之后不仅不尽赡养义务，反而虐待原告，被告应支付被收养期间的生活费及教育费。依据《收养法》第二十六条、第二十九条之规定，于2008年5月20日判决如下：

（1）解除原、被告之间的收养关系。

（2）被告补偿原告生活费 7 580 元、教育费 2 250 元，共计 9 830 元。

张某不服此判决，上诉至中级人民法院，请求撤销原判，维持继母子关系。

在二审审理过程中，经二审法院主持调解，当事人双方自愿达成如下协议：

①赵某与张某继续维持继母子关系。

②张某付给赵某 2 250 元。

某市中级人民法院确认上述协议符合法律规定，于 2008 年 8 月 15 日制发了调解书。①

◆案例

继子女继承继父母遗产的纠纷

王某（女）与李某（男）在 1989 年结婚，王某带来一个 9 岁的儿子张某，李某有一女儿李某某。王某和李某二人一起生活了 3 年后于 1992 年离婚，在 2005 年王某和李某又办理了复婚手续，在 1992 年到 2005 年期间，张某一直随其亲生母亲王某生活，与李某并无往来，李某于 2009 年 12 月去世，死后留有存款 10 万元。

【问题】

继子女能否继承继父母的财产？

【法理分析】

张某不应享有继承李某遗产的权利。根据我国法律，仅仅凭借生父母再婚这一事实，并不必然在继父母与继子女之间产生法律上父母子女之间的权利义务。只有在继父母将继子女收养为养子女，或者继父母与继子女之间形成了扶养关系，他们之间才具有法律拟制直系血亲关系，他们之间才能适用《婚姻法》上的父母子女关系。

根据《继承法》第十条的规定，与继父母有扶养关系的继子女对继父母的遗产享有继承权，因为有扶养关系的继子女与继父母之间形成了法律上的拟制血亲关系。在法律上扶养关系主要表现在继父母对未成年的继子女履行了抚养义务：①抚养人具有抚养该继子女的真实意思表示；②继子女受继父母经济上的供养；③继父母承担了继子女生活费或教育费的一部分或者全部。张某和李某共同生活了 3 年后就一直没有来往了，经过 10 多年的时间张某已经成年，应当认定他们之间的继父母子女关系就此消灭，他们相互之间的继承依据已经消灭了。另外，用一般人的思维来考虑，离婚后，很少有人还想把自己的财产让继子女来继承的。

就本案而言，继子女对与生父母离婚后再复婚的继父母，由于张某只是在开始的 3 年中跟随李某一起生活，后来的时间里一直是分开的，在张某还未成年时李某未尽抚养之义务，张某在成年后也未对李某尽赡养的义务，根据权利义务对等的原则，张某也不应当继承李某的遗产。

子女的继承权是建立在抚养关系形成的基础之上的，如果抚养关系不存在或者即使曾经存在过但后来由于某些原因而消灭，那么继子女是不能继承继父母的遗产的，所以张某

---

① http://www.110.com/ziliao/article-44497.html.

对李某的遗产不享有继承权。①

四、养父母与养子女间的纠纷与处理

(一) 养父母子女关系的概念

养父母子女关系是因收养关系的成立而形成的法律拟制血亲。我国法律规定，养子女和生父母间的权利和义务因收养关系的成立而消除。也就是说，养子女只与养父母存在单一的权利义务关系，这与继父母子女关系是不同的。

(二) 养父母和养子女的法律地位

《收养法》第二十三条第一款规定："自收养关系成立之日起，养父母与养子女间的权利义务关系，适用法律关于父母子女关系的规定。"养父母和养子女之间的权利和义务，适用法律对父母子女关系的有关规定。养父母有抚养教育养子女的义务，也有管教和保护未成年养子女的权利和义务；养子女有赡养扶助养父母的义务，养父母与养子女之间也有相互继承遗产的权利。养父母子女间的权利与义务关系因合法收养关系的成立而形成，随着收养关系的解除而消灭。

(三) 司法实例分析

◆案例

养父母离异，养子女的抚养问题

林某与吴某婚后多年未生养，便收养孤儿小华做养子。后来，夫妻俩因感情不和而离异，小华随养母林某生活。2003 年 3 月林某下岗没有了生活来源，眼看小华就要到上学的年龄，林某十分为难，便要求吴某出一部分养子的生活费和教育费，吴某以小华并非自己亲生加以拒绝。

【问题】

作为养父的吴某该支付养子的抚养费吗？

【法理分析】

吴某应该支付养子小华的部分抚养费。根据《收养法》第二十三条第一款规定："自收养关系成立之日起，养父母与养子女间的权利义务关系，适用法律关于父母子女关系的规定。"而根据《婚姻法》第二十一条第一款规定："父母对子女有抚养教育的义务；子女对父母有赡养扶助的义务。"《婚姻法》第三十六条第一、二款又规定："父母与子女间的关系，不因父母离婚而消除。离婚后，子女无论由父或母直接抚养，仍是父母双方的子女。离婚后，父母对于子女仍有抚养和教育的义务。"

由此可见，父母不履行抚养义务时，未成年的或不能独立生活的子女，有要求父母给予抚养费的权利，所以，养父母离异对于他们与养子间的父母子女关系没有影响，任何一方对养子女都有抚养教育的义务。

---

① 盛奎伟. 继子女能否继承继父母的财产. http://jxfy.chinacourt.org/public/detail.phf? id=50427.

◆**案例**

对有亲生子女的养父母，养子女能否免除赡养义务？

吕某幼时父母双亡，后被张某夫妇收养，改姓张。吕（张）某4岁时，张某夫妇生育一子。张某夫妇虽然有了亲生子但是对吕（张）某仍然视如己出。出于男孩的天性，吕（张）某和弟弟都很调皮，吕（张）某作为哥哥经常带着弟弟在外面闯祸，为此张某夫妇没少教训兄弟俩。在中国教育孩子的传统是"黄荆条子出好人"和"罚大放小"，因此，每次犯了错被惩罚时，兄弟俩之中被处罚得最重的总是吕（张）某。有一次吕（张）某在学校和同学打架时将同学额头打破，害怕之下吕（张）某不敢回家，躲到了另外一个好朋友的家里，这个同学的父母恰好知道吕（张）某是被张某夫妇收养的养子，随意之中让吕（张）某知道了自己的身世。吕（张）某震惊之余也将张某夫妇平时的严厉管束归结为这个原因。随着时间一天天过去，吕（张）某和弟弟都已经长大成人，2008年吕（张）某和弟弟都结婚以后，在张某夫妇主持下进行了分家析产。在商量如何分家的时候，吕（张）某认为自己对家里付出更多，要求多分，但是遭到弟弟的反对。最后在张某夫妇的劝解下兄弟俩平分了家产，并约定兄弟俩每月向张某夫妇支付生活费300元。2009年，吕（张）某偶然之下听同村的人说张某夫妇在分家时隐藏了一笔钱，并在事后将该笔钱给了弟弟，得到这个消息后，吕（张）某埋藏在心底的不满终于被激发。吕（张）某找到张某夫妇追问无果后，以自己不是张某夫妇的亲生子而弟弟是亲生子为由拒绝再向张某夫妇支付生活费。为此张某夫妇向人民法院起诉，要求吕（张）某履行赡养义务。

【问题】

对有亲生子女的养父母养子女能否免除赡养义务？

【法理分析】

我国《老年人权益保障法》第十一条规定："赡养人是指老年人的子女以及其他依法负有赡养义务的人。"我国《婚姻法》第二十六条规定："养父母和养子女之间的权利和义务，适用本法对父母子女关系的有关规定。"我国《收养法》第二十三条规定："自收养关系成立之日起，养父母与养子女间的权利义务关系，适用法律关于父母子女关系的规定。"因此，养子女与养父母之间的关系同亲生父母子女之间的关系一样，养子女同样应当承担我国法律所规定的对父母的赡养义务。

吕（张）某认为自己不是张某夫妇的亲生子，且张某夫妇有亲生子奉养，因此自己不应承担对张某夫妇的赡养义务，这种观点是错误的。吕（张）某由张某夫妇抚养长大，是张某夫妇的养子，应当承担对张某夫妇的赡养义务。

本案中，虽然吕（张）某不是张某夫妇的亲生子，但是吕（张）某被张某夫妇收养并由张某夫妇抚养长大，与张某夫妇之间是合法的收养关系，吕（张）某是张某夫妇的赡养人。不论张某夫妇是否有亲生子女，吕（张）某的赡养义务都不能免除。吕（张）某应当向张某夫妇支付生活费。[①]

---

① 对有亲生子女的养父母养子女能否免除赡养义务. http：//www. lawtime. cn/info/hunyin/article/2010082538855. html.

五、父母与人工生育子女间的抚养纠纷与处理

(一) 人工生育子女的概念和种类

人工生育子女是指根据生物遗传工程理论，采用人工方法取出精子或卵子，然后用人工方法将精子或受精卵胚胎注入妇女子宫内，使其受孕所生育的子女。人工生育子女在现代科学技术条件下，主要有同质人工授精、异质人工授精、代理母亲。

(二) 人工生育子女的法律地位

目前，世界上大多数国家对人工生育子女尚无明确的法律规定，少数已立法的国家规定的内容也不尽相同。但是，对于在婚姻关系存续期间，因夫妻双方同意而进行人工生育的子女与该夫妻形成亲子关系，由接受人工生育的夫妇承担法律责任的规定，已基本成为共识。我国最高人民法院于1991年7月8日在《关于夫妻关系存续期间以人工授精所生子女的法律地位的复函》中指出："在夫妻关系存续期间，双方一致同意进行人工授精，所生子女应视为夫妻双方的婚生子女，父母子女间权利义务关系适用《婚姻法》的有关规定。"我国最高人民法院对此的司法解释认为：只要夫妻双方协议一致同意进行人工授精的，不论所生子女是否与父母具有血缘关系，均应视为夫妻双方的婚生子女，适用《婚姻法》上关于父母子女的相关规定。

(三) 司法实例分析

◆案例

父亲对于与自己并无血缘关系的人工授精生育子女的抚养案

王某，女，某厂下岗职工。李某，男，王某之夫。

王某与李某于1995年12月结婚，婚后多年不孕，经医院检查，确定为李某无生育能力。1999年下半年，夫妻二人经多方努力托人到医院为王某实施体内异质人工授精两次，均未成功。2002年年初，夫妻二人再次来到医院，第三次为王某实施人工授精手术，终于使王某怀孕，于2003年1月生育一子。李某一直将其视为亲生子女，与王某一起抚养。但此后不久，夫妻双方关系却产生了危机，常为生活琐事发生争吵，后又长期分居，致使感情破裂。但即使在夫妻发生矛盾后长期分居互不来往时，李某仍给孩子寄去抚养费。2005年1月，王某向法院起诉，请求与李某离婚，并要求孩子由自己抚养，由李某负担抚养费用。李某同意离婚，但不愿承担孩子的抚养费，并辩称，孩子是王某未经其同意，接受人工授精所生，与李某没有血缘关系，除非孩子判决给他抚养，否则自己无须负担抚养费用。

【问题】

父亲对于与自己并无血缘关系的人工授精生育的子女是否有抚养义务？

【法理分析】

本案的关键在于人工生育的子女的法律地位如何，是否可以视为婚生子女。如果可以被视为婚生子女，则无论王某与李某离婚后孩子随谁生活，李某都应当承担抚养义务。反

之，王某与李某离婚后，李某并不承担抚养义务。

人工生育是现代科技的新突破，人工生育技术不仅给不育的夫妇和难育的夫妇带来福音，而且为人类优生学展示了极为乐观的前景，但是同时也给传统的伦理家庭观念带来强烈的冲击。传统法律上关于父母子女关系的分类及相互之间的身份界定和由此而生的权利义务关系，已经不能完全解释通过人工生育技术而产生的亲子关系。怎样确认人工授精子女的法律地位，成为一个重要的社会问题。同质人工授精所生育的子女，因是采用丈夫的精子进行人工授精，父母是完全的自然血亲关系，为婚生子女，这一点并无异议。而异质人工授精生育的子女的情况就比较复杂。从国际上已经制定相关法律国家的规定来看，夫妻双方的一致同意是实施异质人工授精的先决条件。如果实施人工生育方法是经过夫妻双方的同意，所生子女则取得婚生子女的地位，享受婚生子女的权利和义务。如果妻子在丈夫不同意或对丈夫有所隐瞒的情况下单方进行人工授精，则丈夫对该子女的婚生性质享有否决权。我国《婚姻法》对人工生育子女的法律地位问题没有作出明确规定，但最高人民法院1991年7月8日在《关于夫妻关系存续期间以人工授精所生子女的法律地位的复函》中明确指出："在夫妻关系存续期间，双方一致同意进行人工授精所生子女应视为双方的婚生子女，父母子女间权利义务关系适用《婚姻法》的有关规定。"可见，人工生育子女的法律地位的确定实质上类似对婚生子女的判定，因而，在我国，由夫妻双方同意进行的人工授精所生子女，具有婚生子女的法律地位。

本案中，因李某无生育能力，两人到医院为王某实施人工授精手术并生育一子。实施手术时，李某也在场，并未提出反对或不同意见；并且，自孩子出生至夫妻双方离婚的11年中，李某一直将孩子视同亲生子女养育，即使在夫妻发生矛盾后分居不相来往时，李某仍寄去数量不菲的生活费。因此，可以认为孩子是夫妻双方一致同意进行人工授精所生，应当视为王某和李某双方的婚生子女，李某否认当初同意王某做人工授精手术，其理由不能成立。根据我国《婚姻法》第二十一条第一款"父母对子女有抚养教育的义务"和第三十六条第二款"离婚后，父母对于子女仍有抚养和教育的权利和义务"的规定，与王某离婚后，无论孩子由谁抚养，李某都需承担抚养义务。对于孩子归谁抚养的问题，应充分考虑双方的经济状况及对孩子的感情、教育方式，选择更有利于孩子成长的一方承担直接的抚育责任。并且，鉴于孩子已满10周岁，根据最高人民法院《关于人民法院审理离婚案件处理子女抚养问题的若干具体意见》的规定，可以适当考虑孩子的意见。

【法院判决】

法院受理后，形成了三种意见。第一种意见认为，人工授精的子女只能由与其有血缘关系的父母承担抚养义务，李某与孩子没有血缘联系，并非孩子法律意义上的父亲，应当将孩子判由王某抚养，李某不承担抚养费用。第二种意见认为，孩子与李某无血缘上的联系，只是基于其母与李某的夫妻关系，形成了与李某的拟制血亲关系。在王某与李某婚姻关系存续期间，孩子与李某的拟制血亲关系存续，一旦婚姻关系解除，这种拟制血亲也随之终止。因此，李某不负担抚养费用。第三种意见认为，由于李某无生育能力，在双方一致同意的情况下进行人工授精，对所生子女，应视为婚生子女，推定李某即该子女的父亲。按照《婚姻法》的规定，夫妻离婚后，无论孩子归谁抚养，双方都有抚养教育的义务。因此，李某应承担抚养义务。

　　最终，法院依据《婚姻法》第二十一条第一款、第三十六条第二款和最高人民法院《关于人民法院审理离婚案件处理子女抚养问题的若干具体意见》的规定以及最高人民法院 1991 年 7 月 8 日《关于夫妻关系存续期间以人工授精所生子女的法律地位的复函》，判定孩子由王某抚养，同时在孩子成年或有独立生活能力之前李某应承担一部分抚育费。①

---

① 人工生育子女案例. http://news.9ask.cn/hyjt/hydt/201005/694310.html.

第六章　离婚纠纷法律实务

第一节　协议离婚的纠纷与处理

一、协议离婚的法律规定

（一）离婚协议与协议离婚

1. 离婚协议

参照《婚姻法》第三十一条，《婚姻登记条例》第十一条第三款，离婚协议是双方当事人自愿离婚的意思表示以及对子女抚养、财产及债务处理等事项协商一致而达成的协议或者意见。离婚协议书则是离婚协议的书面形式，《婚姻登记条例》第十一条第三款规定，离婚协议书应当载明双方当事人自愿离婚的意思表示以及对子女抚养、财产及债务处理等事项协商一致的意见。

2. 离婚协议的形式

根据《婚姻登记条例》第十一条第一款第三项，"双方当事人共同签署的离婚协议书"是办理离婚登记的必备材料，因此，我国法律上不承认口头离婚协议。

3. 离婚协议的内容

从离婚协议的内容上看，包括三项主要内容，即自愿离婚、子女抚养、财产及债务处理等。

其中自愿离婚即双方自愿解除婚姻关系；子女抚养涉及当事人一方行使抚养权，另一方支付抚养费，包括子女生活费、教育费、医疗费等费用，还包括未抚养子女一方探望权行使及保障等内容；财产及债务处理则主要包括夫妻关系存续期间的共同财产如何分割，共同债务如何清偿等。

根据上述三项主要内容来看，离婚协议的性质应是一种混合合同的性质，其中关于自愿离婚和子女抚养的内容属于夫妻人身关系的性质，而财产及债务处理则属于夫妻财产关系的性质。这两种关系在法律性质上均属平等主体之间的人身关系和财产关系。

（二）离婚协议的特点

离婚协议是集人身关系、财产关系、抚养关系为一体的综合书面协议。对于人身关系的约定即是否同意离婚的约定，是不能用书面契约来约定的，即法律不会干涉当事人之间是否同意离婚的意思表示反复更改，但一旦当事人进行了正式登记，即办理了相关的离婚登记手续，法律就对离婚的事实予以确认。如果仅仅是双方书面约定好一起办理离婚手续，但一方反悔，法律上也不会赋予另一方强制执行权，也不会授予法院有强制认可权。

离婚协议中涉及的财产关系以及抚养子女的意见与人身关系的意思表示是紧密相连的。离婚没有成功，财产、子女的约定自然也不会生效。当事人对离婚协议中的意思表示是根据当时特定的环境背景、特定的心理状态作出的。当然，即使离婚协议没有生效，但一旦签订过离婚协议，其协议内容往往会成为法院根据具体案情判决的重要参考依据。因此，不能说当时没有离婚，离婚协议就没有作用，有些法院甚至认可了双方离婚诉讼之前离婚协议的效力。这也符合根据《婚姻法司法解释（二）》第八条规定的意思："离婚协议中关于财产分割的条款或者当事人因离婚就财产分割达成的协议，对男女双方具有法律约束力。当事人因履行上述财产分割协议发生纠纷提起诉讼的，人民法院应当受理。"也就是说，离婚协议中财产分割的条款，对男女双方具有法律约束力。依当然解释法，对双方具有法律约束力，离婚协议中的财产条款在当事人间发生法律效力自不待言。

（三）办理协议离婚应当具备的条件及注意的问题

并不是所有想离婚的人都可以通过协议离婚办理离婚手续。《婚姻法》第三十一条规定："男女双方自愿离婚的，准予离婚。双方必须到婚姻登记机关申请离婚。婚姻登记机关查明双方确实是自愿并对子女和财产问题已有适当处理时，发给离婚证。"这是我国婚姻法规定的协议离婚的法定条件。

1. 到民政局办理协议离婚手续必须具备三个实质性要件

结合其他相关行政法规，到民政局办理协议离婚手续必须具备三个实质性要件：

（1）双方当事人系合法登记的夫妻。没有经过民政局登记的事实婚姻关系的解除，需要到人民法院通过诉讼方式办理。

（2）夫妻双方对离婚须达成合意。也就是夫妻双方均明确表示自愿同意离婚。一方不同意离婚，就不能协议解除。

（3）双方当事人必须对子女抚养、财产和债务处理等事项达成一致意见。

如果双方都同意离婚，但对于共同财产的范围确定以及如何分割不能协议一致，民政局也无法办理协议离婚手续，还是要去法院办理离婚手续。

夫妻双方应就由哪一方直接抚养孩子，另一方支付多少钱的抚养费以及相关探望的问题达成一致意见；如果没有孩子，自不必说。同时，夫妻双方对共同财产的界定及处理也应达成一致意见。

2. 哪些情况下，当事人不能通过民政机关办理离婚手续

如果有以下情况出现，当事人是不能通过民政机关办理协议离婚手续的：

（1）一方要求离婚的。也就是说，一方要求离婚，另一方不同意的，要求离婚的当事人只能向法院起诉要求离婚。

（2）双方要求离婚，但是对子女抚养、财产及债务处理等事项未达成协议的。虽然双方都同意离婚，但是对于财产分割、子女抚养等不能达成一致意见的，也不能到民政局办理协议离婚手续，只能通过法院解决双方的争议，从而以诉讼手段解除双方的婚姻关系。

（3）一方或者双方当事人为限制民事行为能力或者无民事行为能力的。如果一方为精神病患者，被医院确诊为无民事行为能力，民政局是不可以受理离婚申请的，因为民政局不能确定当事人是否具备真实自愿的离婚意愿。同样，法院也不会直接受理被确定为无民事行为能力的当事人的离婚起诉，只能由另一方当事人起诉。若当事人被医学鉴定为无民事行为能力人的，包括当事人亲属在内的任何其他人都不能代替当事人起诉离婚。如果对方当事人是无民事行为能力人，当事人可以向法院提起离婚诉讼，而由对方当事人的法定监护人作为对方当事人的代理人参加诉讼。

（4）未办理结婚登记的。如果当事人是事实婚姻或同居关系，根本没有办理结婚登记，如果离婚，只能到法院办理离婚手续，民政局不予办理。根据现行的法律规定，符合结婚实质要件的当事人双方是在1994年2月1日以前，虽然未登记结婚，但是以夫妻名义在一起同居生活的，构成事实婚姻。如果现在要解除事实婚姻关系，只能到法院办理离婚手续；1994年2月1日以后，男女双方在一起生活，只是同居关系，可以自行解除，不需要到民政局或法院办理解除关系手续，如果双方有财产或子女抚养纠纷，需向法院起诉。

（5）双方是在国外或港、澳、台地区登记结婚的。随着时代的发展，越来越多的中国人和外国人结婚，是在外国登记的，或是在港、澳、台登记注册的。对于不在祖国内地登记的婚姻，当事人要解除，不管双方是否能够达成协议，都只能通过人民法院以诉讼方式离婚。①

3. 办理协议离婚还需要注意程序上的几个问题

（1）婚姻登记机关的管辖问题。申请离婚登记的双方当事人必须同时到一方常住户口所在地的婚姻登记机关申请，即一方或双方当事人的户口是本辖区内的常住户口。如果当事人户口所在地和现在住的地方不一致，只能到一方户口所在地办理协议离婚手续。

中国公民同外国人在中国内地自愿离婚的，内地居民同香港、澳门、台湾地区居民以及华侨在中国内地自愿离婚的，男女双方应当共同到内地居民常住户口所在地的婚姻登记机关办理离婚登记。

（2）办理协议离婚，当事人必须亲自到场，不得委托他人代理。即使是律师，也不能代替当事人办理离婚登记，即便授权委托书经过公证，代理人也不可以代办民政局的协议离婚手续，这一点，与国外如日本的法律制度有所不同。如一方不能亲自到场，只能通过人民法院办理离婚手续。

（3）如果男女双方均为居住在国外的中国公民，结婚登记是在驻在国的中华人民共和国使（领）馆办理的，仍可以直接到该使（领）馆依照《婚姻登记条例》的有关规定办理离婚登记。此种情况下，当事人不必亲自回国内办理，但是如果驻在国不承认使（领）馆办理的离婚证书的效力，当事人仍应在国内法院通过诉讼方式办理。

---

① 哪些情况下当事人不能通过民政机关办理离婚手续. http://www.qh.gov.cn/system/2011/06/22/010393648.shtml.

（四）当事人通过协议离婚的利弊

1. 协议离婚的优势

（1）时间短。只要手续齐全，当事人一般当场就可以办出离婚证书；而诉讼离婚所需的时间要长得多，少则一个月，多则几个月，甚至最长要两年时间（比如一方在国外或者下落不明的情况下）。根据我国《民事诉讼法》的审限规定，按简易程序审理的离婚案件，审限为3个月，按普通程序审理的离婚案件，一般审限为6个月。因此，相对诉讼离婚而言，协议离婚所需时间最短，是最节约时间成本的离婚方式。

（2）费用低。不论家里财产多少，办理协议离婚一般只收取10元左右的手续费就可以办结。而对于离婚诉讼，法院是按争议财产收费的，当事人共同财产越多，法院收费越高。少则几百元，多则几千、几万甚至几十万元。根据国务院颁布的2007年4月1日起施行的《诉讼费用交纳办法》，离婚案件每件交纳50~300元。涉及财产分割，财产总额不超过20万元的，不另行交纳；超过20万元的部分，按照0.5%交纳。另外，如果案件涉及财产保全或财产价值评估，还要另行交纳保全费或评估费，这又是一笔不小的开支。可见，协议离婚基本上没有经济成本，而诉讼离婚花费的经济成本要大很多。

（3）压力小。因为协议离婚很快就可以办结，不像诉讼离婚那样需要很长的时间，所以当事人避免了漫长的诉讼带来的思想压力，精神上可能受到的折磨少一些；离婚手续相对隐秘，来自父母和周围朋友的压力也会小一些。而诉讼离婚过程长，当事人心理疲惫期较长，精神压力自然大得多。

2. 协议离婚的不足

（1）离婚协议书的内容，不具备强制执行力。协议离婚后，如果当事人不履行协议离婚中的义务，比如，不按期支付抚养费，或不履行房产过户手续，或不履行支付共同财产折价款的义务，另一方当事人还得另行起诉打官司，让法院确认离婚协议有效并赋予强制执行权利后，再申请法院执行。

（2）离婚协议书的内容，可能会隐藏后患。由于当事人不具备应有的法律素质，加上有些婚姻登记机关的相关法律知识相对较少，在审核相关离婚协议时，看不到离婚协议中隐藏的风险或对一方当事人不利的因素，从而导致后患发生。

（3）离婚协议书的内容，当事人从诉讼上有反悔的权利。据最高人民法院《婚姻法司法解释（二）》的规定，男女双方协议离婚后1年内就离婚财产分割反悔，请求变更或撤销财产分割协议的，人民法院应当受理。未发现订立财产分割协议时存在欺诈、胁迫等情形时，依法驳回诉讼请求。但一方当事人离婚后1年内从司法程序上有反悔的权利。[①]

（五）我国内地居民办理协议离婚登记所需的材料

依据《婚姻登记条例》办理离婚登记的内地居民应当出具下列证件和证明材料：

（1）户口簿；

（2）居民身份证；

---

① 贾明军. 婚姻家庭纠纷案件律师业务. 北京：法律出版社，2008. 134~135.

（3）《结婚证》；

（4）自愿离婚协议书；

（5）双方两寸近期半身免冠单人照片各两张。

（六）办理离婚登记的程序

（1）要求离婚登记的夫妻双方共同到婚姻登记处提出申请；

（2）离婚登记当事人双方填写《离婚登记声明书》，并在婚姻登记员面前于《离婚登记声明书》"申请人"一栏签名或按指印；

（3）离婚当事人双方在离婚协议书（一式三份）上签署同意协议内容的意愿，并在婚姻登记员面前于《离婚登记协议书》"协议人"一栏签名或按指印；

（4）婚姻登记机关对办理离婚登记当事人出具的证件、协议书、证明材料进行审查，符合离婚条件的，予以登记，发给离婚证。

二、协议离婚后常见的纠纷与处理

（一）对离婚协议内容理解不同引发的纠纷

离婚协议是一份非常重要的法律文书，它不仅是办理协议离婚手续的必备材料，而且其内容也是确定孩子抚养以及财产分割的法律依据，同时也是发生争议时，法院判决处理离婚后财产、子女纠纷的法律依据。但当事人为了快速离婚，往往并不注意协议的内容等，导致离婚后再起争端。一般来讲，对子女抚养问题争议不大，即使有争议，也很容易通过法院解决。但财产问题漏洞较大，特别是当事人使用一些概括性条款，如"财产已分割完毕"，"其余财产归某方所有"，或"各自名下的财产归各自所有"等，这些条款往往在离婚后因当事人之间理解的不同容易引起纷争，难以协商，因此，一般解决的方法只能诉诸法院。

◆案例

樊建生（化名）与高仙（化名）1995年登记结婚，次年生一女儿，取名樊雁冰（化名）。2005年3—7月，樊建生以其本人名义先后投入郑州康富德健康产业有限公司（以下简称康富德公司）20万元股金。2006年9月16日，在樊建生父亲樊根林（化名）主持下，就该股金达成的《家庭财产协议书》约定，樊根林与其子樊建生、樊建伟（化名）、樊建辉（化名）各占1/4，即5万元人民币；股东权利义务的运作由樊建生代理；股权的转让必须征得其他协议人一致同意；协议人按照股权比例享有相应的民事权利，即红利的分红，并承担相应的经济责任。同日，郑州市公证处为其出具（2006）郑证民字第383号《家庭财产协议公证书》。同年11月27日，樊建生与高仙达成离婚财产分割协议：书院街1号院归女方所有；现有各种家具、家用电器归女方所有；其他财产归男方所有；离婚前的一切债务由男方承担；女儿樊雁冰由女方抚养，男方每月负担抚养费1 000元到26岁止。樊建生另立字据："暂欠高仙人民币50万元整，于2009年年底前付清。"

2006年12月4日，樊建生与高仙在当地民政部门办理了离婚登记。

2007年6月4日，康富德公司股东周武军与樊建生达成的《樊建生转让其在公司全部股份和权益协议书》约定：周武军以 800 万元人民币购买樊建生的全部股份；周武军已付樊建生 200 万元，余 600 万元在 1 年半时间内给付（此间不计息）；800 万元转让金中樊建生须拿出 100 万元给高仙。

高仙知道以樊建生名义投入康富德公司 20 万元股金一事，双方均认为所签《离婚财产分割协议》中的"其他财产归男方所有"的约定，就是指樊建生投入康富德公司的 20 万元股金，双方共同财产分割无遗漏。截至 2007 年 9 月 21 日，周武军已支付樊建生 300 万元转让金，尚有人民币 500 万元转让金未支付。

2007 年 9 月 8 日，高仙以其与樊建生达成的离婚财产分割协议存在欺诈为由提起诉讼，请求依法撤销该协议，确认樊建生在康富德公司投入的 20 万元股金增值的 800 万元人民币为夫妻共同财产，重新予以分割，同时，对郑州市公证处（2006）郑证民字第 383 号《家庭财产协议公证书》公证的事实提出异议。该公证处函复高仙：该公证书只证明当事人签订《家庭财产协议书》的签约行为，不能证明樊根林等人在康富德公司的出资产权情况。

樊建生辩称：双方所签订的《离婚财产分割协议》是在平等、自愿、协商的基础上达成的，不存在欺诈，是合法有效的协议。该协议中"其他财产归男方所有"的约定，就是指其投入康富德公司的 20 万元股金，曾于 2006 年 9 月 16 日在被告父亲樊根林主持下，就 20 万元的股金问题达成了《家庭财产协议书》约定，即樊根林与其子樊建生、樊建伟、樊建军各占 1/4，即 5 万元人民币；股东权利义务的运作由樊建生代理；协议人按股权比例享有相应的民事权利。有郑州市公证处出具的（2006）郑证民字第 383 号公证书为凭，请求驳回原告高仙的诉讼请求。

【问题】

高仙的主张能否得到法院的支持？理由是什么？

【法理分析】

本案双方当事人争执的焦点是：以樊建生名义投入康富德公司的股份转让金 800 万元是否应作为夫妻共同财产分割，樊建生与高仙达成的离婚财产分割协议书是否合法有效。

根据《婚姻法》第十七和十九条规定，夫妻在婚姻关系存续期间所得的财产，应归夫妻共同所有，双方另有约定的除外。所谓婚姻关系存续期间，是指结婚登记到离婚或配偶一方死亡为止，在这段时间内，双方所得的财产包括：双方或一方的劳动所得和购置的财产、双方或一方受赠或继承的财产，这种财产关系以夫妻身份为依据，因离婚或一方死亡而终止。离婚应依法对夫妻财产分割，但"双方另有约定的除外"，也就是说，双方在婚姻关系存续期间所得的财产，如果在自愿、合法、平等的原则基础上约定归谁，那么，这部分约定的财产就划出了夫妻共同财产的范围，就应视为夫或妻的个人财产。本案双方当事人争执的以樊建生名义投入康富德公司的股份转让金 800 万元，确为夫妻关系存续期间所得的财产，但是，高仙知道樊建生投入康富德公司 20 万元股金一事，双方均认为所签《离婚财产分割协议》中的"其他财产归男方所有"的约定就是指樊建生投入康富德公司的 20 万元股金，夫妻共同财产分割无遗漏。因此，这 800 万元股份转让金，虽为夫妻关系存续期间所得的财产，因为双方离婚财产分割协议书的约定，已由夫妻共同财产的性质变成了樊建生个人所有。

至于高仙提起诉讼，坚持其与樊建生所签《离婚财产分割协议》存在欺诈，应认定该协议无效的辩解不能成立。因为其并未提供足以证明樊建生对其隐瞒了投资股金真实情况的证据。《民法通则》第五十八条第三款规定，一方以欺诈、胁迫的手段或者乘人之危，使对方在违背真实意思的情况下所为的，为无效的民事行为。最高人民法院《关于贯彻执行〈民法通则〉若干问题的意见（试行）》第六十八条，就何为欺诈作了明确解释："一方当事人故意告知对方虚假情况，或者故意隐瞒真实情况，诱使对方当事人作出错误意思表示的，可以认定为欺诈行为。"高仙与樊建生所签《离婚财产分割协议》，系双方平等自愿签订，不存在欺诈，所以该协议对双方均有拘束力。

【法院判决】

一审法院意见：河南省高级人民法院审理认为，樊建生与高仙争议的康富德公司股份转让金 800 万元是夫妻关系存续期间投资的增值，应作为夫妻共同财产分割。樊建生已取得的 300 万元应给付高仙 150 万元，其余因转让股份所形成的债权，樊建生与高仙各半享有。樊建生出具的（2006）郑证民字第 383 号《家庭财产协议公证书》不能证明该笔投资的产权归属，樊建生主张该笔投资系其父、兄弟共同投资，证据不足，不予认定。

一审判决后，樊建生向最高人民法院（以下简称最高院）提起上诉称：其与高仙于 2006 年 11 月 27 日达成的《离婚财产分割协议》不存在欺诈，一审法院判决认定该协议有效的同时，又将其投入康富德公司 20 万元股金及增值认定为夫妻共同财产分割，适用法律错误，请求撤销原判，予以改判。

高仙答辩称：其与樊建生于 2006 年 11 月 27 日达成的《离婚财产分割协议》存在欺诈，且该协议中约定的"其他财产归男方所有"内容不清。樊建生投入康富德公司 20 万元股金增值的 800 万元是夫妻关系存续期间的共同财产。一审判决认定事实清楚，适用法律正确，请求维持原判。

二审法院意见：最高院审理认为，樊建生与高仙 2006 年 11 月 27 日签订《离婚财产分割协议》时，高仙明知樊建生在康富德公司的投资股金，却对此事实未提出异议。此后，其又以《离婚财产分割协议》存在欺诈为由，主张该协议无效，并未提供足以证明樊建生对其隐瞒投资股金真实情况的证据。该《离婚财产分割协议》系双方平等自愿签订，不存在欺诈。

樊建生与高仙签订《离婚财产分割协议》时，已就夫妻财产进行了分割，不存在遗漏，而且双方均认为该《离婚财产分割协议》中的"其他财产归男方所有"的约定，就是指樊建生在康富德公司的 20 万元股金。一审法院在认定双方当事人所签《离婚财产分割协议》有效的同时，将按协议中约定归樊建生所有的 20 万元股金及增值作为夫妻共同财产进行分割，适用法律错误，应予改判。樊建生依据其与高仙签订《离婚财产分割协议》的约定，主张其在康富德公司 20 万元股金及增值不属于夫妻共同财产，理由充分，本院予以采纳。

至于樊建生立字据"暂欠高仙人民币 50 万元整，于 2009 年年底前付清"及与周武军的协议中关于将 800 万元转让金中须拿出 100 万元给高仙的承诺，均是其本人真实意思表示，且不损害他人及国家利益，本院予以认可。[①]

◆案例

离婚协议书内容约定不明，离婚后分割财产时产生纠纷，怎么办？

张某（男）与李某（女）于1995年10月在北京市某区登记结婚，婚后购置了三处房产、一辆汽车。其中三处房产权利人登记在张某名下，汽车则登记在李某名下。二人后因感情不和，于2008年11月3日在民政局登记离婚。在离婚协议书中约定："男方张某与女方李某因感情不和自愿离婚，经双方商定，对有关事项达成如下协议：共同财产已分割完毕，双方对此无异议。两个儿子归男方抚养。上述事项，双方保证切实履行；协议内容如有隐瞒、欺骗，责任自负。"

离婚后，女方李某因财产分割与男方产生分歧，于是向法院提起离婚后的财产纠纷诉讼。

原告李某诉称：原、被告于2008年在北京市某区民政局登记离婚。离婚协议仅对人身关系及子女抚养进行了约定，未涉及任何分割夫妻共同财产的具体内容。由于原、被告名下的财产悬殊，现依法提起诉讼，要求法院依法分割夫妻共同共有的房屋等财产。

被告张某辩称：原、被告双方约定原告名下的汽车、存款归原告，被告名下的财产归被告，两个儿子由被告负担。双方在民政局达成的离婚协议是真实的，现原告称夫妻共同财产未分割，没有事实和法律依据，恳请法院予以驳回。

【问题】

双方的财产是否已经分割完毕？如何理解协议内容？

【法理分析】

离婚协议是按照《婚姻法》第三十一条及《婚姻登记条例》第十一条第三款的规定，双方当事人自愿表明离婚的意思表示以及对子女抚养、财产及债务处理等事项协商一致而达成的协议或者意见。然后双方按照此协议约定在民政部门或法院办理解除夫妻关系，并就财产分割、子女抚养按照双方协议约定处理的一种和平的离婚方式。但因为协议书内容不够明确，往往在实践中引发离婚之后再起纠纷的情形。本案中，双方离婚后，对离婚协议中财产分割的约定理解不同又起争讼。主要是因为原离婚协议中对财产分割的约定采取了概括性的条款，如"共同财产已分割完毕，双方对此无异议"的表达，这样的表达从一般意义上理解，显然是共同财产在去婚姻登记部门办理离婚登记之前已经分割完毕，双方不再有财产方面的争议，而且协议是双方真实意思的表示，对双方均有拘束力。女方无理由再起争讼。

【法院判决】

北京市某区人民法院经审理后认为，夫妻关系存续期间所得的财产以及其他应当归夫妻共同所有的财产为夫妻共同财产。离婚时，对夫妻共同财产的分割，可由双方协议处理。原、被告在民政部门就离婚及离婚后的子女抚养、财产分割所达成的协议，均系真实

意思表示。"共同财产已分割完毕",既反映了双方处理财产的合意,又表明该合意已实际履行,且未发现此项协议存在欺诈、胁迫等情况,对当事人应当具有法律约束力。原告主张分割财产并非离婚时被告隐匿或遗漏的财产。虽然被告名下的财产多于原告,但协议中,双方约定两个儿子归被告抚养,而未设立原告的义务。被告独自承担养育两个儿子的责任,要牵制一定的财产、人力,多分财产是在情理之中的。况且,衡量财产分割协议是否公平,不能以等价有偿作为唯一的标准。原、被告毕竟曾为夫妻,在分割共同财产时,除了纯粹的利益外,难免掺杂其他因素。从双方各自控制名下的财产来看,双方已作出各自名下的财产归各自所有的约定。因此,原告要求分割登记离婚后夫妻共同财产的诉请缺乏事实和法律依据,法院不予支持。①

◆案例

离婚协议中已约定"其他各自名下的财产归各自所有",一方离婚后起诉要求分割新发现财产的,该怎么办?

马某(男)与刘某(女)1994 年登记结婚,双方于 2004 年 8 月通过吉林省某市某区法院调解离婚。经法院主持的离婚调解协议主要内容如下:

其一,马某与刘某自愿离婚;

其二,位于吉林省某市某区某路××号××室的房屋一套归刘某所有;

其三,双方各自名下的其他财产归各自所有,无其他纠纷。

原告刘某诉称:原、被告于 2004 年 8 月通过吉林省某市某区法院调解离婚,并经法院主持签订了离婚调解协议。但在原、被告离婚后,原告刘某又发现被告马某在婚姻关系存续期间,背着原告在上海市长宁区某楼盘购买了产权房一套,现值 130 万元,故要求予以分割。

被告马某辩称:被告并没有隐藏共同财产的事实,原告对于被告在上海购有住房是清楚的,并已承诺归被告所有,且在离婚协议中约定"双方各自名下的其他财产归各自所有",因此,恳请法院驳回原告诉请。

【问题】

原告刘某请求分割新发现财产的主张能否得到支持?

【法理分析】

在离婚协议中,双方已约定"双方各自名下的其他财产归各自所有",那么,一般情况下,即使离婚后一方向法院主张离婚协议书之外的财产,要求就离婚协议中未涉及的夫妻共同财产进行分割,法院一般不会予以支持。

其实,协议离婚时经常会出现此种情形,因夫或妻对配偶一方在外的债权债务、财产不明,在协议离婚时,就只对已知道的财产作出分割约定,对不明的债权债务、财产就作出概括性的约定。如马某和刘某的"双方各自名下的其他财产归各自所有",但因马某和刘某对不明财产没有约定,造成后来刘某发现马某新的财产而要求分割时已经没有证据。因为新的财产已包括在没有列举的其他财产里了,所以即便是另一方发现还有共同所有的

---

① 贾明军. 婚姻家庭纠纷案件律师业务. 北京:法律出版社,2008. 151.

其他财产没有分割，也因有上述约定而无法要求分割。

【法院判决】

吉林省某市某区法院经审理后认为：离婚协议中关于财产分割的条款适用离婚双方当事人。原、被告在2004年8月的离婚协议中，已经约定"双方各自名下的其他财产归各自所有"，现原告又不能举证证明在签订该离婚协议时并不知被告隐藏有上海房产而作出该意思表示，因此，最终对原告的诉讼请求不予支持。

（二）协议离婚后因债务承担产生的纠纷

根据《婚姻法司法解释（二）》的规定，债权人就婚姻关系存续期间夫妻一方以个人名义所负债务主张权利的，应当按夫妻共同债务处理。但夫妻一方能够证明债权人与债务人明确约定为个人债务，或债权人知道夫妻约定各自财产归各自所有的情形除外。因此，只要是夫妻关系存续期间形成的债务，首先推定为夫妻共同债务。

◆**案例**

赵某（男）与林某（女）2004年12月在上海市某区法院协议离婚。双方约定：

（1）男方赵某与女方林某自愿解除婚姻关系；

（2）双方无子女，无抚养纠纷；

（3）婚后无共同财产；

（4）婚姻关系存续期间双方各自名义的借款由各自偿还。

离婚手续办理完毕后，赵某的朋友乔某向赵某索要其在婚姻关系存续期间借给赵某的20万元，赵某以各种理由不予偿还，甚至到后来音讯皆无。无奈之下，乔某只得向林某索要。林某拿出离婚协议对乔某说，其已与赵某约定，婚姻关系存续期间各自的借款归各自偿还，赵某向乔某所借款项虽然发生在他们婚姻关系存续期间，但双方已约定以谁的名义借款由谁偿还，因此，拒绝偿还。无奈之下，乔某以赵某、林某为被告，向上海市某区人民法院提起欠款纠纷诉讼，要求两被告连带偿还20万元借款。

由于赵某下落不明，因此，法院进行了公告送达。

林某到庭辩称，2004年年初，赵某虽然借原告乔某20万元用于开公司，但林某自己从来没有见过这些钱，更没有用过这些钱。离婚时，双方已然约定，各自名下的借款由各自偿还，因此，自己不应该承担还款义务。

【问题】

林某应不应该承担还款义务？

【法理分析】

本案是一起夫妻在婚姻关系存续期间对外所负债务在离婚后清偿纠纷的案件。本案件涉及两个需要明确的问题：第一，夫妻一方在婚姻关系存续期间对外所负债务是否属于共同债务；第二，法院对夫妻债务的判决对债权人是否具有效力。其中第二个问题尤为关键。第一个问题，夫妻一方在婚姻关系存续期间对外所负债务是否属于共同债务？《婚姻法司法解释（二）》第二十四条规定："债权人就婚姻关系存续期间夫妻一方以个人名义所负债务主张权利的，应当按夫妻共同债务处理。但夫妻一方能够证明债权人与债务人明确约定为个人债务，或者能够证明属于《婚姻法》第十九条第三款规定情形的除外。"本案中，赵某欠乔某的 20 万元是在赵某与林某婚姻关系存续期间所欠，双方婚后没有关于婚姻财产的协议约定，所以应当认定为夫妻共同债务。

第二个问题，法院对夫妻债务的判决对债权人是否具有效力？《婚姻法司法解释（二）》第二十五条规定："当事人的离婚协议或者人民法院的判决书、裁定书、调解书已经对夫妻财产分割问题作出处理的，债权人仍有权就夫妻共同债务向男女双方主张权利。一方就共同债务承担连带清偿责任后，基于离婚协议或者人民法院的法律文书向另一方主张追偿的，人民法院应当支持。"可见，林某不能以法院判决协议离婚来对抗债权人，且林某对乔某的债务负有连带清偿义务。所以债权人乔某有权向赵某、林某两人或其中任何一人主张债权。

【法院判决】

上海市某区人民法院经审理后认为，赵某在与林某婚姻关系存续期间向乔某借款 20 万元用于经营公司，该借款应该认定为共同债务。现乔某向二被告主张欠款于法有据，应予支持。故判令赵某、林某二人连带向乔某还款 20 万元。林某在偿还乔某借款后，可根据与赵某的离婚协议来主张自己的权利。[①]

（三）离婚协议涉及房产的纠纷处理

（1）一般情况下，只要夫妻双方就房产分割达成离婚协议而变更主贷款人，银行会同意并配合协助办理贷款合同变更手续。但如果还款周期很长（30 年），且变更后的贷款人工资又不足贷款全额的 2 倍时，银行不会同意变更，除非当事人另行提供担保人或采取其他担保措施。另外，在办理银行贷款变更手续时，要求双方到场，仅一方到场，银行会拒绝办理。

（2）如不涉及银行贷款的，当事人可以直接到房地产交易中心办理产权变更手续（一般要求夫妻双方到场）。但因离婚而产生的怨恨，有时一方当事人根本不配合办理相关变更手续。因此离婚协议中应当明确一方没有履行义务的惩罚性措施，这样才能促使义务人履行义务。

（3）因夫妻财产分割而将原共有房产变更为一方所有的，不属于现行契税政策规定的征税的产权转移行为。

（4）如果一方坚决不配合履行协议中约定的房屋产权过户手续，另一方可以去法院起诉，凭借法院的判决及协助执行通知办理过户手续。

（四）银行存款的约定和处理

在离婚协议中明确共同存款的数额、现存于谁的名下及存于哪一家银行非常必要。如果给付义务方在离婚后不履行义务，另一方可以到法院起诉，根据离婚协议记载的存款信息及时查到存款的支取情况及钱款的去向。

在离婚协议中，不要简单地约定"各自名下的存款归各自所有"，以防离婚后，对对

---

① http://www.shzbls.com.

方隐瞒、藏匿的财产因举证困难而失去胜诉的机会。因此，为达到公正公平的目的，建议夫妻在离婚协议中，将截至离婚协议签订之时，双方名下的银行存款情况包括开户银行、开户名、账号、存款余额、币种等一一列明。

（五）股票的约定和处理

离婚协议中，当事人一般只会笼统地约定一方名下股票的总市值，这样，如果一方不履行给付义务，而另一方起诉到法院时，由于不知对方的具体股市信息，查询起来就比较困难。因此，在离婚协议时，如果写明股东代码、账号以及在何证券交易所开户，将会大大省去不必要的麻烦。

另外，现实中常常有请他人代为炒股的情况，即夫妻一方用共同财产炒股，但不是以自己的名字开户，而是借他人的名义，在他人账号下用夫妻双方共有的资金进行炒股。很多当事人在离婚协议中注意到这一点，并明确约定这部分股金为共同财产。但是，这样的约定不能被法院直接采纳，如果代炒人不承认代炒关系或户头借用关系，或对代炒的资金数额、股票种类有异议，法院将很难支持夫妻一方的要求。因此，在离婚协议中，制定必要的条款让代炒人签字，甚至另行制定一个关于股票情况的协议由三方签字，是完全有必要的。

（六）公司股权的约定和处理

越来越多的婚姻纠纷涉及公司股权的分割。如果遇到夫妻一方或双方在公司拥有股份，通常的做法是，夫妻共同约定一方持股，给予另一方补偿。如果这样约定，只需双方协议并明确价款及支付方式即可。

但需要提醒的是，如果夫妻双方经过约定，决定将一方拥有的公司股权部分或全部给付另一方的，还必须符合《公司法》等法规关于股权转让的规定。

《婚姻法司法解释（二）》规定，审理离婚案件中，涉及分割夫妻共同财产中以一方名义在有限责任公司的出资额，另一方不是该公司股东的，按以下情形分别处理：

（1）夫妻双方协商一致将出资额部分或者全部转让给该股东的配偶，过半数股东同意、其他股东明确表示放弃优先购买权的，该股东的配偶可以成为该公司股东；

（2）夫妻双方就出资额转让份额和转让价格等事项协商一致后，过半数股东不同意转让，但愿意以同等价格购买该出资额的，人民法院可以对转让出资所得财产进行分割。过半数股东不同意转让，也不愿意以同等价格购买该出资额的，视为其同意转让，该股东的配偶可以成为该公司股东。

（七）给付金钱义务的约定和处理

一般在离婚协议中，夫妻双方仅对给付另一方的数额和给付期限作了约定。比如，"男方在办理完离婚手续后的一个月内向女方支付人民币10万元"。

但是，这样约定对于故意迟延履行一方没有惩罚措施，因此，建议再加上一句"若不按期支付，延期给付部分按同期银行贷款利率的双倍计算罚息"，这样，若给付义务人不按期履行，就会感到罚息的压力，从而可以达到促进对方按期履行的目的。

（八）孩子抚养费的约定和处理

根据相关法规，孩子成年（18 岁）时，父母就没有义务再向孩子支付抚养费。但从现实情况看，孩子求学的年限越来越长，上大学阶段甚至研究生阶段仍然需要大量费用，父母给予资助的情况相当普遍。因此法律界一般认为，离婚时如有必要，父母可约定支付抚养费至孩子大学毕业为止，若一方在孩子上大学后拒不履行，孩子有权向其主张抚养费用。

实践中很多当事人特别是女方希望对方一次性支付孩子的抚养费用，根据有关司法解释和司法实践来看，当事人的这种要求往往得不到法院的支持。法院判决或调解一次性支付孩子抚养费的情况往往需具备以下几个条件：

（1）一方要求一次性支付，另一方同意一次性支付；

（2）另一方完全有一次性支付的能力；

（3）不损害他人权益。

也就是说，如果另一方不同意一次性给付孩子的抚养费，法院很难支持一方要求另一方一次性支付抚养费的诉讼请求。

离婚协议已经约定了抚养费，但协议离婚后因抚养费数额发生变化引起纠纷的，该怎么办？《婚姻法》第三十七条规定，关于子女生活费和教育费的协议和判决，不妨碍子女在必要时向父母任何一方提出超过协议或判决原定数额的合理要求。与此相对应，若父母具体情况发生了实质性变化，足以影响支付能力，在保障子女健康成长的前提下，法院也会酌情考虑适当降低抚养费的数额。

◆案例

钱某（男）与刘某（女）因夫妻感情不和，于 2000 年离婚。在办理协议离婚手续时，钱某因工作性质较为特殊（钱某当时从事手工动漫制作），月工资收入近万元，因此，双方协议婚生子钱××（两周岁）的抚养费为每月 2 000 元，每月底前由钱某通过银行汇到刘某指定的账户。8 年过去了，钱某的生活境况却发生了很大的变化。

钱某于 2002 年再婚，并于 2003 年又生一子。2004 年，钱某与其妻通过按揭在上海市虹口区某小区购买了一套商品房，月供近 5 000 元。2005 年，钱某母亲生病住院，至今一直未愈。另外，世界动漫市场发生了很大的改变，手工绘制已被电脑 3D 取代，钱某的工资收入从近万元一直滑到 2008 年下半年的 3 000 元左右。

因按原离婚协议支付每月 2 000 元的抚养费已力不从心，钱某通过中间人与刘某商议，看对钱××的抚养费能否通过协商酌情降低。但钱某的提议立即遭到刘某的强烈反对，刘某认为钱某想推脱父亲的养育责任，坚决不同意降低抚养费的要求。无奈之下，钱某向上海市某区人民法院提起了减少抚养费之诉。

原告钱某诉称：原告与被告之母刘某于 2000 年 4 月因夫妻感情不和协议离婚，双方约定由钱某每月支付婚生子钱×× 2 000 元抚养费到 18 岁为止。现因原告工作收入明显下降，家庭开支明显增大，且在 8 年间，已累积向被告支付了 20 余万元的生活费，故请求法院依法判令酌情减少抚养费数额。

被告钱××的法定代理人刘某辩称：离婚协议中约定抚养费每月2 000元，原告应予以遵守。现原告辩称其收入锐减不是事实，其家庭开支增大与支付抚养费之间没有必然因果关系，故要求法院依法驳回原告诉讼请求。

【问题】

钱某要求降低抚养费的请求能否得到支持？

【法理分析】

《婚姻法》第三十七条规定："离婚后，一方抚养的子女，另一方应负担必要的生活费和教育费的部分或全部，负担费用的多少和期限的长短，由双方协议；协议不成时，由人民法院判决。关于子女生活费和教育费的协议或判决，不妨碍子女在必要时向父母任何一方提出超过协议或判决原定数额的合理要求。"《最高人民法院关于人民法院审理离婚案件处理子女抚养问题的若干具体意见》第七条规定：子女抚育费的数额，可根据子女的实际需要、父母双方的负担能力和当地的实际生活水平确定。有固定收入的，抚育费一般可按其月总收入的百分之二十至三十的比例给付。负担两个以上子女抚育费的，比例可适当提高，但一般不得超过月总收入的百分之五十。无固定收入的，抚育费的数额可依据当年总收入或同行业平均收入，参照上述比例确定。有特殊情况的，可适当提高或降低上述比例。

抚养费的变更包括增加、减少和免除三种情况。抚养费增加是子女在必要时提出的，除了因物价调整，原定数额难以维持子女生活所需；或子女升学、实际所需抚养费用超过原定数额以外，还可能因为子女身患疾病，抚养一方无力支付全部医疗费用；或有给付义务的一方经济收入显著增加，在这种情况下，子女与其生活水平相差悬殊等。反之，有给付义务的一方，在特殊情况下也可减免给付抚养费。减少给付情况，主要指给付一方由于长期疾病或者丧失劳动能力等，经济相当困难，无力按原数额给付，而抚养子女一方又能负担子女的大部分抚养费，那么可请求减少给付。本案中的钱某在收入情况发生很大变化，无力支付原定抚养费的情况下，可以请求变更减少抚养费。

【法院判决】

后经法院及双方代理律师调解，最终双方达成调解协议，钱某支付的抚养费从每月2 000元降低至每月1 000元，此案告结。①

（九）探望权的约定和处理

婚姻法规定，离婚后不带孩子的一方有探望孩子的权利，带孩子一方及其家人不得阻挠。

在离婚协议中，探望权往往不被当事人重视，只是在离婚协议中简单写上孩子归某方抚养，对于探望的时间、地点、方式少有明确约定，导致离婚后一旦产生争议，还要再次通过法院确认，给当事人增添了麻烦。婚姻律师在为当事人起草离婚协议时，对于探望权往往这样书写：

双方婚生女/子（×年×月×日出生）随女方生活，男方每月支付抚养费×元，直到独立生活为止。男方每月享有两次探望权，在每个月的单周五，根据子女的意愿，在协议

---

① http：//china. findlaw. cn/info/case.

的地点探望子女。遇有特殊情况，探望时间、方式由双方约定。

除上面的条款外，双方也可以约定由另一方将孩子周五接走，周六或周日送回，不妨再明确一下接送的具体地点和方式。

一般而言，每月探望的次数不宜过多，若探望过度频繁，会给双方生活带来很多不便，而且影响孩子的正常生活和学习。

如果离婚协议中对于子女探望权有明确约定，夫妻双方及家人都应当遵守。实践中，出于各种原因拒不配合另一方探望的情况也很常见。若对方当事人不履行离婚协议中的相关约定，另一方当事人可以诉至法院保障自己的探望权。法院执行阶段会对拒不履行协助另一方行使探望权的有关个人和单位采取拘留、罚款等强制措施。

◆ **案例**

赵某（男）与谢某（女）于 2004 年 6 月在重庆市某区民政局自愿办理协议离婚手续。根据离婚协议，婚生子赵××归谢某抚养，赵某每月支付抚养费 1 000 元，赵某按月支付抚养费。双方办理完离婚手续后，赵某没有想到在孩子的探望权上却遇到了麻烦。按离婚协议，赵某有权在每月单周六上午探望孩子赵××，但赵某每次去看孩子，不是谢某家里没人，就是谢某或其父母以各种理由不让赵某看孩子。离婚两个月过去了，赵某一次也没有见到孩子。无奈之下，赵某只得起诉谢某，要求法院确认和保障其探望权。

【问题】

赵某的请求是否合理？应如何处理？

【法理分析】

法律规定的探望权，是指夫妻离婚后，不直接抚养子女的父亲或母亲享有按约定的时间、地点和方式，看望由另一方直接抚养的子女，或将子女短暂接回共同生活的权利。新修订的《婚姻法》第三十八条规定："离婚后，不直接抚养子女的父或母，有探望子女的权利，另一方有协助的义务。行使探望权利的方式、时间由当事人协议；协议不成立的，由人民法院判决。父或母探望子女，不利于子女身心健康的，由人民法院依法中止探望的权利；中止的事由消失后，应当恢复探望的权利。"本案中，谢某拒不配合赵某行使其探望权，是不符合法律规定的，所以赵某可以向法院起诉，保障其探望权的实现。

【法院判决】

重庆市某区人民法院受理了赵某的诉讼请求。经审理，法院认为，离婚协议中关于孩子探望权的约定双方应当履行，故判决赵某享有每月两次探望的权利。

虽然法院的判决书生效了，但赵某拿着法院的判决书去看孩子时，却又遇到了麻烦，不是吃闭门羹，就是受到谢某或其父母的无理阻挠。赵某心里很不是滋味，觉得自己打赢官司也没有什么用。后来，在律师的建议下，赵某申请了法院强制执行，在法院执行法官和法警的介入下，赵某总算见到了孩子。法官和法警还对谢某及其父母进行了思想教育和批评，法官提醒谢某及其父母，赵某探望孩子是法律赋予的权利，如果有人故意设置障碍，法院可以对有关人员进行训诫、罚款甚至拘留！谢某和其父母没有想到法院果真会管这"家务事儿"，经反省，主动向法官承认了错误，并写了保证书，保证配合赵某探望，这样，双方的矛盾得以化解，赵某的权利得到了保障。

（十）关于户口的约定处理

户口迁移的问题也是离婚案件的难点。比如，双方离婚了，女方的户口仍在产权人男方的房子名下。而根据离婚协议的约定，女方应该在办理完离婚协议手续的一段时间后将户口迁出，但女方拒不迁出，给男方造成一定损失或麻烦的情况如何处理？

根据现在的户口管理规定以及法院的审判实践，法院一般不会受理以户口强迁为诉讼请求的侵权案件，而是让当事人找公安部门解决。但公安机关的答复往往是此类请求不符合强迁的法律规定，因此难以办理。

那么，如何预防此类纠纷的发生呢？办法还是有的，就是在离婚协议中明确约定有义务迁出方不履行迁出义务的惩罚措施。户口拒不迁出造成当事人最大的问题就是心理的困扰和房屋转让的不便，不妨在离婚协议中约定：

若女（男）方在离婚手续办理完毕的三个月内不能自行将户口迁出，每逾期一日应向男（女）方支付×元的不便补偿；若男（女）方在转让该房时，因为女（男）方户口不能迁出原因对房价产生影响，女（男）方应赔偿男（女）方差价部分。

需要注意的是，逾期的补偿不应写成违约金，因为户口迁出具有人身性质，若写成违约金，获法院支持可能会有难度。而写成不便补偿，合情合理，同时也不违反法律规定，获法院支持的可能性较大。

◆案例

赵平（男，化名）与李奇（女，化名）2004年8月通过广州市某区民政局协议离婚，在离婚协议中，双方约定，婚后共同购置的位于广州市××区××路××号2202房的房屋一套归男方所有，由男方一次性向女方支付房屋补偿款60万元，女方将户口迁出该套房屋。

离婚协议生效后，赵平如约支付了房屋补偿款60万元，但李奇却拒不将自己的户口迁出。2005年5月，广州房价有下浮的趋势，赵平想将该房屋抛售并出国深造，便委托中介挂牌出售，但被中介告之，由于该房内有李奇的户口，所以连续三个看房人都相继告吹。赵平没有想到户口问题会引起如此严重的后果，因此，强烈要求李奇将户口迁出。李奇称，其离婚所得的60万元已花去大部分，现所剩只有20万元左右，已买不起住房。若赵平想让自己户口迁出，需另行支付5万元经济帮助款。赵平十分生气，遂诉至广州市某区人民法院。

【法院判决】

广州市某区人民法院经审理后认为，虽然离婚协议中约定李奇应将户口迁出，但户口迁移不属法院审理范围，故驳回了原告的诉讼请求。

赵平败诉后，在律师的调解下，向女方支付了2万元，女方才将自己的户口迁至其父母家，此事才有一个了结。①

① 贾明军. 婚姻家庭纠纷案件律师业务. 北京：法律出版社，2008. 151~159.

（十一）离婚协议书签订的欺诈、胁迫问题

《婚姻法司法解释（二）》第九条规定：男女双方协议离婚后一年内就财产分割问题反悔，请求变更或者撤销财产分割协议的，人民法院应当受理。人民法院审理后，未发现订立财产分割协议时存在欺诈、胁迫等情形的，应当依法驳回当事人的诉讼请求。

关于胁迫行为下签订的协议问题，若一方不能举证证明另一方在签订协议时存在胁迫的事实，即无法举证，法院则很难认定。实践中，常见一方认为胁迫的情况是：当被另一方当场捉奸在床，另一方以要将捉奸资料散布出去为要挟，一方不得已，在离婚协议上签字。但签字后，一定要及时报警，千万不要因顾及脸面而丢失固证的机会，否则将产生争议，对己不利。

◆**案例**

刘某（男）与王某（女）本是同甘共苦的夫妻，10年前在上海市某区民政局登记结婚。婚后，两人白手起家创办了一家大型运输公司，净资产逾千万。一家人过着富裕祥和的生活。可惜好景不长，后因双方性格不合，女方向丈夫提出离婚，因丈夫本人也急于结束这段无趣的婚姻，两人在协议书上写明"夫妻共同财产已分割完毕，双方无其他纠纷"。实际上离婚当下，女方名下的财产包括房、车、公司等不动产资产将近500万，而男方名下的财产只有几百块。离婚后两人在很长一段时间里相安无事，各自开始了自己的新生活。但后来的某一天，一个偶然的机会，男方发现女方婚姻存续期间有外遇，故以签订离婚协议受女方欺诈为由向法院起诉，要求重新分割共同财产。

【问题】

男方的请求能否得到法院的支持？

【法理分析】

根据现行婚姻法的规定，离婚方式分为两种，协议离婚和诉讼离婚。前者是简易的离婚程序，适用于夫妻双方皆同意离婚的情形，只要双方共同持一份离婚协议书到相关的民政机关，即可领取离婚证。

既然离婚协议书可以发挥这样的作用，法律也对离婚协议书的格式和内容作了相应的规定，比如，协议书中一定要体现双方离婚的真实意思表示、子女抚养问题的协商结果和财产分割及债务的分担说明。一般情况下，只要满足以上三个条件，离婚协议书就是合法有效的。

但是，实践中往往会出现这种情况，正如前面案件所提到的那样，离婚时两人情绪不稳定，急于结束不幸福的婚姻，因而草率地签订了一份离婚协议书。离婚之后，其中分配利益较少的一方就会后悔，想重新分割财产或重新确定子女的抚养权。此时，就遇到了一个难以克服的障碍，因为，原协议书尽管是情急之下的产物，但当时的情景并不符合法定的意思表示不真实的范畴。而法律对意思表示不真实的定义确定为：被欺诈、胁迫或重大误解等情势下导致法律上的意思表示不真实。而一般情况下，这种情势是很少发生的，即使发生也是很难举证的。所以，要推翻离婚时的离婚协议书，并要求重新确定财产所属和子女抚养权几乎难于上青天。

从本案中男方的辩解可以推断，其承认协议合法有效，并承认子女抚养条款的效力，唯独否认财产分割的内容，因为那一条显失公平，而且不符合原告的实际初衷。但这样的理由并不能让法院采纳，原因在于，财产的分割与子女的抚养条款两者并不是孤立存在的，既然确定子女由女方抚养，那么女方在离婚时多获得财产也属于常情，并没有违背一般人的惯常做法，于情于理都是正当的；而且协议书上注明"夫妻共同财产已分割完毕"，而实际上财产的确分处于两人各自的名下，现状与协议之间并不存在矛盾。假如，协议上写明已分割而实际上财产仍旧在两人共同名下，那么尚且可以推翻原协议。本案中恰恰并非这样，不论实际上分割的比例如何悬殊，但实际情况是的确已经分属两人，分割状态存在，故不能否认"夫妻共同财产已分割完毕"的签订人是实际分割过的。综上可以看出，离婚时的协议书只要双方意思表示真实，并不存在欺诈，且协议格式和内容齐备，其法律效力就是确定有效的，不允许当事人出尔反尔，随意更改其内容的效力。

【法院判决】

法院最终判决：离婚时的财产分割协议合法有效，驳回原告重新分割财产的诉讼请求。[①]

(十二)　离婚后遗漏财产的分割

《婚姻法司法解释（一）》第三十一条规定，当事人依照《婚姻法》第四十七条的规定："离婚时，一方隐藏、转移、变卖、毁损夫妻共同财产，或伪造债务企图侵占另一方财产的，分割夫妻共同财产时，对隐藏、转移、变卖、毁损夫妻共同财产或伪造债务的一方，可以少分或不分。离婚后，另一方发现有上述行为的，可以向人民法院提起诉讼，请求再次分割夫妻共同财产……"向人民法院提起诉讼，请求再次分割夫妻共同财产的诉讼时效为两年，从当事人发现之次日起计算。

◆ **案例**

李某（女）与顾某（男）于1989年3月登记结婚，2006年3月24日经法院调解离婚，婚生儿子由顾某负责抚养教育，并承担全部抚养费。但离婚1年后，李某又起诉到法院，提出顾某在夫妻关系存续期间私自提取了银行存款本金49万元，离婚时因没有发现这笔款项而没有分割，请求法院分割这笔夫妻共同财产。庭审中，顾某提出，李某在夫妻关系存续期间也私自提取了银行存款本金11万元，这笔款项也未分割，请求作出处理。

【问题】

对本案新发现的财产应如何处理？

【法理分析】

《婚姻法》第四十七条规定："离婚时，一方隐藏、转移、变卖、毁损夫妻共同财产，或伪造债务企图侵占另一方财产的，分割夫妻共同财产时，对隐藏、转移、变卖、毁损夫妻共同财产或伪造债务的一方，可以少分或不分。离婚后，另一方发现有上述行为的，可以向人民法院提起诉讼，请求再次分割夫妻共同财产。"本案中夫妻俩离婚时各自对于对

---

① 林子．一份离婚协议书能带给你什么样的启示．湖南婚嫁网，2009 – 06 – 13.

方名下的存款是不知情的，所以符合本条"隐藏、转移、变卖、毁损财产"的规定，因而应适用本条。

夫妻在婚姻关系存续期间所得的财产，归夫妻共同所有。夫妻关系存续期间的银行存款属夫妻共同财产，夫妻有平等的处理权。离婚后，双方任何一方发现未经分割的夫妻共同财产，仍有权主张分割。但本案中的夫妻双方均有隐匿转移财产的行为，所以不应该主张给对方少分或者不分财产，发现的财产应平均分割。

【法院判决】

顾某提取的银行存款 49 万元，李某应得 24.5 万元；李某提取的银行存款 11 万元，顾某应得 5.5 万元。上述相抵后，顾某还应支付给李某 19 万元。

三、离婚协议的效力认定及纠纷处理

（一）一般离婚协议的效力

顾名思义，离婚协议是指双方均表示愿意离婚，以及就离婚后财产如何处理、子女归谁抚养等相关问题达成的共同意思表示。其中，子女抚养、财产分割的约定只有在双方解除婚姻关系后才能生效。

也就是说，离婚协议中的"协议"是附条件的，即以"离婚"为生效条件，若离了婚，协议内容有效；若还没有离婚，条件不成就，协议当然不能生效。

（二）前后有几份离婚协议书的效力问题

有的当事人离婚过程是痛苦和漫长的，在反复拉锯式的讨价还价过程中，可能产生两份甚至若干份离婚协议，怎么认定其效力呢？

首先应该强调，在民政局备案的那份离婚协议具有最强的效力，除非当事人在之后的时间另有约定。既然已办理离婚登记，在民政局登记之前所产生的离婚协议书自然也具备了生效条件。若民政局备案的离婚协议书中有约定，以民政局备案的协议书中的约定为准；若民政局备案的离婚协议没有约定而之前的离婚协议书有可操作的具体描述，应该说之前的离婚协议的约定为有效，对双方具有约束力。若民政局离婚登记中的离婚协议没有约定，而之前的几份离婚协议中的约定又互相矛盾时，以最后一份离婚协议书中的约定为准。

（三）司法实例分析

◆案例

王某（男）与李某（女）1998 年在上海市某区民政局登记结婚，于 2004 年 6 月 12 日在上海某区民政局登记离婚。从 2004 年 3 月开始协议离婚到 2004 年 12 月产生诉讼争议时，共签订过 3 份离婚协议。

第一份离婚协议签订时间为 2004 年 5 月 12 日，协议内容如下：

（1）双方自愿离婚；

（2）双方无子女，不存在抚养争议；

(3) 关于房产：将上海市××路××号房产权份额及房内物品归女方李某所有；将上海市××区××路××号房产权份额及房内物品归男方王某所有。

(4) 关于股票和现金：男方王某名下的股票归男方所有；男方一次性补给女方李某10万元人民币补偿款；双方各自名下的存款和现金归各自所有。

第二份离婚协议签订时间为2004年6月12日，是在办理离婚登记时达成的协议，内容如下：

(1) 双方自愿离婚；

(2) 双方无子女，不存在抚养争议；

(3) 位于上海市××区××路××弄××号的房屋产权份额及房内物品归女方李某所有；位于上海市××区××路××弄××号××室的房屋产权份额及房内物品归男方王某所有。

(4) 双方各自名下的其他财产归各自所有。

第三份离婚协议签订时间为2004年12月2日，离婚登记之后，协议内容如下：

补充协议

双方已于2004年6月12日办理离婚登记手续，现男方考虑女方收入较少，自愿另行给付女方人民币10万元，并于协议签订之日起三十日内付清。

现女方向法院起诉称：原、被告于2004年6月12日办理离婚登记手续后，原、被告又签订了补充协议一份，根据该补充协议，男方应向女方一次性给付10万元人民币，并在30日内付清，但现已超过几个月有余，男方仍不支付，故起诉要求男方支付。

男方则辩称：原、被告双方就离婚问题已在2004年6月12日达成离婚协议，且办理完了离婚。但在办理完离婚手续后，女方以短信等方式，向男方朋友和家人散布侮辱、诽谤男方的言语。为此，在女方这种卑劣手段的威逼下，男方不得已答应女方付款10万元的条件，因此，付款并不是男方的本意，请法院驳回原告的诉讼请求。

【问题】

女方的请求能否得到法院的支持？为什么？

【法理分析】

本案中，双方在离婚前已经签订了两份离婚协议，应该说第二份离婚协议是对第一份离婚协议的变更，根据后签订的协议书优于先签订的协议书的原则，双方离婚时应该以第二份离婚协议为准。而离婚后又签订的《补充协议》与离婚时的协议并不矛盾，而且对补偿问题有约定，所以应该认定其效力，责令男方给付约定补偿女方的10万元。

【法院判决】

经审理后认为：离婚协议及离婚后补充协议是当事人真实的意思表示，理应遵守。现离婚补充协议与离婚协议并不矛盾。现被告辩称该补充协议是在原告威逼迫使情况下签订，并未向法院提供相关证据佐证，法院不予采信。故判令被告向原告支付10万元人民币。①

---

① 贾明军. 婚姻家庭纠纷案件律师业务. 北京：法律出版社，2008. 154～155.

◆**案例**

鸳鸯"离婚协议"戏鸳鸯

两份内容截然相反的离婚协议，第一份约定了财产的分割，第二份又约定了"无财产分割"，对"无财产分割"的理解，双方产生了歧义。那么，"无财产分割"，是认可了第一份协议之外的再无财产分割，还是对第一份协议完全否定的本来就无财产分割呢？

现年34岁的梅花（化名）是江苏省无锡市人。2003年与长自己4岁的黄伟（化名）登记结婚，由于双方婚前了解不够，婚后又不注意培养夫妻感情，常为琐事发生争吵，结婚不到一年，夫妻关系便出现了危机。

梅花与黄伟文化素养较高，决定以协议的方式友好地分手。双方于2004年5月自行签订了《自愿离婚协议书》，约定男方自愿给付女方人民币18万元，办理离婚登记时支付10万元，其余的在两年内付清；以男方名义购买的海南马自达小车一辆，归女方所有，汽车贷款合同项下贷款余额仍由男方继续支付。

离婚协议签订后，想到从此就要分道扬镳，一股莫名的惆怅涌上了两人的心头。因此，他们谁也没有主动提出去办理离婚手续，而是默默地将离婚协议收起，仍然生活在同一屋檐下，希望能够接受彼此。可是，双方终因性格脾气不合，2005年12月还是决定离婚，双方到无锡市某区民政局办理协议离婚登记手续，离婚时以《离婚协议》约定：双方无生育子女，双方无财产分割，双方无债权债务。

离婚后，梅花多次找到黄伟，要求黄伟按照协议履行承诺，黄伟却以没有财产分割为由一口回绝了梅花的要求。协议上不是写得明明白白的，怎么会没有财产分割呢？他葫芦里到底卖的什么药？梅花怎么想也想不明白："为了离婚，话说得那么漂亮，离婚了，就耍赖！"

梅花越想越气，在多次索要无果的情况下，于2006年5月来到无锡市某区人民法院，以黄伟未交付财产为由，一纸民事诉状将前夫黄伟推上了被告席，要求法院判令黄伟交付财产。

梅花诉称，本人与黄伟原系夫妻，双方一年前协议离婚并签订了离婚协议，并在当年正式办理了离婚手续。离婚后，黄伟并未将应支付的财产给本人，现要求黄伟支付钱款和海南马自达轿车。在诉讼中，梅花将支付数额减少到了12万余元。为了证明自己的主张，梅花向法庭提供了《自愿离婚协议书》、《离婚协议》。

黄伟对两份协议无异议，也认可钱和车子未给付梅花。但对于梅花的起诉，黄伟气愤难抑。法庭上，他愤愤地说："18万元及车子均是我的婚前财产，同意给予梅花是赠与，现在经济能力恶化，无力给付，且因双方婚姻存续期间较短，没有共同财产，所以在离婚协议中我们才一致认可'无财产分割'。"黄伟还说："在双方协议离婚时已经明确了'双方无财产分割，双方无债权债务'，这是双方真实意思的表示，梅花的诉讼请求于法无据。"黄伟向法庭提供了离婚处理表、结婚证复印件，证明"无财产分割"系双方真实意思表示。

对于黄伟提供的证据，梅花没有异议。但对黄伟的辩解，梅花感到十分伤心。她说："因为有了前一份协议，且黄伟也同意那样处理，在离婚时只是为了方便才写的'无财产分割'，并非真的无财产也非本人放弃财产。"

对于为何如此轻率地签下这份"无财产分割"的协议，梅花一脸的懊恼和愤慨，她说："我们那天没有带上自愿离婚协议书，黄伟说再回去拿太麻烦了，反正我们已经签订了协议书，白纸黑字又变不了，而且，协议书对财产已经分割了，不如我们就签上无财产分割。我当时为了方便，也就同意了。"说到这里，梅花伤心得两眼噙泪："毕竟夫妻一场，没想到黄伟是这么一个不守信的人，太让人失望了。"

【法理分析】

根据《婚姻法》和《婚姻登记条例》的规定，离婚协议是双方当事人自愿离婚的意思表示以及对子女抚养、财产及债务处理等事项协商一致而达成的协议或者意见。离婚协议书则是离婚协议的书面形式，《婚姻登记条例》第十一条第三款规定，离婚协议书应当载明双方当事人自愿离婚的意思表示以及对子女抚养、财产及债务处理等事项协商一致的意见。

离婚协议往往是在特定的条件、特定的环境中形成的：有的是在诱骗、胁迫下签订的；有的是为了避免矛盾，一气之下签订的；有的是为了达到其他非法目的如逃避债务等而签订的；甚至有的是为了准备假离婚……在这样的情况下签订的离婚协议明显不是双方真实的意思表示。由于以上种种可能，存在情势变迁的情况就特别容易出现，如一方一气之下在离婚协议上签上了名字，后慢慢消气了，若干年后又提起诉讼。但在实践中要正确判断离婚协议的签订是否体现了双方的真实意思表示并非易事，因为协议的当事人是夫妻，相比一般协议的当事人而言，他们签订协议具有一定的随意性，不慎重，即使不是双方真实意思的表示，事后也很难有证据证明协议是违背双方或一方真实意思所签。

本案中的双方当事人在到民政局登记离婚之前，已经签订了一份离婚协议，对财产如何处理都有约定，但到民政局后，双方却又签订了一份"双方无财产分割，双方无债权债务"的协议。原则上讲，应该强调，有几份离婚协议书的情况下，在民政局备案的那份离婚协议应具有最强的效力，除非当事人在之后的时间另有约定。所以，就本案中的情况看，无疑在民政局签订的离婚协议是最具有效力的。所以梅花主张黄伟按照第一份协议履行是没有依据的。

【法院判决】

两级法院判决 答案截然不同

无锡市某区人民法院经审理后认为，本案的争议焦点在于对自愿离婚协议书中的"无财产分割"的理解。梅花认为是因为双方一致同意按照第一份离婚协议处理，为了方便才在后一份协议中写了"无财产分割"，并非没有财产分割也非其放弃财产。

黄伟认为之所以写"无财产分割"是因为两人婚姻关系存续期间较短，没有共同财产。虽然双方在2004年5月签订了离婚协议，对财产分割也进行了约定，但事隔一年半之久双方才正式离婚，且在离婚协议中并未认可第一份协议，黄伟现在也不认可该份协议，故要求按照第一份协议的约定进行分割财产无法律依据，法院不予支持。

至于黄伟认为没有共同财产，根据庭审调查来看，双方在婚姻关系存续期间确实有共同财产，且梅花并未表示放弃分割财产，故对于黄伟的辩称不予采信。2006年6月，该区法院作出了一审判决，依据夫妻共同财产原则判决黄伟支付梅花共约9万元。

一审判决后，黄伟不服，向无锡中级人民法院提起上诉。在上诉中，黄伟称：双方已在登记离婚时对夫妻共同财产的分割达成了一致意见，因此，本案的争议焦点不是原判所认定的"对自愿离婚协议书中'无财产分割'"的理解，而应当根据后来订立《离婚协议》时是否存在欺诈、胁迫、隐瞒等情形判断。如果不存在上述情形，后一份则是合法有效的，应依法驳回梅花的诉讼请求。

无锡中院经审理后认为，本案应当审理的是双方在离婚登记时达成的《离婚协议》是否真实有效，是否存在欺诈、胁迫、隐瞒等情形。黄伟与梅花签订的两份离婚协议均系双方当事人的真实意思表示，后一份在民政部门协议离婚时所签订的离婚协议实际是对前一份离婚协议的变更，该协议明确了"双方无财产分割"、"双方无债权债务"，而从本案所查明的事实看，双方在签订该协议时，梅花对夫妻共同财产是清楚的，而黄伟亦存在债务，如房屋、车辆的按揭贷款等，因此，本协议应理解为梅花对夫妻共同财产不分割，对债务亦不承担，双方对夫妻共同财产的分割达成了一致意见，黄伟在签订该协议时没有欺诈、胁迫、隐瞒等情形，现梅花反悔，要求重新分割财产是没有道理的，依法不应支持。

2006 年 11 月 15 日，无锡中院作出终审判决，判决撤销一审民事判决，并判决驳回梅花的诉讼请求。①

四、离婚协议书的写法

（1）文头应为"离婚协议书"。

（2）开头，当事人自然状况，如：

男方：李××，×××年×月×日出生，职业：×××，民族：××，住××市×××路×××号。

女方：王××，×××年×月×日出生，职业：×××，民族：××，住××市×××路×××号。

（3）双方结合的情况及离婚的意思表示，如：

协议人李××、王××双方于×××年×月×日在××区人民政府办理结婚登记手续。×××年×月×日结婚，×××年×月×日生育儿子李××。因协议人双方性格严重不合，无法继续共同生活，夫妻感情已完全破裂，现双方自愿离婚并就有关事项达成如下协议。

（4）协议的具体内容，如：

①李××与王××自愿离婚。

②儿子李××由女方抚养，男方每月给付抚养费300 元，在每月 8 号前付清；直至付到独立生活止。

③双方有夫妻共同财产坐落在××路××小区××室商品房一套，价值人民币80 万元，现协商归女方王××所有，由女方一次性给付男方李××现金 38 万元，此款在本协议签订后的第二天付清；此房内的家用电器及家具归女方所有。

④夫妻无共同债权及债务。若有债务，在谁的名下则由谁来承担。

⑤李××可在每月的第一个星期六早上八时接儿子到其居住地，于星期日下午五时送回

---

① 江中帆. 鸳鸯离婚协议戏鸳鸯. 法律教育网，2007 - 01 - 11.

王××居住地，如临时或春节探望，可提前一天与王××协商，达成一致意见后方可探望。

（5）尾部如：

本协议一式三份，双方各执一份，婚姻登记机关存档一份，在双方签字，并经婚姻登记机关办理相应手续后生效。

（6）最后是双方签字，写明×××年×月×日。

五、离婚协议书应具备的内容

离婚协议书是登记离婚（协议离婚）的实质性文件，申请登记离婚的双方当事人必须认真签订，经双方签字后产生法律效力。

离婚协议应包含以下具体内容：

（1）登记离婚是双方当事人的真实意思的表示。

（2）子女与何方共同生活，未与子女共同生活的一方对子女养育应承担的费用、支付的方式及期限。

（3）共同财产的分割（归各方的数量和价值并附清单）。

（4）共同债权、债务的享有和清偿责任。

（5）住房问题的解决方案。

（6）对生活困难一方予以经济帮助的方法、期限。

（7）不与子女共同生活一方的探望权实行的方式及另一方协助的义务。

（8）其他需要在协议中明确的事项。

（9）双方当事人的签名（盖章或手印）。

（10）离婚协议书签订的时间。

六、签订离婚协议应注意的问题

（一）离婚协议书应符合法律、遵守道德规范

首先，"协议"的内容必须符合国家的法律法规，尤其要符合《婚姻法》精神，这是最基本的前提。因为任何有悖于国家法律精神的协议条款都是无效的。所以在订立协议之前，要学习、理解《婚姻法》中有关"夫妻财产制"及协议离婚的条款。其次，协议不得损害第三方利益。订立协议的目的，只能用于保护公民的合法权益免受侵害（损失），绝不可以用于其他非法目的。任何以逃避债务、骗取钱财、转移赃物（款）、侵占他人（或公共）利益等为目的而订立的"协议"，一经证实，即告无效。

（二）平等自愿、协商一致

这是订立协议的基础。协议的各项条款都应由双方协商约定。当分歧较大时，双方应作出相应的让步。协议中规定的夫妻双方的权利、义务和所受的约束应体现夫妻平等原则。任何一方都不能只享受权利而不承担义务。不允许一方强加给另一方不平等条款，也不允许出现只约束对方而不约束自己的"特别条款"。依法订立的协议，对双方都具约束力。另外，使用欺骗、强迫等手段订立的协议也是无效的。

（三）真实有据、互相确认

协议中所列双方已有的个人财产及共同财产必须真实、有据。要写清财产的名称、品牌、型号、数量、购买价格（或估价）等，还要提供与实物相符的权属证明材料。双方必须互相确认、核对（如核对房产证、行车证、购买发票等是否与实物相符），意见一致方可。

（四）避轻就重、丢卒保车

离婚协议不可能（也无须）对夫妻二人（过去和现在）的全部财产进行约定，因此最好是有选择地就某些"重要财产"进行约定。它们大致有两类，一类是价值较高的财产（包括无形资产），如房屋、汽车、高档家具、薪酬奖金、大额存款、贵重饰品、债权、企业（或其他设施的）产权、智力成果等。另一类是自视为"重要的"财产，它们虽然本身价值不高（或目前价值不高），但与自己关系密切或潜在价值较大，一旦失去后，有可能对自己的生活、工作乃至心理产生不利影响，如书籍资料、创作手稿、设计图样、自编程序、字画古玩、馈赠物品、与家族成员共有的有形及无形财产（祖传物品、秘方、家族的商标、字号使用权）等。上述两类财产，如果其中某些是在婚前取得的，即为个人财产，如果是婚后取得的，双方又无明确约定，那么，通常情况下就视为"夫妻共同财产"。因此，对"重要财产"的权属关系进行明确约定非常必要。它可以避免日后可能出现的麻烦。至于一些"小财产"，可以忽略。此外注意要对重大财产罗列财产清单。

（五）着眼将来、有所预见

订立协议要有发展眼光，要考虑离婚后可能出现的情况。协议不能只对婚前的、已知的财产进行约定，重要的是对将来可能新发现的财产的权属关系等进行约定。这是协议的重要内容。例如：对于夫妻在婚姻关系存续期间所得的工资、奖金、生产经营收益、出租收入、投资收益、兼职及业余创收、知识产权收益等，应明确其所属关系。同时对离婚协议上列举财产之外的新发现的财产，在离婚后如何进行处理也应该有约定。

（六）用语准确、避免歧义

这是任何契约性文书都必须注意的问题。如协议中不要使用宽泛性或概括性条款，如"夫妻共同财产已分割完毕"、"双方各自名下的财产归各自所有"、"其余财产归某方所有"等表述。这些表述容易使离婚后新发现的遗漏财产的举证分割变得很困难。①

七、诉前离婚协议的性质及效力

协议离婚制度是我国离婚制度的重要组成部分。该制度由于具有充分尊重当事人意愿、保护当事人隐私、程序简便等特点，为婚姻当事人所乐于接受。随着我国婚姻家庭法制建设的不断完善，采取协议方式，通过非诉讼程序解决离婚问题，已经被越来越多的当事人所接受。

离婚协议是协议离婚在法律上的体现，或者说是理解登记离婚制度的前提和基础。而

---

① 离婚律师提醒你：订立夫妻财产协议应注意的几个问题. http://www.99inf.com/zyfw/flgz/286701.html.

在现实生活中，存在大量的诉前离婚协议，也就是男女双方当事人在协商离婚的过程中，达成书面离婚协议，并在其中已对子女抚养、财产分割全部或部分作出相应的约定，但由于种种原因，一方或双方反悔，没能在民政部门婚姻登记处办理正式离婚登记手续，双方诉诸人民法院寻求审理判决。对于该类协议其性质及效力有不同的理解，导致法律适用上产生较大争议，法院在司法审判实践中存在同案不同判的现象。

《中华人民共和国合同法》第二条第二款明确规定："婚姻、收养、监护等有关身份关系的协议，适用其他法律规定。"但对相关究竟什么样的婚姻协议属于有关身份关系的范围、如何处理协议的成立与生效要件的关系等问题并无明确的界定。《婚姻法司法解释（二）》第八条规定："离婚协议中关于财产分割的条款或者当事人因离婚就财产分割达成的协议，对男女双方具有法律约束力。当事人因履行上述财产分割协议发生纠纷提起诉讼的，人民法院应当受理。"该司法解释于 2003 年 12 月颁布后，最高人民法院民事审判第一庭在第一时间以出版"司法解释理解与适用丛书"单行本《最高人民法院婚姻法司法解释（二）的理解与适用》的方式，对此条司法解释的内容明确界定为是"人民法院对当事人协议离婚后财产分割争议的受理"：

"本条司法解释共包含三层意思：（1）适用本条司法解释的前提条件是当事人在婚姻登记机关协议离婚，并就财产分割问题达成了协议。（2）明确规定在当事人向婚姻登记机关提交的离婚协议中有关财产分割问题的条款及作为离婚协议组成部分或者附件的财产分割协议，对离婚的双方当事人都具有法律约束力。（3）离婚后一年以内，男女双方因履行上述协议发生纠纷向人民法院起诉的，人民法院应当作为民事案件受理。"

其实最高人民法院民事审判第一庭对离婚协议的司法解释，包含本文中所涉及的诉前离婚协议，处理意见已经界定得非常清楚了，但在实践中，却远非这么简单，法院的主要观点和做法是：有的法院对诉前离婚协议绝对不理；有的法院仅把诉前离婚协议作为裁决的适当参考；有的法院完全按照诉前离婚协议判决。

笔者的观点是，诉前离婚协议其实质为单一的涉及身份关系的协议，仅为离婚意向，国家应从确保离婚时双方真实意愿、减少冲动离婚、保护子女利益等角度出发，对夫妻双方协议离婚进行必要的限制，在没有经过婚姻登记机关正式登记备案的前提下，应允许双方具有反悔的权利，人民法院审理该类案件，除非双方当事人追认，该协议未生效，对双方当事人均不产生法律约束力，无论是离婚本身，还是涉及子女抚养、财产分割的约定，不能作为人民法院处理离婚案件的直接依据。这和 2011 年 8 月生效的《婚姻法司法解释（三）》的认识完全一致。

《婚姻法司法解释（三）》第十四条规定：当事人达成的以登记离婚或者到人民法院协议离婚为条件的财产分割协议，如果双方协议离婚未成，一方在离婚诉讼中反悔的，人民法院应当认定该财产分割协议没有生效，并根据实际情况依法对夫妻共同财产进行分割。

在《婚姻法司法解释（三）》颁布前，司法实践中处理较为灵活，出现了一系列同案不同判的情形。《婚姻法司法解释（三）》为诉前离婚协议效力认定提供了统一的适用标准，也为各级法院处理同类案件的审理裁决提供了具体的适用标准，利于全国统一的司法实践。①

---

① 诉前离婚协议的性质及效力的探讨. http://china.findlaw.cn/info/hy/lihun/xieyilihun/399063_8.html.

第二节　判决离婚的法律实务

一、法定判决离婚的规定

判决离婚是指夫妻双方无法通过协议的方式离婚，遂向人民法院提起诉讼，请求人民法院通过判决的方式依法解除婚姻关系的离婚方式。

一般情况下，法官审理离婚案件都会遵循这样的规则，在没有法律明确规定应当或可以判决离婚的前提下，在被告坚决不同意离婚的情况下，针对原告第一次提起离婚诉讼，法院一般不会认定夫妻感情确已破裂，自然不会准予离婚。但对每一个走上法庭的原告而言，都希望第一次就能顺利离婚。那么，收集到什么样的证据才能达到第一次诉讼就能判离的目的呢？

目前，世界各国法律规定判决离婚的标准是"夫妻感情确已破裂"，我国也遵循这一原则。那么，什么样的情景属于"夫妻感情确已破裂"呢？我国《婚姻法》第三十二条规定：男女一方要求离婚的，可由有关部门进行调解或直接向人民法院提出离婚诉讼。人民法院审理离婚案件，应当进行调解；如感情确已破裂，调解无效，应准予离婚。

有下列情形之一，调解无效的，应准予离婚：

（1）重婚或有配偶者与他人同居的；

（2）实施家庭暴力或虐待、遗弃家庭成员的；

（3）有赌博、吸毒等恶习屡教不改的；

（4）因感情不和分居满二年的；

（5）其他导致夫妻感情破裂的情形。

此外，《婚姻法》三十二条还规定：一方被宣告失踪，另一方提出离婚诉讼的，应准予离婚。

按照《婚姻法》第三十二条的规定，只要夫妻一方有重婚、同居、家庭暴力、虐待遗弃和赌博、吸毒等恶习屡教不改的以及夫妻因感情不和分居满二年的情况的，在法院调解无效的前提下，法院应当作出准予离婚的判决。注意，这里法条用的词是"应予判离"，而不是"可以判离"，因此，这是法院必须判离的法定条件。

二、对法定判离理由的理解与应用

（一）对重婚或有配偶者与他人同居的理解与应用

1. 对重婚的理解

重婚是一个法律概念，是指有配偶或者明知他人有配偶而与之结婚的行为。一般重婚行为表现为两种方式：

其一，有配偶或者明知他人有配偶而与之到婚姻登记机关登记结婚。

其二，有配偶或者明知他人有配偶，不进行结婚登记，但是与之以夫妻名义持续、稳定地共同居住、生活的行为。比如说，两个人以"老婆、老公"相称，或其动作、行为足以让周围邻居信以为是夫妻关系，又连续在一起共同居住了一段时间以上（一般至少要几个月的时间），这样才能构成重婚。重婚不但是严重违反《婚姻法》的行为，而且也是一种违反《刑法》的犯罪行为，依《刑法》的相关规定，触犯重婚罪的行为可能要被判处两年以下有期徒刑或者拘役。

虽然对于重婚的处罚较为严厉，但能证明对方有重婚行为的证据却不好收集。一般情况下，在对方否认有重婚行为的前提下，如果想证明对方有重婚的行为，需要对方同居住所地的邻居或居委会的证言或证明，且证据内容足以证实重婚事实存在；或者有其他证据印证，比如重婚者的书信来往、聊天记录等。相对来说，要证明到重婚这步是非常困难的，需要做大量细致的工作。

2. 对有配偶者与他人同居的理解

有配偶者与他人同居是指有配偶者与婚外的异性不以夫妻名义，持续、稳定地共同居住的行为。构成有配偶者与他人同居的要件有三个：（1）有配偶者；（2）不以夫妻名义；（3）持续、稳定地共同居住。符合这三个要件，即构成有配偶者与他人同居的行为。这种行为严重违反了《婚姻法》的规定，合法夫妻的无过错方应当依法予以制止，但这种行为并不违反《刑法》的规定。

在夫妻一方与婚外异性存有不正当关系的情况下，无过错方要获得损害赔偿，依据新《婚姻法》第四十六条的规定必须具备一个前提条件，即过错方与婚外异性已构成"同居"。

这里所指"同居"，《婚姻法司法解释（一）》第二条解释为"有配偶者与婚外异性，不以夫妻名义，持续、稳定地共同居住"。禁止有配偶者与他人同居是修正后的《婚姻法》为保障一夫一妻制原则而新增加的禁止性规定。在适用这一禁止性规定时，应当注意以下问题：

（1）有配偶者与他人同居和重婚的区别。重婚是以夫妻关系的名义共同生活，而有配偶者与他人同居则不是以夫妻名义同居生活。

（2）有配偶者与他人同居与那些应由道德规范调整的通奸、婚外恋等行为相区别。通奸是指双方或一方有配偶的男女，秘密、自愿发生两性关系的行为。婚外恋则泛指已婚者与配偶之外的人发生恋情。通奸、婚外恋都属于有悖社会主义道德的行为，一般由道德规范调整。而有配偶者与他人同居则属于《婚姻法》禁止的违法行为，行为人要承担相应的法律责任。《婚姻法》第三条规定："禁止重婚。禁止有配偶者与他人同居。"

（3）有配偶者与他人同居的民事法律后果。《婚姻法》不但在总则中明令禁止有配偶者与他人同居，而且还在其他章节的相关条文中规定了这一违法行为的法律后果和法律责任。

《婚姻法》第四十六条规定：有下列情形之一，导致离婚的，无过错方有权请求损害赔偿：

（一）重婚的；（二）有配偶者与他人同居的；（三）实施家庭暴力的；（四）虐待、遗弃家庭成员的。

要证明同居，首先要证明同居双方居住一处，且已经共同居住了较长一段时间，比如

2~3个月等。具体而言，应从三个方面把握：

第一，"在认定构成同居关系时，应从双方共同生活的时间长短、双方关系的稳定程度等方面进行把握"。这里所指的"双方关系"，显然既包括双方的同居关系，又包括双方在同居前存有的不正当关系。因为双方在同居前存有不正当关系是发展到双方同居的基础。而这种不正当关系的稳定程度如何，可用以判断双方对后来的同居是否持有"持续、稳定地共同居住"的主观追求。同居前不正当关系持续的时间越长、越稳定，越能表明双方的同居是他们在主观上有这种追求使然。

如果某人与婚外某异性在固定的场所共同生活了一个多月，还有证据表明双方在同居的两年前就建立了不正当的关系，并有姘居行为。这就表明双方的同居是在同居前已有较稳定的不正当关系的基础上，积极追求着"持续、稳定地共同居住"。基于这一事实，即便他们实际同居的时间并不长，也理应认定他们已构成"同居"关系。

第二，判断有配偶者与他人同居是否达到与婚外异性"持续、稳定地共同居住"的程度，还存在一个如何选择比较对象的问题。如果与合法婚姻关系中的持续、稳定的夫妻生活相比，这种同居持续了一年都不能算长；反之与那些偶然的、无固定场所的男女双方的通奸关系和姘居关系相比，这种同居即便不到一个月也不为短。显然《婚姻法司法解释（一）》中关于"持续、稳定地共同居住"的规定，是与后一种情况相比较而言的。

第三，笔者注意到在《婚姻法司法解释（一）》起草中，曾有人建议就同居问题规定出一个明确的期限，双方共同生活达到规定期限，即可认定同居。对此《婚姻法司法解释（一）》未予采纳，同时目前有些地方法院就此作出的时间上的界定，也不为最高人民法院所认可。可见仅以时间的长短来判断是否构成"同居"是没有法律依据的，也是不利于具体案件的审理，不完全符合实际的。

3. 司法实例分析

◆案例

自诉人毛某与被告人何某于1983年办理结婚登记手续。被告人何某2008年8月9日向宁远县人民法院某镇法庭提起离婚诉讼，案件审理当中，自诉人毛某于2008年10月16日向法院刑事庭提起诉讼，指控被告人何某于2003年与罗某非法同居，并于2004年生育一私生子罗××，且2004年在宁远县某地建了一座房屋。2007年1月被告人与罗某在宁远县×镇×村租住了李某的房屋，以夫妻名义共同生活。被告人何某在罗某购买房屋及修建当中为其代缴过一次房款。自诉人提供了郑某、李某、赵某的证言及该村居委会的证明，证明被告人何某与罗某以夫妻名义共同生活。被告人对自诉人的指控予以否认。

【问题】

被告人何某与罗某之间是否构成重婚？

【法理分析】

1994年12月14日最高人民法院在一个批复中明确规定："新的《婚姻登记管理条例》发布施行后，有配偶的人与他人以夫妻名义同居生活的，或者明知他人有配偶而与之以夫妻名义共同生活形成事实婚姻关系，仍应按重婚罪定罪处罚。"故此，刑法界基本达成共识，即认为重婚包括以下两种类型：一种是有配偶而与他人登记结婚或者以夫妻名义共同生活形成事实婚姻的；另一种是明知他人有配偶而与之登记结婚或者以夫妻名义共同生活形成事实婚姻关系的。

本案即是第一种有配偶而与他人以夫妻名义共同生活形成事实婚姻。在此类案件中被告人和自诉人各执一词，一方称未以夫妻名义共同生活，一方称被告人与他人以夫妻名义共同生活，且双方都提供了相关证据证明自己的主张，如何界定以夫妻名义与他人共同生活形成的事实婚姻？笔者认为在认定重婚罪中以夫妻名义与他人共同生活形成的事实婚姻时，需一系列的证据形成牢不可破的证据链，而且需要证明以夫妻名义共同生活的公开性和稳定性。

本案中被告人是否构成重婚罪，关键是看被告人与罗某是否以夫妻关系同居且具有公开性和稳定性。事实婚姻既然冠以"婚姻"称号，其理由在于事实婚姻和法律婚姻有着某种程度上的相似，即男女双方以终生共同生活为目的，男女双方在物质生活、精神生活以及性生活方面具有法律婚姻夫妻间的权利义务。这种目的性一般是通过双方以夫妻名义公开的同居生活来体现的，这种"公开"使得夫妻的内部关系产生对外的效果，进而影响双方的亲属关系以及债权债务关系等，应为周围群众所认同，因此，秘密地共同生活或虽公开同居生活但不以夫妻名义的共同生活，均不构成事实婚姻。目的、公开、稳定三性合一的特征，将事实婚姻与同居、通奸、姘居及包二奶等隐蔽的、临时的、非婚姻的两性关系区分开来，是在条件满足的情况下可以得到法律保护的前提。而要将这种公开"以夫妻名义共同生活"的事实以证据方式来展示，需要一系列牢不可破的证据链。要认定重婚罪，必须有被告人与他人以夫妻名义共同生活1年以上的直接证据。固然证人证言是非常重要的证据，但是其他的证据佐证是必要的，不能仅仅以证人证言来判定。

本案中自诉人提供的证据包括证人郑某、李某、赵某的证言及×村居委会的证明，证明被告人何某与罗某以夫妻名义共同生活的事实，而且二人之间从2007年1月开始以夫妻名义同居，到2008年8月起诉时止，已经满1年，显然能够证明被告人与罗某是以夫妻名义同居，自然其同居关系的公开性、稳定性及目的性都很明确。所以说被告人何某与罗某之间构成重婚。

【法院判决】

法院经审理认为：何某构成重婚罪，并判处1年有期徒刑，准许双方离婚。主要理由是：自诉人提供了郑某、李某、赵某的证言及×村居委会的证明，证明被告人何某与罗某以夫妻名义共同生活，已形成事实婚姻。

◆案例

朱某（男）与彭某（女）2002年3月结婚，现无子女。自2004年年初开始，二人由于感情不和开始分居。彭某独自居住在婚后双方共同购买的位于上海市某路的某处房屋内，而朱某则在外租房居住。2004年5月，彭某听说朱某与其单位一女同事在一起姘居，就派人暗暗跟踪朱某。经过一段时间的调查，彭某发现朱某的女同事某某经常出入朱某租住的寓所，彭某就将他们共同出入的情形进行了拍摄。2004年7月的一个晚上，彭某约同其父母、哥哥、朋友共计六人，在深夜1点多，到朱某租住的公寓进行砸门，在朱某不开的情况下，彭某拨打了110。过了10分钟左右，警署派警员过来，但由于朱某拒不开门，警员表示不能强行破门，故无功而返。之后，彭某的哥哥不顾众人劝阻，将房屋踹开，发现朱某与其女同事江某坐在屋内。双方为此发生争打，后110又前来调解，将双方带至警署，并做了笔录。

不久，彭某即向法院提起离婚诉讼，并同时提出精神赔偿。

彭某诉称：我与被告朱某2002年3月结婚。2004年春节后，双方由于性格不合分居。2004年7月12日，被告与他人同居被原告当场抓住，有警署询问笔录为证。原告认为，原、被告因被告有婚外情导致夫妻关系不和，现被告又与他人非法同居，故依《民事诉讼法》第一百零八条、《婚姻法》第四十六条之规定，要求与被告离婚，并要求被告赔偿原告5万元精神损失费。

朱某辩称：我与原告婚后性格不合，原告脾气暴躁，猜忌心强，导致夫妻矛盾冲突不断。现被告同意离婚，但被告根本不存在与他人同居的事实，故不同意支付原告精神赔偿。

原告彭某向法院提交的证据有：

（1）原、被告结婚证，证明原、被告夫妻关系；

（2）警署的询问笔录，欲证明被告与他人同居；

（3）一组证人证言，主要证明2004年7月12日到被告租房处的经过。

被告朱某向法院提交的证据有：

（1）被告的租房合同，证明该住房屋并非原、被告产权，原告哥哥暴力破门，取证缺少合法性；

（2）被告同事江某的租赁合同，证明江某有住处；

（3）一组证人证言，证明被告与江某系一般同事关系。

【问题】

原告彭某提供的证据能否证明朱某与其同事江某之间属于有配偶者与他人同居的情形？

【法理分析】

有配偶者与他人同居是指有配偶者与婚外的异性不以夫妻名义，持续、稳定地共同居住的行为。构成有配偶者与他人同居的要件有三个：（1）有配偶者；（2）不以夫妻名义；（3）持续、稳定地共同居住。符合这三个要件，构成有配偶者与他人同居的行为。这种行为严重违反了《婚姻法》的规定，合法夫妻的无过错方应当依法予以制止，但这种行为并不违反《刑法》的规定，无过错只能请求过错损害赔偿。

在夫妻一方与婚外异性存有不正当关系的情况下，无过错要获得损害赔偿，依据新《婚姻法》第四十六条的规定必须具备一个前提条件，即过错方与婚外异性已构成"同居"。

这里所指"同居"据《婚姻法司法解释（一）》第二条解释为"有配偶者与婚外异性，不以夫妻名义，持续、稳定地共同居住"。

所以，在认定构成同居关系时，应从双方共同生活的时间长短、双方关系的稳定程度等方面进行把握。本案中的彭某发现朱某的女同事江某经常出入朱某租住的寓所，彭某就将他们共同出入的情形进行了拍摄，且2004年7月12日晚上，彭某等破门而入也仅仅发现朱某与其女同事江某坐在屋内，警署的询问笔录等并不能直接证明朱某与江某有长期稳定的同居关系，因此彭某按照《婚姻法》第四十六条提出的精神损害赔偿的主张不能成立。

【法院判决】

法院经审理后认为：原、被告 2002 年登记结婚后，由于双方性格不合、原告认为被告有外遇等原因时常发生冲突和矛盾，导致夫妻感情破裂，现原、被告均表示同意离婚，法院予以准许。现原告诉称被告有同居事实，但其提供的证据未能证明以上事实。故，对原告要求被告支付精神赔偿的诉求不予支持。最终法院判决的主要条款为：判令原、被告离婚。婚后购置的房屋归女方所有，女方于判决书生效后的 30 日内，向男方支付房屋折价款 52 万元。

（二）对家庭暴力、虐待遗弃的理解与应用

1. 对家庭暴力的理解

根据《婚姻法司法解释（一）》的规定，家庭暴力是指行为人以殴打、捆绑、残害、强行限制人身自由或其他手段，给其家庭成员的身体、精神等方面造成一定伤害后果的行为。如果是持续性、经常性的家庭暴力，就构成了虐待。

家庭中存在暴力现象是较为普遍的，但不是所有家庭中的打骂、争执行为都能构成家庭暴力，法律要求构成家庭暴力必须造成身体上、精神上的一定伤害后果。比如说，仅仅是软组织轻微挫伤，或者说仅仅是暂时的皮肉之苦，次数又不多，很难让法院定性为家庭暴力的。如果殴打行为导致了轻伤以上，一般会被法院认定为构成了家庭暴力。

为了证明有家庭暴力的发生，当事人特别是作为弱者的女方一定要有举证意识，在发生家庭暴力后不要抱着"家丑不可外扬"的心理忍气吞声，白白被打被欺负。一再忍让的后果，往往如电视剧《不要和陌生人说话》中的剧情一样，使施加暴力一方更猖狂更肆无忌惮。因此，在发生或即将发生家庭暴力时，一定要及时报警或寻求居委会的帮助。根据一般经验，家庭内部有殴打行为的发生，拨 110 报警求援后，警方一般还是会出警到现场的，这是警察的义务。在情况紧急或殴打情节严重的情况下，如果警方以家庭内部纠纷为由不愿意出警，报警者一定要坚持要求出警，一般警察最终还是会到场的。而对于寻求居委会帮助，居委会一般都能做到及时上门调解和帮助，这对于缓和夫妻矛盾以及及时固定证据，都是有很大作用的。

2. 对虐待遗弃的理解

虐待是指以作为或不作为的形式，对家庭成员歧视、折磨、摧残，使其在精神上、肉体上遭受损害的违法行为，如打骂、恐吓、冻、饿、患病不予治疗、给予居住条件上歧视性待遇、限制人身自由等。

遗弃，是指家庭成员中负有赡养、抚养、扶养义务的一方，对需要赡养、抚养或扶养的另一方，不履行其应尽义务的违法行为。如成年子女不赡养无劳动能力或生活困难的父母；由兄姐抚养长大的，有负担能力的兄弟、妹妹，对于缺乏劳动能力又无生活来源的兄姐，不尽扶养义务等。虐待和遗弃行为的受害人往往是家庭中的老弱病残和缺乏独立生活能力的人。

对于虐待或遗弃家庭成员的人，应当进行严肃的批评教育，责令其改正错误，并给予适当处分。对于拒不履行赡养、抚养、扶养义务的人，可依法强制其履行义务。对虐待遗弃家庭成员构成犯罪的，应当依法追究刑事责任。

3. 司法实例分析

◆**案例**

原告马某，女，27 岁，回族，农民，住开发区某村。

被告张某，男，30 岁，回族，农民，住开发区某村。

原告与被告系同村村民，自由恋爱后于 1994 年 12 月登记结婚，1995 年 8 月生育一子（现 7 岁）。婚后夫妻间因生活琐事发生争吵，甚至动手打架。1999 年 6 月原告曾起诉离婚，后考虑到子女家庭，被告又立下保证不再打人，于是撤回诉讼。之后共同生活的几年中，原、被告一起做生意，还清了被告欠下的数万元债务。直至 2001 年 7 月 17 日，由于被告去原告娘家不注意礼节，未与岳母打招呼，事后双方发生争吵，被告将原告打成轻微伤。2001 年 7 月原告起诉要求离婚，被告不同意。

原告诉称，与被告 1994 年 12 月结婚，婚后感情一直不好，常因琐事打架，被告经常施以暴力，没有共同语言。原告曾起诉离婚，经调解被告不再打人后双方和好。之后两人一起做生意维持生活，但被告仍未改变，2001 年 7 月因其不尊重原告父母，夫妻吵架，原告被打成轻微伤，导致夫妻感情破裂，请求离婚。

被告辩称不同意离婚。这次打架是因为被告去原告娘家，没与岳母打招呼，被告当时觉得都是一家人，没有必要拘那些礼节，原告不满意其做法，发生争吵，被告承认打人是不对的，但不致夫妻感情破裂，不同意离婚。

【问题】

被告对原告的行为是否构成家庭暴力？应否允许二人离婚？

【法理分析】

夫妻感情是否破裂是衡量离婚条件的唯一标准，而感情破裂的情形在婚姻法中也有着相应的规定。《婚姻法》第三十二条明确规定："人民法院审理离婚案件，应当进行调解；如感情确已破裂，调解无效，应准予离婚。有下列情形之一，调解无效的，应准予离婚：（一）重婚或有配偶者与他人同居的；（二）实施家庭暴力或虐待、遗弃家庭成员的；（三）有赌博、吸毒等恶习屡教不改的；（四）因感情不和分居满二年的；（五）其他导致夫妻感情破裂的情形。一方被宣告失踪，另一方提出离婚诉讼的，应准予离婚。"

本案争议焦点是：被告的打人行为是否构成家庭暴力，从而导致夫妻感情破裂。原告据此坚持离婚，被告认为以往双方感情较好，就因一次打架离婚不值。笔者认为婚姻家庭中的暴力应在情节和程度上有限制，不能认定夫妻之间吵架打一巴掌、踢一脚就构成家庭暴力，准予离婚。所以对因此而要求离婚的案件，对家庭暴力有必要限定一定的范围。首先，对家庭暴力造成的伤害程度进行限制，如构成轻微伤、轻伤、重伤的哪种为暴力；其次，在时间连续性上加以规定，偶尔一次造成轻微伤不应认定夫妻感情破裂而准予离婚；第三，实施家庭暴力应区分故意和过失，有的当事人大打没有，小打不断，即使没有造成身体伤害，但情节恶劣的，亦应认定为家庭暴力。

本案中原、被告三年前有过一起离婚诉讼，现再次起诉离婚，从表面看夫妻感情已经破裂，和好希望渺茫。但原、被告自幼相识，自由恋爱结婚，感情基础尚好。婚后由于家庭琐事时常发生矛盾，但双方无实质性分歧。现被告已表示对待原告态度粗暴，有悔改的意愿，本着夫妻应互敬互谅的原则，原告也应予以珍惜，不应随意判决离婚。

【法院判决】

庭审中，双方未提出新的影响夫妻感情的因素，尤其在上次离婚纠纷之后，双方互相体谅，同甘共苦，夫妻感情尚好，仅因一次家庭暴力就判决离婚，有违我国婚姻法的精神。法庭基于此，耐心做当事人的思想工作，双方在法庭的主持下达成和解协议，重归于好。

（三）对赌博、吸毒等恶习屡教不改的理解与应用

1. 对赌博、吸毒等恶习屡教不改的理解

赌博是指以金钱为赌注进行的博取更大利益的侥幸行为。这里所指的赌博应当是比较严重的、影响到正常生活的赌博行为。而吸毒是指药物依赖和药物滥用，国际上通用术语则为麻醉品的滥用或药物滥用，是采取各种方式，反复大量地使用一些具有依赖性潜力的物质，这种使用与医疗目的无关，其结果是滥用者对该物质产生依赖状态，迫使他们无止境地追求使用，由此造成健康损害并带来严重的社会、经济甚至政治问题。有赌博、吸毒等恶习的人，常常好逸恶劳、不务正业，既消耗了家庭财产，又严重影响了夫妻互相扶养义务的履行，使夫妻之间在物质生活和感情生活上出现了严重障碍，夫妻共同生活所必须具备的条件已经丧失。因此，赌博、吸毒等行为是严重危害婚姻幸福、家庭和谐的违法行为。配偶一方有赌博、吸毒等恶习，经多次教育而屡教不改者，另一方起诉离婚的，经调解无效，人民法院应当准予离婚。

实践中，并不是说一方有赌博、吸毒行为，另一方起诉就一定能离婚，而是前者要构成"屡教不改"的严重情节，法院才应当判离。既然是"屡教"，至少要教育了两三次，并且有证据证明是教育了两三次以上。对于赌博的认定相对也较为严格，一般朋友之间数额微小的以娱乐为目的的赌博，若情节轻微，没有给工作、生活带来严重影响，法院也不会轻易判离。

对于吸毒就相对严格，只要送到戒毒所两次以上仍无效，另一方起诉离婚的，并且由于一方吸毒给家庭造成重大负面影响的，一般法院都会准予另一方的离婚请求。

2. 司法实例分析

◆案例

花某（男）与陈某（女）1987年结婚。1997年，花某下岗后，开始从事出租汽车驾驶工作。受周围环境影响，自2002年始，花某痴迷于赌博，刚开始还只是"小赌怡情"，每注三元五元，但不到半年，花某在赌博的歧途上越走越远，每个月三四千块的工资，还抵不上其一次在赌场输的钱。为此，陈某和女儿（1989年出生，现年16岁，高二学生）多次痛心劝阻，居委会也多次出面调解，但均无效果。因无处借赌资，花某从2003年下半年开始，将家中财物变卖换取赌资，后来甚至发展到将女儿的学费拿去赌博。2004年春节期间，花某因聚众赌博被北京市某区公安局某警署抓获，后被拘留10天。花某获释后，

仅仅安分了不到一个月，又开始赌博，每天讨债的人都上门催要，甚至扬言赌债不还，要让花家出血。无奈之下，陈某于 2004 年 9 月份向北京市某区法院提起离婚诉讼。

【问题】

花某的行为是否构成赌博恶习屡教不改的情形？应否准予二人离婚？

【法理分析】

因一方赌博、吸毒等恶习屡教不改引起的离婚纠纷，应查明其具体事实和有不良恶习一方的一贯表现，如情节较轻的，可进行批评教育或由公安机关依《治安管理处罚条例》予以行政处罚，促其悔改。经教育或处罚后，当事人表示真诚悔改并有实际表现，而对方也能予以谅解的，应着重调解和好。这样可以给予当事人一次悔过自新的机会，挽救濒临破裂的家庭，对双方、家庭和社会都有利，在审判实践中也不鲜见。如果当事人情节严重，已经构成犯罪，或者屡教不改，一贯不履行家庭义务，对方对其改过自新已丧失信心，夫妻难以共同生活，确无和好可能的，经调解无效，对方又坚决要求离婚，应判决准予双方离婚。

本案中的花某沉迷赌博，不仅妻子多次劝阻，居委会也多次劝阻，但均无效果，因无处借赌资，花某居然将家中财物变卖换取赌资，后来甚至发展到将女儿的学费拿去赌博，被抓获拘留后仍不思悔改，重蹈覆辙，导致每天有人登门讨债。这已经构成屡教不改的情节，使家庭生活大受影响，夫妻生活难以继续，应该判决离婚。

【法院判决】

法院经审理后认为，花某因嗜赌引发夫妻矛盾，屡教不改导致夫妻感情破裂。故判令原、被告离婚，女儿归原告陈某抚养，被告每月支付 300 元抚养费，此案一审后，双方均无上诉。

（四）对因感情不和分居满二年的理解与应用

1. 对因感情不和分居满二年的理解

共同生活是夫妻双方的基本权利和义务，如果长期不在一起生活，夫妻关系就只是名分而已。因此，法律规定因感情不和分居满二年，法院应当准予离婚。但是要注意，必须是因为感情不和导致分居，并且满二年的时间，法院才予以判离。也就是说，构成此种法定判离理由的条件有三：

第一，夫妻分居。包括感情不和而导致的不在一处居住、不履行夫妻之间的权利义务、不过夫妻性生活。当然，以上事实要用证据证实，或对方承认。如果只有一方另行租房的租赁合同，或是夫妻同在一个屋檐下、一套房子住，实践中是不是分床不好说清，法院也不好认定为分居。

第二，分居的原因是感情不和。有些情况下，很难说清分居是不是因为感情不和。比如，当事人一方在国外，4 年未归，一方在国内，或者一方在上海，另一方在北京，不愿意离婚的一方完全可以说是因为工作的原因而不是感情问题导致分居的，这会给法院认定带来障碍。因此，必须收集其他相关证据使得法院确信感情不和的因素存在才可以判离。当然，在实践中，这是困难的。

第三，分居已满二年。从可以证实已经分居的时间开始算起，到起诉时已满二年，才可以构成法定判离的因素。1989 年 11 月，最高人民法院发布《关于人民法院审理离婚案件如何认定夫妻感情确已破裂的若干具体意见》第七条曾规定，夫妻分居满三年人民法院才可判离，现在《婚姻法》规定为两年，更体现了法律人性化的一面。

那么如何向法庭举证证明分居事实呢？仅凭口说分居，对方否认，法律就难以认定分居事实，必须提供确切的分居证据，比如：租房证明、证人证言、居委会证明、物业办证明。一般来说租房证明是比较好的证据形式，比如通过房屋中介公司签订的租房合同、收款收据等。原告提出上述分居的证据，被告一般也不再否认分居的事实，即使否认了，如果被告提供不了相反的证据，法律也会认定分居的事实，这会更容易达到原告离婚的目的。需要说明的是，因为感情不和分居二年仅是夫妻感情破裂的情形之一，在司法实践中，要审查婚姻基础、婚后感情、感情破裂原因等综合因素，绝不能生搬硬套法律条文，这一条件仅是必要条件之一，但未必是充分条件。

2. 司法实例分析

◆案例

欧某（男）与梅某（女）1993 年在江苏登记结婚。1995 年，欧某赴美留学，1996 年梅某也赴美陪读、留学。1999 年，欧某回国发展，但梅某未回国。2000 年，梅某加入美国国籍。双方于 1998 年育有一女，出生后也取得美国国籍，现在美国读书。2004 年，梅某向北京市某人民法院提起离婚诉讼。

原告梅某诉称：其与被告 1993 年登记结婚，随后双方均赴美留学。1999 年，欧某回国，双方开始分居。2002 年，梅某最后一次回国探亲后，再也没有回国看望过欧某，欧某自 1999 年回国后，再也没有赴美。现原告已决意在美国发展、生活，且已加入美国国籍，加之双方分居已满二年，故向被告所在地的北京市某区法院提起离婚诉讼，要求离婚，且女儿随原告生活。

被告欧某辩称：其与梅某自由恋爱，自愿结合。婚后，双方志趣相投，一起为到美国念书而共同努力。在双方的努力下，先是欧某取得美国某著名商学院的入学资格，后欧某在美国花旗银行做无担保贷款 5 万美金支付学费，并促成原告赴美陪读。在被告支持下，原告一边打工一边考学，最终被同校录取。后在原告支持下，被告回国发展，并非是由于感情不和而归国。现虽然原、被告二年未相见，但经常通过电子邮件往来交流感情，并非没有沟通。因此，被告认为夫妻感情没有破裂。现夫妻矛盾主要是二人不在一起生活、交流减少所致，现被告决心增多交流，甚至决心赴美与原告团聚，希望法院给予一次机会。

【问题】

欧某与梅某之间是否属于感情不和分居的情形？应否准予二人离婚？

【法理分析】

我国《婚姻法》第三十二条规定："有下列情形之一，调解无效的，应准予离婚……（四）因感情不和分居满二年的……"按照法律规定，夫妻因感情不和分居满二年，一般来说可以构成夫妻感情破裂的事实证明。这里的"分居"是指夫妻间不再共同生活，不再互相履行夫妻义务，包括停止性生活，经济上不再合作，生活上不再互相关心、互相扶助等。事实上具有分居二年的情形，说明夫妻关系已徒具形式，名存实亡。当事人以此事由诉请人民法院离婚的，如经调解无效，法院通常判决准予当事人离婚。但这里必须注意以下几点：（1）分居的原因是由于夫妻感情不和，而不是因工作、学习等原因导致的两地分居，以及因住房问题造成的夫妻不能同室而居，如果是因为工作或求学导致分居，就不是《婚姻法》上的分居，比如夫妻因为工作原因分居在不同城市，分居时间再长也不能算是因为夫妻感情不和而分居；（2）分居强调的是夫妻双方互不履行夫妻义务，而不是单方面的不履行家庭义务；（3）夫妻分居已满二年，但未造成夫妻感情确已破裂或经调解尚有和好可能的，则不能认为已具备准予离婚的条件。（4）夫妻分居与否、分居是否满二年，都不是当事人诉请离婚的必要条件。如果夫妻感情确已破裂，调解无效的，虽无分居事实或分居未满二年，也应依法准予离婚。

本案中的欧某与梅某分居两地虽然已满二年，但并非因感情不和而分居，而是因为双方的工作、学习不在一起而分居的，而且双方经常通过电子邮件往来交流感情，而非没有沟通。加之双方自由恋爱结婚，婚前基础不错，婚后感情也好，因此，夫妻感情并没有破裂，所以法院应该判决不准予离婚。

【法院判决】

北京市某区人民法院经审理认为，原、被告自由恋爱，婚后又双双取得赴美国读书机会。在美期间，育有一女。双方现在的主要矛盾，是由于工作原因长期两地生活、沟通交流减少而致，并非由于感情不和而分居。夫妻之间应互谅互爱，相互理解，加强交流。故判决驳回原告诉讼请求，50 元诉讼费用由原告承担。此案一审判决后，双方均未上诉。①

（五）对其他导致夫妻感情破裂的情形的理解与应用

1. 对其他导致夫妻感情破裂情形的理解

这是一个布袋条款，给予了法官自由裁量的权力。法官可以根据自己的内心确信，针对法律没有规定的情节判决是否离婚。一般而言，其他导致夫妻感情破裂的情况主要有以下几种：

（1）一方当事人有性犯罪行为，另一方当事人要求离婚的。

（2）有证据证明一方当事人有频繁婚外性行为，给另一方当事人造成重大的心灵伤害，另一方当事人起诉要求离婚的；当然，这种婚外性行为，不但要求有身体的背叛，还一般要求有心理的背叛。

（3）一方当事人道德品质极端败坏。

（4）根据《婚姻法司法解释（三）》第九条的规定：夫以妻擅自中止妊娠侵犯其生育权为由请求损害赔偿的，人民法院不予支持；夫妻双方因是否生育发生纠纷，致使感情确已破裂，一方请求离婚的，人民法院经调解无效，应依照婚姻法第三十二条第三款第（五）项的规定处理。

---

① 贾明军．婚姻家庭纠纷案例律师业务．北京：法律出版社，2008.192.

2. 司法实例分析

◆ 案例

妻子偷偷流产，丈夫怒告侵犯生育权索赔并主张离婚①

结婚 5 年，衡阳 31 岁的女白领李芬芬（化名）怀孕时正赶上了升迁的机会，她选择了悄悄流产。而李芬芬这个决定，对身为家中独子的 34 岁丈夫刘刚（化名）来说，无疑是个"重磅炸弹"。作为一个"准父亲"，他将妻子告上法庭，要求和妻子离婚，并赔偿精神损失。"孩子是两人的，你凭什么背着我就将我们的孩子打掉！"10 月 14 日，法庭上，面对被告席上的妻子，刘刚显得怒不可遏。刘刚说和妻子李芬芬结婚 5 年，婚后感情一直不错，唯一的遗憾就是没有孩子。让刘刚一家人兴奋不已的是，妻子李芬芬在几个月前竟然怀上了，中年得子的刘刚可高兴坏了。夫妻感情原本不错，怀孕后刘刚更是对妻子有求必应，甚至已迫不及待地跑去商场给未出生的孩子挑选衣服。然而，就在一家人为即将到来的孩子欢呼之时，妻子李芬芬给大伙丢了一个"炸弹"，说她正在竞选行政主管一职，想把孩子拿掉，以后再生。正在高兴劲头上的刘刚万万没有想到妻子会说出这样的话，他当场拒绝了妻子的要求："老婆，你工作压力那么大，要不你先辞职，我们先生完孩子再说，你不工作我也养你和孩子。"对于丈夫这样的建议，妻子李芬芬没有接受，这一次两人不欢而散。而刘刚以为妻子可能只是说说就算了，没想到两天后妻子突然跟他说，孩子没了。原来，妻子背着刘刚去医院做了人流，这下可彻底把刘刚激怒了！愤怒的刘刚将妻子李芬芬告上了法庭要求离婚并索要精神损失费。法庭上，面对丈夫刘刚的诘难，李芬芬为自己直叫屈，"我今年正在准备竞争单位行政主管一职，这么好的职位对我来说，是可遇不可求。孩子以后可以再生，但机会错过一次就再没了"。法庭上，李芬芬一再强调职位对自己的重要性，但丈夫不理解她。"发现自己已怀有身孕，我向他提出过暂时不要这个小孩，但他坚决反对，我没办法才悄悄地将孩子打掉。"李芬芬的话音刚落，就引来了丈夫刘刚的反驳，"我 30 多岁了，得知自己要当爸爸的心情是怎么样的你知道吗，我父母年纪也大了，他们的心情你难道不能体会？你怀孕后我们家人怎么待你的？连宝宝的衣服都买好了"。刘刚认为妻子的行为严重伤害了夫妻感情，侵犯了他的生育权，在协商未果的情况下向法院提出离婚诉讼，并要求对方赔偿精神损害抚慰金 30 000 元。

【问题】

妻子悄悄地流产，是否侵犯了丈夫的生育权呢？丈夫起诉要求以侵犯生育权为由向妻子主张赔偿能否获得支持？应否判决双方离婚？

【法理分析】

《婚姻法司法解释（三）》第九条规定：夫以妻擅自中止妊娠侵犯其生育权为由请求损害赔偿的，人民法院不予支持；夫妻双方因是否生育发生纠纷，致使感情确已破裂，一方请求离婚的，人民法院经调解无效，应依照婚姻法第三十二条第三款第（五）项的规定处理。

---

① 王智芳，李小兵，杨章程，夏雪，眭文丽. 妻子偷偷流产，丈夫怒告侵犯生育权索赔并主张离婚. 华声在线，2011 - 10 - 18.

所谓生育权，一般是指具有婚姻关系的男女双方依法享有的共同生育子女的权利。我国法律对生育权未作明确规定。《婚姻法司法解释（三）》这样规定，一方面承认了生育权是夫妻双方共同享有，生育权的实现必须由双方协商一致才能够实现。另一方面也表明，在生育的过程中，女性承担着和男性不同的责任，女性从怀孕到生产期间，胎儿和她的身体是容易受损的，这个过程中她要承担着生育的风险及由此带来的生命的损害。所以对于女性自身决定中止妊娠这样一种行为，实际上是她保护自己身体生命健康权的举措，在法律上对这样的行为要予以特别的保护。

此外，条文中还规定，"夫妻双方因生育问题发生纠纷，致使夫妻感情破裂，一方请求离婚经调解无效的，人民法院应准予离婚"。这意味着，生育问题可以成为离婚的理由，当丈夫的生育权不能实现时，是可以以此来作为离婚的理由的。

本案中，被告一直强调行政主管职位对其事业发展相当重要，强调现代女性要有独立的人格权，要有事业，不能为了生育而回归家庭。其实，《婚姻法司法解释（三）》实际确认了"中止妊娠"是妻子的权利，生不生小孩是由女方说了算。但同时也为男方提供了一个救济条款，即男方有生育愿望，女方不同意而产生重大分歧时，可请求法院判决离婚。虽然说，法律保护女性公民，但女性公民在行使自己权利的同时，也应照顾到丈夫和其他家人的感受，不要轻率地作出决定。

刘刚以李芬芬擅自中止妊娠为由，认为妻子侵犯了自己的生育权主张赔偿不能获得支持。但他要求和妻子离婚，调解和好无效，应当判决准予离婚。

【法院判决】

最后，法院在多次调解无效的情况下依法判决双方离婚。但对刘刚以妻子李芬芬擅自中止妊娠侵犯其生育权为由要求损害赔偿的诉求，法院不予支持。该案宣判后，双方当事人均服判未上诉。

第三节　对法律规定可以判离情形的理解与应用

一、对法律规定可以判离情形的理解与应用

（一）对法律规定可以判离情形的理解

哪些情况下，法院可以判决离婚？1989年11月，最高人民法院发布了《关于人民法院审理离婚案件如何认定夫妻感情确已破裂的若干具体意见》（以下简称《意见》），该意见虽然已发布20多年，且是在2001年《婚姻法》修订前发布的，但由于其条款并未与修订后的《婚姻法》有实质冲突，故在实践中仍作为法院审理离婚案件的法律依据。

根据《意见》，人民法院审理离婚案件，准予或不准离婚应以夫妻感情是否确已破裂作为区分的界限。判断夫妻感情是否确已破裂，应当从婚姻基础、婚后感情、离婚原因、夫妻关系的现状及有无和好的可能等方面综合分析。

根据《婚姻法》的有关规定和审判实践经验，该意见规定，凡属下列情形之一的，视

为夫妻感情确已破裂。一方坚决要求离婚，经调解无效，可依法判决准予离婚。

（1）一方患有法定禁止结婚疾病的，或一方有生理缺陷，或其他原因不能发生性行为，且难以治愈的。一般对于生理缺陷、不能发生性行为的，法院在处理时，会考虑女方在婚前是否知晓，甚至男方是否知晓。即使女方不知晓，但若女方没有证据证明男方是故意隐瞒的，法院一般在女方第一次起诉离婚的判离问题上，也相当慎重。

（2）婚前缺乏了解，草率结婚，婚后未建立起夫妻感情，难以共同生活的。本条所称的情形，一般是指男女双方恋爱时间较短就匆匆结婚，并且，提出离婚的时间距离结婚的时间较短的。若双方虽然恋爱时间较短，但婚后已有数年，法院一般不会轻易根据此条判决离婚。

（3）婚前隐瞒了精神病，婚后久治不愈，或者婚前知道对方患有精神病而与其结婚，或一方在夫妻共同生活期间患精神病，久治不愈的。注意本条与《婚姻法》第十条第三款规定的"婚前患有医学上认为不应当结婚的疾病，婚后尚未治愈的"的区别和联系。本条所指的精神病的种类和严重程度，并非医学上认为不应当结婚的疾病，否则，构成婚姻无效，这与可以判决离婚是两个截然不同的概念。

（4）一方欺骗对方，或者在结婚登记时弄虚作假，骗取结婚证的。

（5）双方办理结婚登记后，未同居生活，无和好可能的。当事人结婚后，没有同居生活，是指双方没有以共同生活为目的共同居住，以及经济上没有相互扶助的行为。

（6）包办、买卖婚姻，婚后一方随即提出离婚，或者虽共同生活多年，但确未建立起夫妻感情的。

（7）因感情不和分居已满3年，确无和好可能的，或者经人民法院判决不准离婚后又分居满1年，互不履行夫妻义务的。在理解此条款时，《婚姻法》第三十二条第四款已明确因感情不和分居满二年法院应予以判离，因此，该条款关于3年的情形与《婚姻法》第三十二条规定的冲突，自然以《婚姻法》的规定为准。另外，经人民法院判决不准离婚后又分居满1年，目前仍是法院针对原告再次起诉，判决离婚时通常适用的判决条款。

（8）一方与他人通奸、非法同居，经教育仍无悔改表现，无过错一方起诉离婚，或者过错方起诉离婚，对方不同意离婚，经批评教育、处分，或在人民法院判决不准离婚后，过错方又起诉离婚，确无和好可能的。此条中，"一方与他人通奸"重在证据的收集，若无证据证明"通奸"事实的存在，法院恐难根据该条款判决离婚。另外，根据《婚姻法》第三十二条的规定，同居已是法院法定判离的理由，因此，一方与他人"非法同居"的情形若存在，并非是法院"可以"判离的情形，而是必须判离的情形。

（9）一方重婚，对方提出离婚的。此条为《婚姻法》第三十二条的法定判离的条件。

（10）一方好逸恶劳、有赌博等恶习，不履行家庭义务，屡教不改，夫妻难以共同生活的。"吸毒、赌博恶习"为法定判离的情形，而"好逸恶劳、不履行家庭义务"屡教不改，仍是法定"可以"判离的情形。

（11）一方被依法判处长期徒刑，或其违法、犯罪行为严重伤害夫妻感情的。长期徒刑，一般是指判处无期、8年以上有期徒刑的情形。犯罪行为严重伤害夫妻感情的情形，一般是指暴力的性犯罪或伤害配偶亲属的暴力犯罪的情形。

（12）一方下落不明满2年，对方起诉离婚，经公告查找确无下落的。此条的含义，并非是一方只有下落不明满2年，对方才可以提起离婚诉讼。实践中，即使一方下落不明不满2年，另一方也可以向其住所地的人民法院起诉，由法院进行送达公告，之后，再根据具体案情，作出是否判离的判决。

（13）受对方的虐待、遗弃，或者受对方亲属虐待，或虐待对方亲属，虐待方经教育不改，另一方不谅解的。

（14）因其他原因导致夫妻感情确已破裂的。

（二）法律规定可以判离情形的应用

◆案例

婚后三年，丈夫了解到妻子婚前曾患精神疾病，他认为自己被欺骗，将妻子起诉至法院，要求离婚。

2007年年初，家住辽阳市的李桐（化名）经别人介绍，认识了女子吕欣（化名），双方交往后很快确立了恋爱关系。在两人交往过程中，李桐曾经陪同吕欣去过几次医院，每次去的时候，李桐都是在外等候，他并不知道吕欣患有什么疾病。

他曾为此询问过吕欣，吕欣告诉他，自己只是得了一般的病。而吕欣在恋爱期间的表现也比较正常，李桐并没有多想。

经过近一年的恋爱，2007年年底两人登记结婚。一年后又有了孩子。双方在共同生活中，经常因为一些琐事而出现吵架的情况。李桐发现吕欣的行为越来越古怪，这让他感到有些奇怪，经过对吕欣的暗中了解后，他得知原来在两人婚前，吕欣曾经患过精神疾病而住院治疗，但她的病并没有痊愈。

李桐认为对方故意隐瞒了这种情况，而且现在双方已经无法正常生活，为此他将妻子起诉至辽阳市某区人民法院，要求离婚。

【问题】

丈夫的要求能否得到支持？

【法理分析】

正常情况下，患精神病的一方在治疗期间是不允许结婚的。如果病情治愈后，可以结婚。而婚后患病一方旧病复发，影响了双方正常生活，另一方则有权到法院申请离婚。1989年11月，最高人民法院发布了《意见》，《意见》第三条规定"婚前隐瞒了精神病，婚后经治不愈，或者婚前知道对方患有精神病而与其结婚，或一方在夫妻共同生活期间患精神病，久治不愈的"，因此而导致夫妻感情破裂的，一方坚决要求离婚，经调解无效，可依法判决准予离婚。本案中的女方婚前对男方隐瞒了患精神病的情况，婚后仍然未治愈，符合本意见的规定，现在男方起诉主张离婚，法院应当调解，调解无效的，可以判决离婚。

【法院判决】

面对法院的调解，吕欣承认自己曾患有精神疾病。法院经审理查明，吕欣的病情并没有痊愈，已导致夫妻感情破裂。近日，经过法院的几次调解，双方达成协议离婚。

◆**案例**

男方不能发生性行为，女方要求离婚案

小赵（女）与小王（男）于2004年5月登记结婚，当月18日办理了结婚酒席。同年10月9日，小赵向北京市某区人民法院提起离婚诉讼。

原告诉称：其与被告于2003年经人介绍相识，后于2004年5月登记结婚。虽然结了婚，但由于没有办酒席，双方并未同房。2004年5月18日双方办理酒席后首日同房，小王并未与小赵发生男女性事，小赵想可能是婚礼太累的原因，故没有过于在意。但随后的一周，小王却仍不与小赵进行夫妻生活，小赵便将此事告诉了自己的母亲。原告母亲得知此事后，即与被告小王的父母联系，小王父母感觉事情重大，遂带小王到北京市某医院就诊，经诊断为包皮过长，但手术后，小王症状并无改善，还是不能进行性行为。后又去多家医院就诊，结论为未能同房有多种原因，服用药物可以治疗，但经过一段时间的诊断，均无效果。原告认为，被告故意隐瞒其生理缺陷的事实不但给原告造成精神上的痛苦，而且被告及其母不但不体恤理解，反而对原告横加指责，言辞难听之极，让原告羞于言表，造成双方矛盾加剧恶化。现原、被告已无夫妻感情可言，故起诉到法院要求离婚。

被告辩称：夫妻同房不成功主要是被告心理紧张、原告没有配合所致。医院也认为被告性功能障碍不能成立。希望原告能给予时间，让被告积极调理身心，双方共同努力。

【问题】

对于原告的请求，法院是否应该判决准予离婚？

【法理分析】

我国1950年规定"有生理缺陷不能发生性行为者"禁止结婚。1980年《婚姻法》对这一条没有明确规定，只在《婚姻法》第六条关于结婚禁止条件中规定"患麻风病未经治愈或患其他在医学上认为不应当结婚的疾病"，这主要指接触性的恶性传染病和丧失行为能力的精神病患者，至于有生理缺陷，不能发生性行为的人是否禁止结婚，看法不一。一种意见认为，婚姻成立是以两性生理差别为其自然条件，如果一方不能发生性行为，难以建立夫妻感情，主张禁止这一类人结婚；另一种意见认为，夫妻间生活内容是多方面的，性生活仅是其中一部分，一方自愿与有生理缺陷不能发生性行为的人结成夫妻，在生活中互相扶养照顾，行使其他权利义务，于双方和社会并无害处。从我国新《婚姻法》的立法原意看，是采纳了第二种意见，新的《婚姻法》没有禁止有生理缺陷的人结婚，如果婚前一方明知对方有生理缺陷，自愿与之结婚，婚姻法也予以保护。然而，夫妻生活是多方面的，性生活也是其中的一部分。性生活可以更好地调解和增进夫妻之间的感情，这对于夫妻任何一方都是非常有必要的。如果夫妻任何一方有生理缺陷不能进行正常的夫妻性生活，则达不到夫妻生活的基本要求。

根据最高人民法院公布的《意见》第一条规定："一方患有法定禁止结婚疾病的，或一方有生理缺陷，或其他原因不能发生性行为，且难以治愈的，一方坚决要求离婚，经调解无效，可依法判决准予离婚。"上例中，小赵若向法院提起，是合理合法的。法院受理后，在查证属实的基础上，应该作出准予离婚的判决。

【法院判决】

法院经审理后认为，原、被告共同生活已经半年多，虽经多方治疗，男方仍然不能发生性行为，符合最高人民法院公布的《意见》第一条规定。据此，支持了原告的离婚主张，判决准予双方离婚。

二、司法实践中法院对于夫妻感情状态的认定

（一）法院对于如何认定"夫妻感情确已破裂"的掌握规则

司法实践中，法官审理离婚案件都会遵循这样的规则，就是在没有法律明确规定应当或可以判决离婚的前提下，在被告坚决不同意离婚的情况下，法院一般不会认定夫妻感情确已破裂，自然不会准予离婚，这就是目前法院在是否判离上的基本规则。

以上规则的法律依据是《婚姻法》第三十二条的规定。应该说，还是有其积极意义的。

一般来讲，对于以下几种情况，即使当事人第二次起诉，法院也会慎重考虑是否判离：

（1）军婚。军婚受到保护，这是新中国成立之前就形成的原则，现在依然规定在现行法律之中。对于军婚，如果没有法定判离的情节，军人一方又坚决不肯离婚，即使是第二次起诉，法院判离的可能性也不大。

（2）当事人住房困难的。若当事人离婚后住房没有着落，考虑到当事人的实际生活问题，法院也会格外慎重。

（3）老年人离婚的。老年人离婚，涉的法律和实际问题较多。一般老年人，特别是60岁以上的老年人离婚案件中，一方或双方往往已退休在家，也没有能力再购房，离异后，很难再婚。对于老年人离婚的，若另一方坚决不同意离婚，法院判决也会相对慎重。

（4）一方当事人有特殊生活困难的。比如，一方有工作能力，收入较高；另一方没有工作能力，或没有基本的收入能力，但为家庭作出了较大贡献，一旦离婚，另一方没有收入来源，这种情况下，即使一方第二次起诉离婚，法院还是会以调解为主，慎重判离。

（5）一方当事人情绪激动，易做出极端行为的。比如，以自杀、无理上访、投诉等方式给法官和对方当事人施加压力的，法院一般还是要酌情考虑这一因素的。

（二）法院在衡量"感情是否确已破裂"时考虑的因素

（1）看事实。如果案件本身就存在法定的离婚情形，法院一般会按照法律规定，在调解无效的情形下，判决离婚。如果案件本身不存在法定的离婚情形，法院一般不会轻易判离。

（2）看态度。如果当事人对于离婚犹豫不决，一再反复，考虑再三，法院一般会给予当事人一次机会，让当事人再有几个月的时间充分考虑是否解除婚姻关系。

（3）看法律。若当事人的情形不符合法定判离的条件，如果被告坚决不离，法院一般就不判离婚。一般情况下，当事人不具备法定判离的条件，法院一般很难判离，哪怕另一方很明显是在故意拖延时间，给对方施加压力。因此，另一方即使内心想离婚，但是出于某种目的，在庭审时只要坚决反对离婚，一般法院调解不成，是很难判离的。

实践中，有很多案例，法官也明知当事人之间的婚姻关系已不可能再继续，但苦于证据不足，不会轻易判离。之所以讲"不轻易"，是因为基于目前的离婚审判模式之下，法

院的判决已形成一个固定的程式。比如，在不符合法定判离条件的情况下，原告的第一次诉讼，法院审理后基本上是判决不离。如果一个法官出于自己的判断，认为虽然没有法定判决离婚的情形，但就案件具体情况而言双方已不可能和好，遂即判决离婚，就会面临一方当事人上诉发回重审或改判的可能。而法官承办的上诉案件多少，在某些地方往往会影响法官业绩，并且面临二审改判或发回的可能，因此，对于没有足够证据证明有法定判离条件的案件，如果法官是基于自己的内心判断而判决离婚，可能会面临比判决不离更大的风险，因此，从法官的角度，判不离比判离的麻烦少得多，因此对于当事人第一次诉讼离婚的请求，一般不会予以支持。造成这种局面，主要在于两个方面的原因：一是由于几千年"宁拆一座庙，不破一门亲"的观念，以及婚姻维系社会稳定的认识，长期对法院的影响所致。二是我国审判模式是"依法"办案，而不是"依判例"、"依内心确信"判案。既然"以法律为准绳"，在审判实践操作中，自然形式会显得比较生硬，不够灵活，甚至不近人情。[①]

第四节　离婚时几个特殊问题的处理

一、对军婚的特殊保护

（一）保护军婚的历史沿革和意义

1. 历史沿革

在我国，通过法律途径保护军婚的做法由来已久。保护军婚是中国共产党人的革命传统。早在 1931 年制定的《中国工农红军优待条例》和 1943 年公布的《修正淮海区抗日军人配偶及婚约保障条例》中就有保护军婚的规定。新中国成立后，从 1949 年到 1978 年，党中央、国务院（政务院）、最高人民法院、最高人民检察院、司法部就颁布了有关保护军婚的文件、法规以及批复函，达 100 余件，使惩治破坏军婚行为做到了有法可依、有章可循。1980 年通过了我国第二部《婚姻法》，首次在婚姻法中专条规定对军婚给予法律保护。

现行法律对军婚的特殊保护，主要体现在《国防法》、《刑法》、《婚姻法》和有关刑事诉讼、民事诉讼的司法解释等规定当中。1997 年公布的《国防法》第五十九条规定："国家采取有效措施保护现役军人的荣誉、人格尊严，对现役军人的婚姻实行特别保护。"《刑法》规定："明知是现役军人的配偶而与之同居或者结婚的，处三年以下有期徒刑或拘役，利用职权、从属关系，以胁迫手段奸淫现役军人妻子的，依照本法第二百三十六条的规定定罪处罚。"《婚姻法》第三十三条规定："现役军人的配偶要求离婚，须得军人同意，但军人一方有重大过错的除外。"诉讼法对军婚的程序保护并未见于《刑事诉讼法》和《民事诉讼法》的具体条文之中，而是体现在公安部的有关办案程序的规定和最高人民

---

① 常全根．"夫妻感情确已破裂"法定判离的情形．http：//blog.sina.com.cn/s/blog_ 4b823bc10100v1h4.html.

法院的相关司法解释中。

2. 保护军婚的意义

人民军队肩负着保护国家安全、保卫国家建设的神圣职责。对军婚实行特别保护，体现了国家对军人婚姻权益的高度重视，增强了军人献身部队、建功立业的自豪感和责任感，同时也激励着军人配偶理解和支持军人安心服役、多作贡献。对军婚实行特别保护，同时也符合国家和人民的根本利益。

（二）司法实践中适用《婚姻法》保护军婚时需要正确理解的几个问题

《婚姻法》第三十三条规定："现役军人的配偶要求离婚，须得军人同意，但军人一方有重大过错的除外。"在司法实践中，适用该条规定应正确理解以下四个问题：

（1）现役军人的范围。现役军人，是指在中国人民解放军和中国人民武装警察部队服现役的军官、武警警官、文职干部、士兵和有军籍的学员，不包括未取得军籍的军队在编职工和军队聘用的非现役文职人员，也不包括预备役军人和在地方大学就读的国防生，退役、复员和转业人员也不属于现役军人的范围。另外，正在服刑或劳动教养的军人不享受现役军人的待遇。

（2）对"现役军人的配偶提出离婚"的理解。现役军人配偶，指与现役军人有婚姻关系者，不包括仅与现役军人有婚约关系者。现役军人配偶一般指现役军人的非军人配偶。现役军人的配偶提出离婚，仅适用于非军人一方提出离婚，如果双方都是现役军人，或者现役军人一方向非军人一方提出离婚，则不适用保护军婚的规定。

（3）对"须得军人同意"的理解。现役军人配偶提出离婚后，现役军人不同意的，人民法院应与有关部门配合，对军人配偶进行说服教育工作，劝其珍惜军属的荣誉，教育双方积极改善夫妻关系，判决不准离婚。但"须得军人同意"不是绝对的，如果军人一方有重大过错的，照样可以判决离婚。

（4）何谓"重大过错"？2001年最高人民法院《婚姻法司法解释（一）》第二十三条规定："婚姻法第三十三条所称的'军人一方有重大过错'，可以依据婚姻法第三十二条第三款前3项规定及军人有其他重大过错导致夫妻感情破裂的情形予以判断。"按照《婚姻法》第三十二条第三款前3项的规定，军人的"重大过错"是指下列行为：①重婚或有配偶者与他人同居的；②实施家庭暴力或虐待、遗弃家庭成员的；③有赌博、吸毒等恶习屡教不改的。当军人有上述行为之一时，就会失去"军人的同意权"，并且要承担相应的法律后果：一是受理案件的法院在调解无效的情况下，可以判决准予离婚，不需要征得军人明确同意；二是根据现行《婚姻法》第四十六条的规定，军人一方必须承担过错赔偿责任，赔偿的范围既包括财产损害赔偿，也包括精神损害赔偿；三是当军人一方的重大过错超过民事责任范围而触犯刑法时，还要被依法追究重婚罪、虐待罪、遗弃罪以及赌博罪等刑事责任。①

---

① 陈剑峰. 婚姻法对军婚有何特殊保护. http：//www. bokee. net/newcirclemodule/article_ viewEntry. do？id = 2863367&circleId = 135616.

二、对女性的特殊保护

《婚姻法》第三十四条规定：女方在怀孕期间、分娩后一年内或中止妊娠后六个月内，男方不得提出离婚。女方提出离婚的，或人民法院认为确有必要受理男方离婚请求的，不在此限。可见，我国婚姻法通过离婚诉讼中对男方离婚诉权在一定的时期内予以限制的方法，保护妇女、胎儿及婴儿利益。在理解这一规定时需要注意以下几点：

（1）这一规定只是在一定时期剥夺男方提出离婚请求的权利，即仅在女方怀孕期间、分娩后1年以内或终止妊娠后6个月内。上述期限满后，男方仍可依法行使其离婚请求权。

（2）仅在离婚诉讼中男方提出离婚时发挥作用，所以男女双方自愿离婚、女方提出离婚，则不受这一规定的限制。一般女方在此期间提出离婚，多出于某些特别紧迫的原因，如果法院不及时受理女方的离婚请求，更不利于妇女、胎儿及婴儿的身心健康。

（3）在"确有必要"时，人民法院有权决定受理男方的离婚请求。所谓"确有必要"在司法实践中一般被理解为：男方有正当理由、女方有重大过错的情况下或有重大的紧迫事由时。如女方与他人通奸怀孕，男方坚持要求离婚。但即使如此，法院在处理案件时，也应注意保护妇女、胎儿和婴儿的身心健康。

三、离婚诉讼中，一方死亡的财产处理

◆**案例**

甲婚后经常被其丈夫乙打骂，向某区人民法院提起离婚诉讼，该区人民法院审理后认为双方感情确已破裂，判决准予离婚，并对共有财产进行了分割。甲认为区人民法院对财产的处理不公平，于是向中级人民法院提起上诉。在二审审理期间，乙因意外事故死亡，二审法院遂裁定终结诉讼。

【**问题**】

共同财产如何处理？

【**法理分析**】

出现这种情况，首先法院应该终结离婚案件诉讼程序。因为按照《中华人民共和国民事诉讼法》第一百三十七条的规定，离婚案件一方当事人死亡的，终结诉讼。

其次，共同财产按照法定继承进行分割。另外《婚姻法司法解释（二）》第二十六条规定：夫或妻一方死亡的，生存一方应当对婚姻关系存续期间的共同债务承担连带清偿责任。

第七章　离婚相关问题处理的法律实务

第一节　离婚后父母与子女关系的法律实务

当前，离婚问题是社会的一个热门话题，法院受理的离婚案件数一直呈上升趋势，在离婚上对子女的抚养权问题也存在着越来越大的争议，双方都争着要小孩，更有甚者一方在争小孩的抚养权时，不要求对方支付抚养费，但要求对方跟小孩断绝关系。笔者认为，现在离婚当事人双方争夺小孩的抚养权，一方面原因是现在国家的计划生育政策一般只允许生育一个子女，在大多数独生子女家庭，父母都希望抚养小孩；还有一方面原因是当事人对离婚子女抚养的法律问题缺乏认识。故此，本节将重点探讨离婚后子女抚养的法律问题。

一、父母离婚后父母与子女的关系

我国《婚姻法》第三十六条第一款规定："父母与子女间的关系，不因父母离婚而消除。离婚后，子女无论由父或母直接抚养，仍是父母双方的子女。"这是离婚后处理子女抚养问题的基本原则，也就是说子女与父母的关系不因父母离婚而受影响。这是从广泛的概念讲，在实践中，子女与父母的关系包括婚生子女、收养子女和继子女与父母的关系，对不同的关系，处理是有所区别的，具体如下：

（1）父母与婚生子女的关系，不会因父母离婚而消灭，因为他们间的关系是基于子女的出生而形成的自然血亲关系。这血缘是改变不了的，不能通过法律程序来加以解除，更不能因人的意志而改变。离婚只能解除双方的夫妻关系，不能解除父母与子女的关系。在父母离婚以后，无论子女随父或随母生活，仍是父母双方的子女，而且与父母之间的权利义务关系，在父母离婚前后也不会变化，是一致的。

（2）养父母与子女的关系，也不会因为养父母的离婚而消灭。《婚姻法》第二十六条第一款规定："国家保护合法的收养关系。养父母和养子女间的权利和义务，适用本法对父母子女关系的有关规定。"也就是说养子女在养父母离婚后，仍是养父母的子女，他们之间的权利和义务不会因为养父母离婚而改变，除非有变更收养关系的事实存在。

（3）继父母与继子女的关系，在继父母离婚后，相对前两种比较复杂。首先，如果继父母与继子女间未形成抚养关系的，则在继父母离婚以后关系消灭；其次，如果继父母与继子女已形成抚养关系的，有以下几种情况：对于未成年的继子女与继父母的关系，可因继父母离婚而消灭；对于继子女由继父母抚养成年的，他们的关系不因继父母离婚而消灭；生父与继母或生母与继父离婚时，对曾受其抚养的继子女，继母或继父不同意继续抚养的，仍应由生父或生母抚养。

二、离婚后子女抚养权归属的确定与处理

在父母离婚以后，子女随何方生活，直接关系到子女的利益，在离婚案件中，这点最容易引发当事人双方的争执。在处理子女的抚养问题时，应该从子女最大利益原则的角度出发，找到最有利的解决方法。

(一) 父母双方达成协议的处理

在离婚案件中，如果父母双方就子女的抚养问题达成协议的，一般会尊重当事人的意见，按其协议处理，但协议由父方或母方抚养子女而该方对子女的正常生活有严重不利的除外。如果双方协议轮流抚养子女的，也应尊重双方协议。

(二) 父母未达成协议的处理

（1）不满两周岁（哺乳期内）子女的处理。不满两周岁的子女以随母方生活为原则，有下列特殊情形的，可以随父：①哺乳的母亲患传染病或其他不宜共同生活疾病的；②母亲有抚养条件不尽抚养义务，而父亲要求子女随其生活的；③因其他原因，子女确无法随母亲生活的。

（2）子女在两周岁以上不满十周岁的处理。对两周岁以上未满十周岁的未成年的子女，父方和母方均要求随其生活，一方有下列情形之一的，可予优先考虑：①已做绝育手术或因其他原因丧失生育能力的；②子女随其生活时间较长，改变生活环境对子女健康成长明显不利的；③无其他子女，而另一方有其他子女的；④子女随其生活，对子女成长有利，而另一方患有久治不愈的传染性疾病或其他严重疾病，或者有其他不利于子女身心健康的情形，不宜与子女共同生活的。

（3）子女在十周岁以上的处理。对未成年子女满十周岁的，父母双方对抚养权发生争执时，一般考虑该子女的意见。满十周岁的未成年子女，属于限制民事行为能力人，具有一定的辨别是非的能力，所以在离婚案件中，处理子女随谁生活的问题上，应考虑到子女的个人意愿。但这并不是说十周岁以上未成年子女可以随意选择跟谁生活，法院一般在父方母方同争抚养权，且双方都具有抚养子女的条件时，才考虑子女个人的意见。对于成年的子女随哪方生活的问题，则会更多地考虑子女的意见。

（4）子女单独随祖父母或外祖父母共同生活多年的处理。父方与母方抚养子女的条件基本相同，双方均要求子女与其共同生活，但子女单独随祖父母或外祖父母共同生活多年，且祖父母或外祖父母要求并有能力帮助子女照顾孙子女或外孙子女的，可作为子女随父或母生活的优先条件予以考虑。

(三) 离婚后子女抚养关系的变更

子女抚养关系确定后，如果父母的抚养条件发生了重大变化，或者子女要求变更抚养

归属的，可由双方协议变更抚养关系；协议不成的，一般根据子女利益和双方的具体情况处理。一般而言，一方要求变更子女抚养关系并有下列情况之一的，应予以支持：①与子女共同生活的一方因患严重疾病或因伤残无力继续抚养子女的；②与子女共同生活的一方不尽抚养义务或有虐待子女行为的；③十周岁以上未成年子女愿随另一方生活，该方又有抚养能力的；④有其他正当理由要求变更的。

（四）子女抚养费的确定及支付

（1）享有受抚养权子女的范围：①未成年子女；②成年子女但无生活能力者。

（2）子女抚养费的范围和负担原则：以满足子女生活、教育需要和父母双方负担能力为原则。

（3）子女抚养费数额确定标准：子女的抚养费包括生活费、教育费和医疗费，根据最高人民法院的意见，对于有固定收入的，抚养费一般可按其月总收入的20%～30%的比例给付。负担两个以上子女抚养费的，比例可适当提高，但一般不得超过月总收入的50%。无固定收入的，抚养费的数额可依据当年总收入或同行业平均收入，参照上述比例确定。在实践中，除了参照工资收入比例的标准外，还要参考孩子的实际需要以及当地的实际生活水平，并不是纯粹地依照工资收入比例来认定数额。

（4）抚养费的给付方式。离婚后，不直接抚养子女一方应向直接抚养子女一方支付抚养费。抚养费的给付方式一般有两种：按月给付和一次性给付。按月给付主要是考虑到父母的收入一般是按月结算的，所以按月给付抚养费比较方便，而且按照生活周期给付有利于保障子女正常的生活。一次性给付是在非抚养方的收入不稳定或居住地不固定，可能长期拖欠抚养费的情况下采用的一种支付方法。是否采用一次性的支付方式，也是要看对方的实际支付能力及态度。一般来讲，如果对方不接受一次性支付的，是不会判令其一次性支付的。当然，离婚双方可以根据实际情况协商决定抚养费给付方式，可以选择除上述两种方式以外的其他方式给付抚养费，如按年、季度给付，或按收入情况给付等。

（5）抚养费的给付期限。一般情况下，抚养费的给付期限至子女满十八周岁止；超出十八周岁的，父母没有法定抚养义务。例外情况下，父母可以延长或缩短给付期限。延长抚养费给付期间的情况包括：子女虽然已经成年但仍不能独立生活的情况，如丧失劳动能力或虽未完全丧失劳动能力，但其收入不足以维持生活的；尚在校就读的；确无独立生活能力和条件的。缩短抚养费给付期间的情况是指，十六周岁以上不满十八周岁的未成年子女，以其劳动收入为主要生活来源，并能维持当地一般生活水平的，父母可停止给付抚养费。

（6）抚养费数额的变更。决定抚养费数额的客观因素可能会随时间的推移而发生变化，所以，原定抚养费数额不足以维持子女生活时，法律允许双方协议变更抚养费数额。就变更抚养费数额不能达成协议的，子女可以提起变更抚养费数额之诉。子女要求增加抚养费有下列情形之一，父或母有给付能力的，应予支持：①原定抚养费数额不足以维持当地实际生活水平的；②因子女患病、上学，实际需要已超过原定数额的；③有其他正当理由应当增加的。如果离婚后直接抚养孩子一方收入没有明显增加，而对方收入增加较多，抚养孩子一方追加抚养费的要求在孩子的实际需要没有增加情况下，法院一般是不会支持的。

三、离婚后父母一方对子女的探望权

探望权又称探望权或父母与子女的交往权,是指离婚后,不随子女生活的一方享有对子女进行探望、看望和交往的权利。但最好在离婚协议中有明确约定。

我国《婚姻法》第三十八条第一款规定:"离婚后,不直接抚养子女的父或母,有探望子女的权利,另一方有协助的义务。"可以看出,父母对子女的探望权利不会因为父母的离婚而被剥夺,这是基于亲属权而产生的,不能错误地认为子女归谁抚养就是归谁所有。同时,也要求直接抚养子女的一方不得为了发泄对对方的私愤,而以不要对方的抚养费或不要求对方支付抚养费为由,不准对方与子女联系,拒绝对方探望子女。此外,也不能因对方支付抚养费不到位而剥夺对方的探望权。

1. 探望权的行使

《婚姻法》第三十八条第二款规定:"行使探望权利的方式、时间由当事人协议;协议不成时,由人民法院判决。"离婚时双方最好能就探望子女事宜达成协议,约定何时何地以怎样的方式行使探望权,这样既可以避免直接抚养方不配合探望,又可以避免非直接抚养方频繁探望对子女成长造成不利影响。探望权一定要本着对子女有利的原则行使,如果子女愿意被探望,任何人都不能剥夺另一方对孩子的探望权;如果子女不愿意被探望,也不宜强行探望。

2. 探望权的中止和恢复

(1)中止探望权的条件。前面已经提到,探望权应在有利于未成年人健康成长前提下行使,如果一方在行使探望权时有损于或者不利于未成年人健康成长,可能导致探望权被中止(由法院作出判决)。"不利于子女身心健康",主要是指不直接抚养子女的一方有下列情形:①有严重精神病或尚未治愈的烈性传染性疾病的;②对子女实施家庭暴力或虐待子女的;③其他不利于子女身心健康的情形。其他不利于子女身心健康的情形主要是指:探望权人有酗酒、吸毒、暴力、骚扰子女等行为,或有绑架子女的企图,或以探望子女为由,教唆、胁迫、引诱未成年子女实施不良行为或为未成年人实施不良行为提供条件等。

(2)中止探望权的程序:提出中止探望权的请求权人是随子女生活的父或母。

(3)探望权的恢复:探望权中止后可以恢复。既然探望权的中止是由人民法院以判决形式确认的,那么,探望权的恢复也应当由人民法院以判决形式确认。

3. 祖父母、外祖父母的探望权

我国《婚姻法》没有提出祖父母、外祖父母也有探望权,但是现实生活中祖父母、外祖父母要求探望小孩的现象还是不少的。祖父母、外祖父母的探望权,应该从父母的探望权行使中得以行使,即在非直接抚养方的父或母探望子女时一起探望,也就是说,祖父母、外祖父母不能单独以自己的名义提起探望权之诉。

4. 探望权的强制执行

《婚姻法》第四十八规定:"对拒不执行有关抚养费、赡养费、财产分割、遗产继承、探望子女等判决或裁定的,由人民法院强制执行。有关个人和单位应负协助执行的责任。"但须注意的是,这里强制执行的对象只能是拒不履行协助责任的有关个人和单位,而不是

子女。因为探望权纠纷案件涉及人身问题，如果执行不当，会对子女的身心健康造成严重的伤害。因此，《婚姻法司法解释（一）》第三十二条规定："婚姻法第四十八条关于对拒不执行有关探望子女等判决和裁定的，由人民法院依法强制执行的规定，是指对拒不履行协助另一方行使探望权的有关个人和单位采取拘留、罚款等强制措施，不能对子女的人身、探望行为进行强制执行。"此外，如果子女已满十岁，对是否进行探望已具备独立思考能力和认识能力，人民法院应当征求子女的意见，如果子女不同意的，不应当强制执行探望权。

第二节　离婚财产分割的法律实务

一、离婚财产的范围及法律依据

（1）《婚姻法》第十九条规定，夫妻可以约定婚姻关系存续期间所得的财产以及婚前财产归各自所有、共同所有或部分各自所有、部分共同所有。约定应当采用书面形式。没有约定或约定不明确的，适用本法第十七条、第十八条的规定。

夫妻对婚姻关系存续期间所得的财产以及婚前财产的约定，对双方具有约束力。

夫妻对婚姻关系存续期间所得的财产约定归各自所有的，夫或妻一方对外所负的债务，第三人知道该约定的，以夫妻一方的财产清偿。

（2）根据我国现行婚姻法律法规，夫妻书面约定婚姻关系存续期间所得的财产以及婚前财产的归属是具有法律效力的。没有约定或约定不明确的，按照《婚姻法》第十七条规定，在婚姻关系存续期间所得的下列财产，归夫妻共同所有：①工资、奖金；②生产、经营的收益；③知识产权的收益；④继承或赠与所得的财产，但本法第十八条第三项（遗嘱或赠与合同中确定只归夫或妻一方的财产）规定的除外；⑤其他应当归共同所有的财产。夫妻对共同所有的财产，有平等的处理权。

（3）《婚姻法司法解释（二）》第十一条规定，婚姻关系存续期间，下列财产属于婚姻法第十七条规定的"其他应当归共同所有的财产"：①一方以个人财产投资取得的收益；②男女双方实际取得或者应当取得的住房补贴、住房公积金；③男女双方实际取得或者应当取得的养老保险金、破产安置补偿费。第十二条规定，婚姻法第十七条第三项规定的"知识产权的收益"，是指婚姻关系存续期间，实际取得或者已经明确可以取得的财产性收益。第十四条规定，人民法院审理离婚案件，涉及分割发放到军人名下的复员费、自主择业费等一次性费用的，以夫妻婚姻关系存续年限乘以年平均值，所得数额为夫妻共同财产。

（4）《婚姻法司法解释（三）》第五条规定，夫妻一方个人财产在婚后产生的收益，除孳息和自然增值外，应认定为夫妻共同财产。

（5）《婚姻法司法解释（三）》第十三条规定，离婚时夫妻一方尚未退休、不符合领取养老保险金条件，另一方请求按照夫妻共同财产分割养老保险金的，人民法院不予支持；婚后以夫妻共同财产缴付养老保险费，离婚时一方主张将养老金账户中婚姻关系存续期间个人实际缴付部分作为夫妻共同财产分割的，人民法院应予支持。

由以上规定可见，夫妻共同财产的范围包括：①一方或双方劳动所得的收入和购置的财产；②一方或双方由知识产权取得的经济利益；③一方或双方从事承包、租赁等生产、经营活动的收益；④一方或双方取得的债权；⑤一方或双方继承或赠与所得的财产，但遗嘱或赠与合同中确定只归夫或妻一方的除外；⑥一方以个人财产投资取得的收益；⑦男女双方实际取得或者应当取得的住房补贴、住房公积金；⑧男女双方实际取得或者应当取得的养老保险金、破产安置补偿费；⑨夫或妻一方为军人的，发放到其名下的复员费、自主择业费等一次性费用；⑩由一方婚前承租、婚后用共同财产购买的房屋，房屋权属证书登记在一方名下的；⑪其他应当归共同所有的财产。

二、共同财产分割的原则

在夫妻离婚时，只要是属于夫妻共同财产，双方对共同财产分割的权利就是均等的，但这绝不意味着平均分配，因为《婚姻法》第三十九条第一款规定"离婚时，夫妻的共同财产由双方协议处理"，也就是说，离婚时夫妻对财产的分割，应在协商一致的原则下进行，不能由一方决定。《婚姻法》第二条第一款规定"男女平等"的原则，不能歧视妇女，认为妇女挣得少，应少分，在离婚分割夫妻共同财产时，应尊重妇女的权利，保护妇女权利。《婚姻法》第三十九条第二款规定："协议不成时，由人民法院根据财产的具体情况，以照顾子女和女方权益的原则判决。"可见夫妻共同财产的分割原则如下：

1. 协议分割

由双方自行协议决定，承认协议约定的效力。有欺诈、胁迫者除外。

2. 判决分割

（1）坚持男女平等原则。

（2）照顾子女和女方权益的原则。

（3）照顾无过错方原则。

（4）有利于生产、生活需要的原则。

三、离婚房产分割纠纷的处理

（一）房产处理的法律依据及实践把握

1. 一方婚前购房，房款缴清的情形

无论产权证办理是在婚前或婚后，不管是房产本身，还是房产增值部分，根据物权原理，都应属于一方所有。

2. 双方婚后出资（包括贷款）取得的房屋

首先要明确产权，不论房产证上是一方的名字还是双方的名字，房产均为夫妻共同财产；其次要明确产值，即明确房屋价值，按照房屋现在的市场价值计算予以分割，而不是按照买房时的价值计算；再次要分清权益部分和债务部分，因为房屋可能涉及贷款，分割时要把未还贷的部分除去。

3. 婚后父母出资买房的情形

《婚姻法司法解释（三）》第七条规定，婚后由一方父母出资为子女购买的不动产，产权登记在出资人子女名下的,可按照《婚姻法》第十八条第(三)项的规定,视为只对自己子女一方的赠与,该不动产应认定为夫妻一方的个人财产。

由双方父母出资购买的不动产,产权登记在一方子女名下的,该不动产可认定为双方按照各自父母的出资份额按份共有,但当事人另有约定的除外。

4. 一方婚前支付了部分房款,婚后双方共同还贷的情形

《婚姻法司法解释(三)》第十条规定,夫妻一方婚前签订不动产买卖合同,以个人财产支付首付款并在银行贷款,婚后用夫妻共同财产还贷,不动产登记于首付款支付方名下的,离婚时该不动产由双方协议处理。

依前款规定不能达成协议的,人民法院可以判决该不动产归产权登记一方,尚未归还的贷款为产权登记一方的个人债务。双方婚后共同还贷支付的款项及其相对应财产增值部分,离婚时应根据《婚姻法》第三十九条第一款规定的原则,由产权登记一方对另一方进行补偿。

5. 婚前双方出资,婚前办理产权证只有一方名字的房屋

实践中有这种情况,男女恋爱期间感情好,双方共同出资购房,但购房合同和产权证只有一方名字,婚后感情破裂,离婚时,一方不承认另一方有出资,在另一方不能证明自己有出资的情况下,其权益是无法保护的。也就是说,即使另一方真有出资,但是没有证据证明自己的出资行为,法院是无法保护其合法权益的。因此在婚前购房时,这些账一定要算清楚,免得到时无力回天。

(二) 司法实例分析

◆案例

一方提供首付买房,婚后共同还贷的情形

张海(化名)与李兰(化名)2007年4月在上海某区民政局登记结婚,婚后无子。张海婚前购总值200万元的房屋一套,首付50万元,按揭150万元。婚后4年,夫妻双方按揭还本30万元、付息50万元,房屋总值升至400万元。2011年9月,张海向上海市某区人民法院起诉离婚,李兰同意离婚,但要求分割这套房产。她的理由是:虽然房屋的首付款是张海支付的,但结婚4年来自己也和张海一同参与了还贷,这个房子有属于自己的部分,所以主张分割。张海则认为,房屋首付款是自己支付的,产权证也记载在自己一人名下,房子当然应该属于自己所有,被告无权分割。但他同意支付被告婚后共同还贷款的一半作为补偿。

【问题】

按照最新的《婚姻法司法解释(三)》本案应如何处理?

【法理分析】

其一,房产权属:按《婚姻法司法解释(三)》第十条规定,夫妻一方婚前签订不动产买卖合同,以个人财产支付首付款并在银行贷款,婚后用夫妻共同财产还贷,不动产登记于首付款支付方名下的,离婚时该不动产由双方协议处理。依前款规定不能达成协议的,人民法院可以判决该不动产归产权登记一方,尚未归还的贷款为产权登记一方的个人

债务。双方婚后共同还贷支付的款项及其相对应财产增值部分，离婚时应根据《婚姻法》第三十九条第一款规定的原则，由产权登记一方对另一方进行补偿。根据此规定：系争房产应为张海个人物权。

其二，根据以上规定，本案系争房产婚后共同还贷，虽然房屋产权本身为张海的个人财产，但婚后共同还贷部分及相应房产比例的增值部分应为共同财产。李兰参与了还贷，就对该房屋共同还贷部分所占房产比例及相应的增值部分享有一半的权利。

其三，按照《婚姻法司法解释（三）》的规定，离婚时应当这样分割：产权归产权登记的一方，未还的 120 万元贷款作为产权人的个人债务继续归还，属于共同财产的部分包括：婚后共同还贷支付的款项包括已还的 30 万元本金和 50 万元利息，以及相对应的房产增值部分为 $30/200 \times 400 - 30 = 30$ 万元，而未登记的一方原则上将取得 $30 + 50 + 30 = 110$ 万元中的一半即 55 万元。

◆案例

婚后一方父母出资买房的情形

2011 年 4 月，张先生夫妇为替儿子筹办婚礼，订购了一套住房，并交付了 1 万元定金。媳妇娶过了门，张先生开心之余，又替儿子媳妇付了新房的首期款 6 万元。谁知，结婚还不到六个月，张先生的儿子就提出离婚，但新房应该归谁，小两口争得不可开交。张先生的儿子认为，这套房子的定金与首期款是由自己的父母支付，房子理应归自己所有；但其妻却认为，房产证上有夫妻双方的名字且婚前只是交付了定金，首付款是结婚后父母给的，这套房子应该属于夫妻共同财产。最后法院将该套房屋认定为夫妻共同财产。

【问题】

张先生夫妇应如何避免这样的财产损失？

【法理分析】

第一，《婚姻法司法解释（三）》第七条规定："婚后由一方父母出资为子女购买的不动产，产权登记在出资人子女名下的，可按照婚姻法第十八条第（三）项的规定，视为只对自己子女一方的赠与，该不动产应认定为夫妻一方的个人财产。"这里应注意，根据此条规定，结婚后，父母出资并将产权证登记在自己子女的名下，在实践中，法院会认为这样的情况是向自己子女的单方赠与，出于维护家庭和睦的角度考虑，这种情况不会有书面的协议，但并不会妨碍实际出资时父母真实的意思表示。一般来说，如果产权证登记在夫妻双方名下，往往就会推定为对双方的赠与。本案中争议的房产虽然由男方父母出资，但产权却登记在夫妻双方名下，所以难以认定为是张先生儿子的个人财产。第二，既然房产登记在双方名下，应认定为是对双方的赠与，属于夫妻共同财产，应该平均分割。

为了避免这样的财产损失，张先生夫妇最好是在婚前为儿子买房，那房子就是儿子的婚前个人财产了，或者张先生夫妇在儿子婚后买房，明确表明将房子只赠与儿子个人，并在房产证上只写儿子一个人的名字，这样儿子和媳妇离婚时，媳妇就不能分割这套房产了。

◆案例

双方父母出资购房的情形

2008年2月,王某与赵某登记结婚。为了置办住房,王某父母将自己省吃俭用的积蓄20万元给了王某,赵某的父母也出资10万元,双方用30万元作为首付购买了一套新房。新房登记在王某个人的名下,贷款由小夫妻双方一起归还。2011年9月,王某、赵某感情不和要离婚,双方为房子的归属发生了争议。

【问题】

按照《婚姻法司法解释(三)》的规定,该房产应当如何处理?

【法理分析】

《婚姻法司法解释(三)》第七条规定:由双方父母出资购买的不动产,产权登记在一方子女名下的,该不动产可认定为双方按照各自父母的出资份额按份共有,但当事人另有约定的除外。本案中的房产是由双方父母共同出资购买的,虽然产权登记在王某一个人名下,但按照该条款的规定,房子应认定为王某和赵某按各自父母的出资比例按份共有。所以离婚时应对房屋进行估价,然后按比例分割,如果一方享有房子的所有权,则应按估价的比例给对方补偿。

◆案例

离婚期间,一方擅自转让房产无效

李先生与俞女士是夫妻,某市某处房产是两人婚后俞女士单位分配的公房。2003年7月,俞女士将该房买下,房产证上登记的权利人仅俞女士一人。近年来,两人感情日趋恶化。俞女士曾于2005年7月和2006年3月向法院提起离婚诉讼,但均未获准。2008年10月11日,俞女士再次提起离婚诉讼,但又于同月19日撤诉。同日,俞女士却以签订房屋买卖合同的形式,私自将房屋无偿转让给两人的儿子小李,并办理了房产证。直到2008年12月,李先生才发现房屋产权人已变为小李。而2011年5月,俞女士又提起离婚诉讼。李先生则以俞女士和小李为被告,向法院另案诉讼,要求确认房屋转让合同无效。

【问题】

离婚期间,俞女士擅自转让房产是否有效?

【法理分析】

最高人民法院《关于〈民法通则〉若干问题的意见》第八十九条规定:"共同共有人对共有财产享有共同的权利,承担共同的义务。在共同共有关系存续期间,部分共有人擅自处分共有财产的,一般认定无效。"《婚姻法司法解释(一)》第十七条规定:"'夫或妻对夫妻共同所有的财产,有平等的处理权'的规定,应当理解为:(一)夫或妻在处理夫妻共同财产上的权利是平等的。因日常生活需要而处理夫妻共同财产的,任何一方均有权决定。(二)夫或妻非因日常生活需要对夫妻共同财产做重要处理决定,夫妻双方应当平等协商,取得一致意见。他人有理由相信其为夫妻双方共同意思表示的,另一方不得以不同意或不知道为由对抗善意第三人。"据我国《城市房地产转让管理规定》第六条第四项的规定,共有的房地产未经其他共有人书面同意的,不得转让。《婚姻法司法解释(三)》第十一条规定:"一方未经另一方同意出售夫妻共同共有的房屋,第三人善意购买、支付合理对价并办理产权登记手续，另一方主张追回该房屋的，人民法院不予支持。夫妻一方擅自处分共同共有的房屋造成另一方损失，离婚时另一方请求赔偿损失的，人民法院应予支持。"

本案中的房产，虽然房产证上登记的是俞女士，但该房产因是在婚姻关系存续期间取得的，应认定为夫妻共有财产。俞女士未经李先生同意，通过签订《房地产买卖合同》的形式将房屋无偿转让给小李，属无权处分行为。小李明知房屋为父母共有财产，父母已多次发生离婚诉讼，且父母对房屋存有争议，在未得到父亲同意的情况下无偿取得该房，不属善意。所以俞女士与其儿子小李之间签订的房屋买卖转让协议无效。

【法院判决】

法院审理后认为：房产应认定为夫妻共有财产。俞女士未经李先生同意，通过签订《房地产买卖合同》的形式将房屋无偿转让给小李，属无权处分行为。小李无偿取得该房不属善意。根据法律规定，无权处分他人财产时必须经过对财产享有处分权人的事后追认，现李先生拒绝追认，要求确认房屋转让行为无效，于法有据，应予支持。遂判决：俞女士和小李签订的房地产买卖合同无效，并确认该房屋归李先生和俞女士共有。

四、财产保险及人身保险合同利益的分配

（一）财产保险合同利益的分配

1. 以夫妻共同财产为保险标的的情况

只要是在夫妻关系存续期间以一方或双方名义投保而又在夫妻关系存续期间内取得的财产保险的保险金，根据《婚姻法》第十七条的规定，应认定为夫妻共同财产。之所以认定为夫妻共同财产，是因为保险标的是夫妻共同财产，夫妻对该保险标的的利益是相同的。不论是以谁的名义进行投保，获取的保险金都是夫妻共同财产。

2. 以一方个人财产为保险标的的情况

如果保险是一方的婚前个人财产在婚姻关系存续期间投保或一方的婚前个人财产在婚前投保而在婚后获得的保险金，不属夫妻共同财产。根据《婚姻法》的相关规定，除夫妻另行约定，一方婚前个人财产不因婚姻关系的延续而转化为夫妻共同财产。因此，由于个人财产的灭失或损坏而获得的保险仍反映了个人对保险标的的利益，该保险金应归一方个人而不能被认定为共同财产。当然，在夫妻关系存续期间以夫妻共同财产为一方婚前财产缴纳保险费的，离婚时，应当以用来缴纳保险金所用去的夫妻共同财产的一半价值补偿另一方。

3. 离婚时仍处于有效期内的家庭财产保险合同利益如何分配

离婚时，可能引起保险合同中保险标的的转移和保险合同主体的变更。《保险法》规定，保险标的转让应当通知保险人，经保险人同意继续承保后依法变更合同。在法院判决离婚并分割财产后，如果财产分割是以作价补偿的方式进行的，取得财产的一方如果不是原保险合同的当事人或者夫妻均是原保险合同的当事人，应当持法院的生效判决书或调查书到保险公司办理合同变更或解除手续。保险公司扣除已发生的保险费后剩余的保险费应当由夫妻按共同财产分割。如果经双方协商同意继续履行合同，可以办理相应的变更手续，由作价取得财产的一方以夫妻共同缴纳的保险费的一半补偿另一方。如果以作价补偿

的方式得到财产的一方是原保险合同的唯一投保人，其与保险人之间的保险合同自动继续履行，但其应以夫妻共同缴纳的保险费的一半补偿另一方。如果财产分割是以实物分割的方式进行的，离婚的夫妻双方均可以与保险人协商变更或解除原保险合同。

（二）离婚时人身保险利益的处理

1. 夫妻一方为被保险人和受益人取得利益的处理

根据有关审判机关的意见，在夫妻关系存续期间获得的各类人身保险金，应当归取得保险金的一方所有。如夫妻一方因人身伤害或因患疾病所获得的保险赔偿，因与该个人密切相关，一旦发生保险事故，被保险人身体受到伤害或患病后，保险金主要用于受害人的治疗、生活，具有特定的用途，故只能作为个人财产。同样，夫妻一方所得的人寿保险也不能作为夫妻共同财产处理。如果用于缴纳人身保险的保险费的财产是夫妻共同财产，也不能将保险金认定为夫妻共同财产予以分割，而只能是由投保人或被保险人按其投保的保险费金额的一半补偿另一方。

2. 夫妻一方为受益人而非被保险人取得利益的处理

比如说，张某与刘某结婚后，张某作为投保人，以张某之父为被投保人、张某为受益人签订了一份人寿保险合同。后张某之父发生保险事故身亡，张某获一大笔保险金。不久，张某与刘某离婚，刘某主张分割张某获得的保险金，那么该笔保险金是否应作为夫妻共同财产分割呢？

根据有关审判机关的意见，我国婚姻法中并没有明确将人身保险合同中受益人所得的保险金纳入夫妻共同财产的范围，受益人所得的保险金与继承、受赠所得的财产在性质上虽然有相似的地方，如都是受益人无偿取得，都具有人身属性，但是在取得的条件上，它们并不完全相同：人身保险合同中的保险金是由受益人无偿地、不负任何义务地取得，而继承人取得财产时应在继承财产的份额内偿还被继承人生前的债务，受赠人取得的财产也可以是附义务的。因此，实践中有些审判机关认为，人身保险合同中受益人的指定本身就表明了投保人与受益人的特定关系，这种指定本身就体现了保险金的专属性，如果将其作为夫妻共同财产处理，就有违投保人指定受益人的本意。因此一般认为，一方作为他人人身保险合同的受益人所得的保险金不宜作为夫妻共同财产予以分割。

3. 离婚时仍处在保险有效期内的人身保险合同的处理

在离婚案件涉及的仍处在保险合同有效期内的各种人身保险合同中，以夫妻共同财产所缴纳的个人保险费，应作为夫妻共同财产予以分割，由被保险人或投保人对另一方作出补偿。在婚姻关系存续期间，夫妻一方用夫妻共同财产为另一方购买人身保险或是为自己投保人身保险后，将另一方指定为受益人非常普遍。由于双方之间的配偶关系，投保人对被保险人的身体或寿命具有法定的保险利益，但一旦离婚，双方通过婚姻关系建立起来的夫妻权利义务关系消失，彼此之间不再具有保险法上规定的保险利益，因此一方为另一方所投的人身保险只能予以终止，保险公司退保后的剩余费用应当纳入夫妻共同财产的范围予以分割。如果夫妻离婚后，投保人和被保险人为一方、受益人是另一方，一方没有办理受益人变更手续或解除保险合同手续，保险事故发生后，另一方作为受益人得到的保险金，应当认定其为个人财产。

4. 指定夫妻一方为受益人的保险金的处理

在指定受益人为夫妻一方的保险利益是否属于夫妻共同财产的问题上，最高人民法院认为：保险利益主要表现为保险金。保险利益具有特定的人身关系，应属于夫妻一方的个人财产，不属于夫妻共同财产。

（三）夫妻为未成年子女投保的人身保险的利益分配

根据有关司法机关的审判意见，对于夫妻关系存续期间因未成年子女的人身保险而获得的保险金，如果该未成年人未死亡，应一律归该未成年人所有，如果未成年人死亡，该保险金应作为其遗产，由夫妻双方共同继承之后，在夫妻之间进行分割。

对于尚处在有效期内的未成年人人身保险合同，可根据投保人的不同或未成年人随何方生活的不同而分别处理。对投保人为夫妻一方，法院判决离婚后该未成年人随其共同生活的，原保险合同可继续履行。但是否应由另一方补偿投保人所缴纳的保险费，值得考虑。有关司法机关的审判意见认为，为未成年子女投保人身保险的行为是赋予第三方利益的行为，该保险的受益人往往是未成年人而不是夫妻一方，如果是以夫妻共同财产投保的，因保险利益对夫妻而言是共同的，夫妻即使离婚，其与子女的亲权关系也不会消灭，因而已支付的保险费不宜作为夫妻共同财产分割。如果是以夫或妻一方的个人财产支付的保险费，因该保险的最终利益是归子女的，与夫或妻另一方并不相关，因此，已经支付的保险费也不宜作为夫妻共同财产分割。因此，在上述情况下，不存在补偿问题。如果保险合同指定的受益人为另一方配偶，只需办理受益人变更手续即可，也不必由原受益人补偿，因为原受益人的期待权已经消失。

对于投保人为夫妻一方，法院判决离婚后未成年人随另一方共同生活的，可由当事人与保险公司协商变更投保人，如果协商不成，可终止保险合同，退保后的有关费用，纳入夫妻共同财产的范围予以分割。在变更投保人的情况下，也不存在保险费的补偿问题。①

五、公司、企业股权的分割

（一）以夫妻一方名义在有限责任公司出资的处理

《婚姻法司法解释（二）》第十六条规定，人民法院审理离婚案件，涉及分割夫妻共同财产中以一方名义在有限责任公司的出资额，另一方不是该公司股东的，按以下情形分别处理：

（1）夫妻双方协商一致将出资额部分或者全部转让给该股东的配偶，过半数股东同意、其他股东明确表示放弃优先购买权的，该股东的配偶可以成为该公司股东；

（2）夫妻双方就出资额转让份额和转让价格等事项协商一致后，过半数股东不同意转让，但愿意以同等价格购买该出资额的，人民法院可以对转让出资所得财产进行分割。过半数股东不同意转让，也不愿意以同等价格购买该出资额的，视为其同意转让，该股东的配偶可以成为该公司股东。

---

① 王书华．离婚诉讼涉及财产保险、人身保险合同利益的分配．http：//www.jtdlawyer.com/W/HdContentDisp－5－258－2011112－489393.htm.

用于证明前款规定的过半数股东同意的证据，可以是股东会决议，也可以是当事人通过其他合法途径取得的股东的书面声明材料。

（二）以夫妻一方名义在合伙企业出资的处理

《婚姻法司法解释（二）》第十七条规定，人民法院审理离婚案件，涉及分割夫妻共同财产中以一方名义在合伙企业中的出资，另一方不是该企业合伙人的，当夫妻双方协商一致，将其合伙企业中的财产份额全部或者部分转让给对方时，按以下情形分别处理：

（1）其他合伙人一致同意的，该配偶依法取得合伙人地位；

（2）其他合伙人不同意转让，在同等条件下行使优先受让权的，可以对转让所得的财产进行分割；

（3）其他合伙人不同意转让，也不行使优先受让权，但同意该合伙人退伙或者退还部分财产份额的，可以对退还的财产进行分割；

（4）其他合伙人既不同意转让，也不行使优先受让权，又不同意该合伙人退伙或者退还部分财产份额的，视为全体合伙人同意转让，该配偶依法取得合伙人地位。

（三）以夫妻一方名义投资设立独资企业出资的处理

《婚姻法司法解释（二）》第十八条规定，夫妻以一方名义投资设立独资企业的，人民法院分割夫妻在该独资企业中的共同财产时，应当按照以下情形分别处理：

（1）一方主张经营该企业的，对企业资产进行评估后，由取得企业一方给予另一方相应的补偿；

（2）双方均主张经营该企业的，在双方竞价基础上，由取得企业一方给予另一方相应的补偿；

（3）双方均不愿意经营该企业的，按照《中华人民共和国个人独资企业法》等有关规定办理。

六、离婚债务的承担

（一）离婚债务承担的法律依据

我国《婚姻法》及相关司法解释规定，夫妻可约定婚姻关系存续期间所得的财产以及婚前财产归各自所有、共同所有或部分各自所有，其约定应采用书面形式，没有约定或约定不明确的，夫妻在婚姻关系存续期间的劳动、投资、受赠及继承所得等财产归夫妻共同所有。夫妻一方以个人名义对外所负债务应当按夫妻共同债务处理，如果夫妻约定婚姻关系存续期间所得财产归各自所有的，一方对外所负债务，债权人知道该约定的，以欠债方所有的财产清偿。因此，我国实行的是婚后财产法定共同所有制，即在婚姻关系存续期间所得财产夫妻共同所有，所欠债务夫妻共同偿还。同时又允许夫妻对其婚前财产、婚姻关系存续期间的财产进行约定，该约定在夫妻内部有效，如果第三人知道该约定的，对该第三人也有效，否则，不得对抗善意第三人。

《婚姻法》第四十一条还规定，离婚时，原为夫妻共同生活所负的债务，应当共同偿还。

（二）司法实例分析

◆**案例**

张×斌与刘×琴于2004年8月5日离婚，同年8月18日，双方就夫妻存续期间的共有债权债务进行确认，共对外结欠50 700元。2004年8月至11月，张×斌先行清偿原夫妻共有债务47 932.1元，并支付了被提起诉讼而花去的相关费用610元，合计48 542.1元。张×斌请求刘×琴偿还24 271元。而刘×琴辩称，2004年8月18日，原、被告仅协商对子女今后的抚养、教育事项，并没有涉及共同债权债务确认的问题，其在"夫妻关系期间的共同债权、债务确认书"上签名，是受原告欺骗所为，该"确认书"没有法律效力。

【问题】

刘×琴有没有义务偿还婚姻关系存续期间所欠的债务？

【法理分析】

本案的焦点是离婚后夫妻一方就共同债务先行清偿后，是否有权向另一方追偿的问题。《婚姻法》第四十一条规定："离婚时，原为共同生活所负的债务，应当共同偿还。"这是指夫妻双方中的任何一方对共同债务有向债权人全部给付的责任。其基本特征为：一是夫妻双方所负债务必须是共同债务。只有为家庭共同生活所设定的债务以及夫妻双方从所负债务中获取利益的债务，才能真正成为夫妻共同债务。如，夫妻一方从事正当教育、体育等活动或夫妻一方因行使了家事代理所负的债务，都是共同债务。二是夫妻任何一方都有义务满足债权人的同一给付利益。债权人拥有向夫妻中的任何一方主张全部给付的权利。三是夫妻中任何一方完全清偿后，可以使另一方所负担的债务消除。夫妻双方对共同债务负连带清偿责任，可以最大限度上保护债权人的利益，防止夫妻双方恶意串通欺骗债权人，促进了财产交易的安全性。因此，基于这种理论和理由，不管婚姻关系存续期间还是婚姻关系解除后夫妻如何协议分割财产，甚至经法院的判决书、调解书、裁定书对夫妻财产进行分割处理的，仍然不能改变夫妻双方的连带清偿责任。这种观点直接体现在《婚姻法司法解释（二）》第二十五条中，该条规定，当事人的离婚协议或者法院的判决书、调解书、裁定书对夫妻财产进行分割处理的，债权人仍有权就夫妻共同债务向男女双方主张权利。也就是说离婚协议或法院判决书、调解书、裁定书对夫妻财产的处理仅是夫妻内部分割，对外不能有效地对抗债权人。

夫妻共有债务代偿后的追偿权，是指夫妻中的一方向债权人履行了全部给付义务后，有权就超出其应当负担债务额度向另一方追偿。实践当中夫妻一方要获得追偿权须具备以下条件：一是夫妻一方向债权人履行的给付责任中超出其应当分担的部分，即替代另一方先行承担了给付责任。二是夫妻一方追偿权必须是以存在连带责任为前提。三是夫妻一方所享有的追偿权必须以其实施了使其配偶免除原债务的行为为条件。正是基于这种理由，《婚姻法司法解释（二）》第二十五条第二款规定，一方就共同债务承担连带清偿责任后，基于离婚协议或者人民法院的法律文书向另一方主张追偿的，人民法院应当支持。因此，夫妻一方代偿还共同债务后，依法律规定可以就其超额支付部分，向另一方行使追偿权。

本案中，原、被告在婚姻关系存续期间，因向他人借款未能按期归还被提起诉讼，即债权人向夫方主张了权利，要求夫方清偿债务。原、被告协议离婚后，法院执行中对夫方进行强制执行，使夫方先行对债权人履行了给付义务。为此，夫方基于"夫妻关系期间的共同债权、债务确认书"中的约定，向妻方行使追偿权，要求被告承担一半的共同债务，于法有据。

【法院判决】

2004 年 12 月 13 日，法院审理后认为，原有夫妻共有债务应共同清偿。原、被告已就夫妻存续期间的共有债权债务进行了确认，内容真实有效。原告先行履行的共同债务 48 542.1 元，原告与被告有约定均分，故原告超额履行部分有权向被告追偿。根据《民法通则》第一百零八条、《婚姻法》第四十一条，判决被告于判决生效后十日内向原告支付原告先垫付的债务 24 271 元。判决后，双方当事人均未上诉，判决发生法律效力。[①]

第三节　离婚过错损害赔偿法律实务

一、离婚过错损害赔偿概述

离婚过错损害赔偿制度，是指在离婚诉讼中，因过错方的行为导致夫妻离婚时，过错方应对无过错方给予民事赔偿的法律制度。

建立侵害配偶权损害赔偿制度，既是婚姻关系中法定义务的内在要求，又是婚姻关系民法属性的直接反映，还是保护离婚当事人合法权益的需要。近年来，社会上婚外情的现象较为严重，家庭暴力亦呈上升趋势。据有关部门统计，我国每年约有 40 万个家庭解体，其中多数起因于家庭暴力或夫妻一方的侵权违法行为，使受害方身心被摧残，却得不到法律救济。新《婚姻法》第四十六条规定了侵害配偶权的离婚过错损害赔偿制度，可以有效地运用民事制裁手段制裁重婚、"包二奶"、家庭暴力等违法行为，并在经济上予以制裁，对受害一方给予一定的赔偿，从而有效保障婚姻家庭关系和妇女、儿童的合法权益。

离婚损害赔偿作为离婚案件中对于受精神损害的无过错方的基本救济手段，具有三个方面的功能：

（1）弥补了受害人的损失。对于离婚过错损害赔偿的赔偿责任，按照《民法通则》第一百二十条对精神损害责任的规定，分为非财产责任和财产责任两种。无论是支付赔偿金还是通过判定非财产责任的形式实现损害赔偿，都是以弥补受害方的经济损失的形式或以非财产责任的形式抚慰受害方，其本质都属于损害赔偿。因此，离婚损害赔偿具有弥补损失的功能。

（2）给受害人以精神抚慰。精神损害赔偿具有经济补偿和精神抚慰的双重功能，一是从经济上填补损害；二是抚慰受害方因合法性权益遭受到损害产生的心理痛苦。更为主要

---

① 张×斌诉刘×琴离婚后债务纠纷．http：//www.lawtime.cn/info/hunyin/fuqizhaiwu/20110228120146.html.

的是抚慰受害方因精神损害所产生的痛苦、失望、怨恨与不满。由过错方给付抚慰金，使之获得心理上的慰藉，平息怨恨、报复的感情。

（3）制裁违法行为并警戒他人。通过责令过错方承担损害赔偿责任，使过错方非但未因其过错行为获益，而且对过错行为的后果承担责任，本身就体现了对违法行为的制裁。同时对于其他可能发生过错行为的人而言，具有警戒和预防作用。

二、离婚过错损害赔偿的法律依据及构成要件

（一）离婚过错损害赔偿的法律依据

《婚姻法》第四十六条规定：有下列情形之一，导致离婚的，无过错方有权请求损害赔偿：①重婚的；②有配偶者与他人同居的；③实施家庭暴力的；④虐待、遗弃家庭成员的。

此外，《婚姻法司法解释（一）》第三十条规定：人民法院受理离婚案件时，应当将婚姻法第四十六条等规定中当事人的有关权利义务，书面告知当事人。在适用婚姻法第四十六条时，应当区分以下不同情况：

（1）符合婚姻法第四十六条规定的无过错方作为原告基于该条规定向人民法院提起损害赔偿请求的，必须在离婚诉讼的同时提出。

（2）符合婚姻法第四十六条规定的无过错方作为被告的离婚诉讼案件，如果被告不同意离婚也不基于该条规定提起损害赔偿请求的，可以在离婚后一年内就此单独提起诉讼。

（3）无过错方作为被告的离婚诉讼案件，一审时被告未基于婚姻法第四十六条规定提出损害赔偿请求，二审期间提出的，人民法院应当进行调解，调解不成的，告知当事人在离婚后一年内另行起诉。

（二）离婚过错损害赔偿的构成要件

离婚损害赔偿责任属于民事损害赔偿的一种，离婚损害赔偿民事责任的构成要件中的违法行为应为过错行为。因此根据《婚姻法》第四十六条和《婚姻法司法解释（一）》第二十九条的规定，离婚损害赔偿责任的构成应满足以下条件：

1. 有侵权行为的发生

夫妻一方实施了法定的违法行为，即重婚，有配偶者与他人同居，实施家庭暴力，虐待、遗弃家庭成员四种侵权行为。笔者认为，以上四种情形过于狭窄，应将赌博、吸毒也作为离婚损害赔偿的情形。

2. 造成了损害事实

即配偶一方的违法行为导致夫妻感情破裂而离婚，无过错配偶由此而受到精神利益的损害和精神创伤。精神创伤是指有过错的配偶重婚、与他人同居、实施家庭暴力、虐待和遗弃家庭成员的违法行为致使离婚，造成无过错方肉体和精神上的痛苦。

3. 侵权行为与损害事实之间具有因果关系

损害事实是构成损害赔偿责任的要件之一。该违法行为给无过错方造成了财产和人身、精神上的损害事实。没有物质、人身或精神损害，也就失去了赔偿的前提。财产损害

是指财产利益的损失。财产损失可分为直接损失和间接损失。精神损害是指公民人格权受到侵犯而在精神上产生的损害后果。

4. 行为人存有过错

行为人只要具有《婚姻法》第四十六条规定的情形之一的，不论行为人是故意还是过失的，即应当认定行为人有过错。作为离婚损害赔偿责任的构成要件，还要求被侵权的夫妻一方无过错。无过错方的过错是指不存在《婚姻法》第四十六条规定的四种情形之一，不是指没有任何过错。

（三）离婚过错损害赔偿的性质

根据《婚姻法司法解释（一）》第二十八条的规定，离婚过错损害赔偿包括物质损害赔偿和精神损害赔偿。

物质损害赔偿，是指由于行为人的过错给他人造成损害，过错方应依法赔偿受害方的经济损失。在离婚诉讼中，因过错方的行为（限于《婚姻法》第四十六条规定的四种法定情形）给受害人一方造成经济损失，过错方应予赔偿经济损失，譬如，一方实施家庭暴力给对方造成伤害后果所产生的医疗费、护理费、交通费等。

精神损害赔偿，是指由于行为人的过错给他人造成损害，过错方应依法对受害方的精神损失予以赔偿。在离婚诉讼中，由于一方的过错导致离婚，无过错方受到损害是肯定的，这种损害既包括物质方面的，也包括精神方面的。该精神损害赔偿的法律依据是最高人民法院 2001 年 2 月 26 日公布的《关于确定民事侵权精神损害赔偿责任若干问题的解释》，该解释规定："违反社会公共利益、社会公德侵害他人隐私或者其他社会公共利益，受害人以侵权为由向人民法院起诉请求赔偿精神损害的，人民法院应当依法予以受理。"该解释还对确定精神损害赔偿的数额作了原则规定，无过错方可据此请求法院判决过错方赔偿一定数额的精神损害抚慰金。

三、法定过错的理解

（一）重婚的概念和认定

重婚是指有配偶或者明知他人有配偶而与之结婚的行为。它包括两方面的内容：一是"有配偶而与他人结婚"，是指已经结婚的人，在婚姻关系存续期间，又与他人结婚；二是"明知他人有配偶而与之结婚"，指没有配偶的人，明知他人有配偶而与之结婚。在第二种情况下当事人必须是"明知"，否则不构成此罪。

（1）法律上的重婚（法学理论上称为"法律婚姻"），指有配偶的人与他人登记结婚，具体是指到婚姻登记机关进行结婚登记。

（2）事实上的重婚（法学理论上称为"事实婚姻"），即有配偶的人与他人以夫妻名义共同生活。

事实上的重婚在实践中很难认定，但有下列情况属于以夫妻名义共同生活：

①有配偶的人与他人举行了结婚仪式。

②有配偶的人虽然没有与他人举行结婚仪式，但以夫妻相称或者对外以夫妻自居的。如女方生病，男方以丈夫名义签字陪护的；女方生育孩子，男方以父亲名义在医院签字，

当事人以父母的名义为子女庆祝满月的等等，均可认定为以夫妻名义同居生活。

（二）同居的概念和认定

《婚姻法》对于无配偶者之间的非法同居没有规定。但《婚姻法司法解释（一）》第五条规定，未按婚姻法第八条规定办理结婚登记而以夫妻名义共同生活的男女，起诉到人民法院要求离婚的，应当区别对待：

（1）1994年2月1日民政部《婚姻登记管理条例》公布实施以前，男女双方已经符合结婚实质要件的，按事实婚姻处理；

（2）1994年2月1日民政部《婚姻登记管理条例》公布实施以后，男女双方符合结婚实质要件的，人民法院应当告知其在案件受理前补办结婚登记；未补办结婚登记的，按解除同居关系处理。

上述规定的同居是指无配偶者之间的同居。需注意：《婚姻法》第四十六条规定的"有配偶者与他人同居"的情形，是指有配偶者与婚外异性，不以夫妻名义，持续、稳定地共同居住。但对"共同居住"的认定却无具体标准，使许多婚外同居的事实无法甄别。

一般情况下，无过错方提供下列材料可以作为认定同居的证据：

（1）同居者的同居地基层组织关于双方同居的证明；

（2）同居者的同居地邻居，包括同居者共同居住的租赁房屋的户主提供的关于双方同居的证言；

（3）同居者共同生活的照片、音像资料；

（4）其他足以说明同居双方共同生活的证据材料。同时，明确构成同居的"共同居住"期限，以便对同居的认定更加切合实际，易于司法实践中掌握运用。

（三）家庭暴力的认定

《婚姻法司法解释（一）》第一条明确规定：婚姻法第三条、第三十二条、第四十三条、第四十五条、第四十六条所称的"家庭暴力"，是指行为人以殴打、捆绑、残害、强行限制人身自由或者其他手段，给其家庭成员的身体、精神等方面造成一定伤害后果的行为。

身体暴力的具体行为：殴打、致残、重伤；夫妻间经常性的拳打脚踢、咬、掐、拧、推、扇耳光等行为。

精神暴力：威胁、恫吓、辱骂、贬低、羞辱、挖苦、嘲笑、谩骂、刁难、干涉、猜忌、阻止、带第三者回家同居等行为。

（四）虐待、遗弃的概念与认定

家庭成员间的虐待，是指用打骂、冻饿、有病不给治疗等方法摧残、折磨家庭成员，使他们在肉体上、精神上遭受痛苦的行为。虐待家庭成员，破坏了家庭的和睦生活，违背了社会主义道德准则，亦为法律所不容。虐待家庭成员情节恶劣的，即构成虐待罪，要受到法律制裁。

除禁止家庭成员的虐待外，也要禁止其他形式的家庭暴力。是将家庭暴力含于虐待中禁止，还是禁止一切形式的家庭暴力，是修改《婚姻法》中争论的一个问题。考虑到虐待和家庭暴力虽有重合之处，但不能包括所有的家庭暴力行为，如夫妻之间吵架，丈夫一怒之下失手打死妻子，像这种行为，属于家庭暴力，但不属于虐待，在刑法上适用过失杀人罪，不适用虐待罪。因此，修改《婚姻法》时单独规定禁止家庭暴力。

家庭成员间的遗弃，是指对于年老、年幼、患病或其他没有独立生活能力的人，负有赡养、抚养或扶养义务的人不履行其义务的行为。家庭成员间的遗弃，主要包括子女不履行赡养义务而遗弃老人，父母不履行抚养义务而遗弃子女，丈夫不履行扶养义务而遗弃妻子或者妻子不履行扶养义务而遗弃丈夫等行为。遗弃家庭成员是极端个人主义思想的反映，是违反社会公德的可耻行为。遗弃家庭成员情节恶劣构成遗弃罪的，要依《刑法》第二百六十一条的规定，处五年以下有期徒刑、拘役或者管制。

目前可以请求过错损害赔偿的过错范围仅限于前述四种过错，并不能涵盖婚姻中的所有过错伤害行为，如婚外性行为，目前已成为导致夫妻离婚的主要原因之一，但未被列为离婚损害赔偿的法定情形。在这种情形下，无过错的女性难以获得离婚损害赔偿。

另外，现行法关于离婚过错行为的举证责任规定，也是受害女性难以得到离婚损害赔偿的主要原因。按照现行民事诉讼法的规定，请求离婚损害赔偿的受害女性必须有充分的证据证明对方存在法定的过错情形。但事实上，《婚姻法》规定的四种过错行为在实践中很隐蔽，举证非常困难。比如，女性如果想证明丈夫"包二奶"，往往要冒着侵犯第三者隐私权的风险去取证，即使获得了证据，也可能会因取证手段违法而难以被法院认可。举证责任的困难使离婚女性提起损害赔偿的比例很低，即使当事人提起损害赔偿，但因证据的效力问题，获得法院支持的比例也很低。

四、损害赔偿的数额确定

《婚姻法司法解释（一）》第二十八条规定：婚姻法第四十六条规定的"损害赔偿"，包括物质损害赔偿和精神损害赔偿。涉及精神损害赔偿的，适用最高人民法院《关于确定民事侵权精神损害赔偿责任若干问题的解释》的有关规定。

该解释第十条明确规定了确定精神损害赔偿数额应考虑的六种因素，但是具体到离婚精神损害赔偿时，仍然存在规定不具体、不便于操作的问题。根据《婚姻法》和有关司法解释的相关规定，结合婚姻关系的实质内容，在实践中确定离婚精神损害赔偿数额应考虑以下几个因素。

（1）结婚时间。双方结婚时间的长短，受害人对配偶或家庭的贡献不一样。婚姻的本质是男女共同生活、共同承担一定的家庭责任，婚姻关系存续期间，双方都会对另一方和家庭进行感情和经济上的投入，承担相应的家务劳动，因此，结婚一个月离婚和结婚几年、几十年离婚，当事人受到的损害是明显不同的。现实生活中，如果夫妻一方特别是女方，承担了大量或全部的家务劳动，把全部精力和青春奉献给了配偶和家庭，她（他）们从另一方面对家庭作出了较大的贡献。笔者认为，结婚时间长和对家庭贡献较大的，赔偿数额相对要高。

（2）侵权情况。侵权人的侵权原因、主观动机、过错程度和具体情节，是确定离婚精神损害赔偿数额的决定性因素。侵权原因主要看受害人对侵权行为的发生有没有责任，因受害人引起的一方侵权行为发生，赔偿数额相应减少。侵权人主观动机和过错程度如何，是对侵权人主观恶意的考察，如为了达到离婚的目的故意侵害配偶的与第三者介入后移情别恋而提出离婚，相比较下，前者主观恶意深，赔偿数额相应增加。侵权行为的手段、方式、场合、持续的时间等具体情节的不同，反映了侵权行为社会危害程度的不同，在离婚精神损害赔偿数额的确定上理应有所反映。

（3）损害后果。过错方对受害人非财产上损害的程度和后果对受害人离婚后的生活会产生一定的影响，这是确定赔偿数额的重要依据。一方面，受害人因对方的侵权行为，生理上、心理上受伤害较重，离婚后社会评价降低导致再婚比较困难、无生活来源的，赔偿数额要高；另一方面，侵权人的侵权行为并未造成严重危害的，赔偿数额不宜过高。

（4）经济因素主要考虑当地的经济状况和赔偿义务人的经济能力。一是要按照当地的生活水准合情合理地确定赔偿数额，生活水准高的地方赔偿标准相应要高，生活水准低的地方赔偿标准相应要低。二是对侵权人的经济能力也要有所考虑，应根据具体情况确定一个受害方认可、侵权人有能力承担的赔偿数额，以便于判决的执行。确定的原则是既要能抚慰受害人又能达到惩治过错方的目的。[1]

五、离婚损害赔偿的责任主体

离婚损害赔偿的主体，包括离婚损害赔偿的权利主体和离婚损害赔偿的义务主体。离婚损害赔偿的权利主体，是指因配偶一方的过错行为而遭受损害的另一方。我国《婚姻法》将离婚损害赔偿请求权的主体仅限于无过错配偶，而不采取过错相抵原则。

如果是因实施家庭暴力和虐待、遗弃家庭成员而导致离婚的，由此受到损害的未成年子女或其他家庭成员，是否也可以作为离婚损害赔偿的请求权主体呢？笔者认为，离婚损害赔偿是因配偶一方婚内实施法定违法行为而导致离婚，过错配偶因此造成无过错配偶物质和精神的损害而应承担的民事责任。因此，离婚损害赔偿的请求权主体和承担民事责任的主体只能是婚姻关系当事人，未成年子女或其他家庭成员不宜作为离婚损害赔偿的请求权主体。未成年子女或其他家庭成员如因离婚而受到损害，只能作为确定赔偿的数额时予以考虑的一个环节。如果未成年子女或其他家庭成员因家庭暴力、虐待、遗弃等造成物质和精神损害，受害人可以依据《民法通则》中有关保护公民人身权和财产权的规定，向人民法院提出侵权损害赔偿之诉，依法追究违法行为人的民事责任。

关于离婚损害赔偿的义务主体，是仅限于离婚的过错配偶还是包括插足的第三者，《婚姻法》未作规定，争议较大。有人认为第三者插足属道德范畴，法律不应过度干预，要求第三者承担离婚损害赔偿责任。有人认为，第三者应作为共同侵权人负连带责任。笔者认为，离婚损害赔偿义务主体，只能是实施法定违法行为并导致离婚的过错配偶，而不包括插足破坏他人婚姻的第三者。因为离婚及离婚过错赔偿是配偶之间的纠纷，解决的是配偶之间身份及民事责任问题，不宜将第三者的赔偿请求权和民事责任规定进来。对于第三者的行为，更适宜以道德来调整。只有在第三者插足情节严重、损害重大时才规定第三者的赔偿责任。受害人可另行提起侵权损害之诉。第三者介入他人婚姻也有不同形式，如

---

① 武军. 离婚精神损害赔偿制度探析. http://lawbook.com.cn/lw_ view.asp? no = 3081.

重婚、姘居、通奸等。对于以这些不同形式介入他人婚姻的第三者，应当根据其社会危害性的不同，予以区别处理。第三者如明知他人有配偶而与之结婚或以夫妻名义共同生活，构成重婚罪的，应依法追究形式责任。其他与有配偶者姘居、通奸的第三者，一般可通过道德谴责、党政纪处分以及批评教育等方式处理。但如果第三者实施违法行为，侵害合法配偶的人身权利或财产权利造成损害后果的，受害人可依《民法通则》的有关规定提起侵权损害赔偿之诉。①

六、司法实例分析

◆ 案例

家庭暴力导致离婚的损害赔偿

原告系女方，名叫马筠（化名），10年前经人介绍与大自己8岁的徐力（化名）结婚，两人生养了一个儿子，如今8岁。婚后，徐力做个体生意，一直比较忙。马筠为照顾家庭和孩子，辞去了工作。

随着徐力生意越做越好，他在家的时间越来越少，夫妻之间的交流沟通也随之减少，而徐力暴躁的性格也日渐显露，稍不顺心就对马筠实施暴力。去年7月3日，徐力又因琐事在家中殴打马筠。马筠不堪忍受，当月16日就向法院起诉，要求与徐力离婚。

不料，徐力收到诉状后，一时怒火中烧，再次对马筠拳打脚踢。马筠被打得难以忍受，拨打110报警。民警赶来后，才得以制止徐力施暴。

这次殴打，导致马筠头部、唇部等多处软组织挫伤。次日，××市公安局××派出所对徐力上述实施家庭暴力的行为进行调查，并开具《公安行政处罚决定书》，决定给予徐力警告的处罚。

事后，徐力在众亲戚的陪同下向马筠出具不再殴打她的承诺书，而马筠也因为儿子的央求，向法院撤回起诉。让马筠意想不到的是，就在她撤诉后，徐力又恢复本来面目，动不动就殴打她，甚至还瞒着她与别的女人在某市购买了一套住宅房。

今年1月1日起，马筠觉得跟徐力的日子实在过不下去，夫妻双方开始分居。8月5日，马筠再次起诉要求与徐力离婚，儿子由自己抚养，由徐力承担部分抚养费，同时要求徐力赔偿精神损失费6万元。马筠同时向法庭提供了《公安行政处罚决定书》、《商品房买卖合同》、徐力与陌生女性的合影照片等证据材料。

徐力在庭审中答辩称，××市公安局××派出所去年7月20日给予自己警告的行政处罚过重。今年起双方开始分居是事实，但自己和马筠之间的夫妻感情尚未彻底破裂，如果法院认定原、被告之间的夫妻感情已经破裂，那就离婚好了，儿子由自己抚养。

【问题】

马筠请求离婚并主张过错损害赔偿的诉求能否得到支持？

【法理分析】

《婚姻法》第三十二条规定，人民法院审理离婚案件，应当进行调解；如感情确已破裂，调解无效，应准予离婚。有下列情形之一，调解无效的，应准予离婚：实施家庭暴力

---

① 杨柳. 离婚损害赔偿的主体和举证责任问题. http://www.chinacourt.org/html/article/200309/01/77966.shtml.

或虐待、遗弃家庭成员的。第四十三条规定，实施家庭暴力或虐待家庭成员，受害人可以请求村民委员会、居民委员会以及所在单位予以调解。对正在实施的家庭暴力，受害人可以请求公安机关救助，也可以请求村民委员会、居民委员会劝阻。实施家庭暴力或以其他行为虐待家庭成员，受害人可以请求公安机关依照治安管理处罚条例予以行政处罚。第四十五条规定，对重婚的，对实施家庭暴力或虐待、遗弃家庭成员构成犯罪的，依法追究刑事责任。受害人可以依照刑事诉讼法的有关规定，向人民法院自诉；公安机关应当依法侦查，人民检察院应当依法提起公诉。第四十六条规定，有下列情形之一，导致离婚的，无过错方有权请求损害赔偿：（一）重婚的；（二）有配偶者与他人同居的；（三）实施家庭暴力的；（四）虐待、遗弃家庭成员的。

本案中的男方徐力经常殴打马筠，并由公安行政机关处罚过，这已经构成了《婚姻法》所确定的"家庭暴力"，而且这种暴力直接导致了受害方两次主张离婚的事实，说明夫妻感情确已破裂，应当准予离婚。同时按照《婚姻法》第四十六条的规定，徐力应给予马筠一定的损害赔偿。

【法院判决】

法院经审理后认为，徐力因殴打马筠，被××市公安局××派出所给予警告的处罚，徐力的行为已构成家庭暴力。今年1月1日，双方又发生争吵并开始分居至今，现马筠坚决要求与徐力离婚，原、被告之间的夫妻感情视为已经破裂，对于马筠要求与徐力离婚的请求应予准许。因两人的儿子一直随马筠共同生活，为有利于子女的健康成长，以不改变孩子的生活环境仍由马筠抚养为宜，徐力应承担孩子的抚养费，抚养费的数额参照本地的收入水平，结合徐力的经济状况及其意愿，酌定为每月1 000元。

对于马筠因徐力实施家庭暴力而要求徐力赔偿精神损害的请求，法院认为符合法律规定，应予支持。至于精神损害的具体赔偿数额，应根据被告徐力的过错程度及其经济承受能力，徐力对马筠造成的伤害程度等酌情确定，结合本案实际酌定为2万元。①

◆案例

当场抓奸请求过错损害赔偿

原告甲女与被告乙男是一对夫妻，在共同生活中，双方因家庭琐事发生矛盾，后来被告与一女子在家中奸宿被原告当场抓住。原告诉至法院要求离婚，并要求被告赔偿与他人非法同居所造成的损害10万元。

【问题】

甲女请求离婚并主张过错损害赔偿的诉求能否获得支持？

【法理分析】

《婚姻法司法解释（一）》第二条规定："婚姻法第三条、第三十二条、第四十六条规定的，'有配偶者与他人同居'的情形，是指有配偶者与婚外异性，不以夫妻名义，持续、稳定地共同居住。"

---

① 周倩倩.家庭暴力！离婚获得精神损害赔偿.宁波新闻网，2008－11－13.

本案中，原告的诉讼请求仅仅基于在家抓住丈夫与一女子奸宿，这只能算是偶然的婚外性关系，被告与他人的偶尔的婚外性行为并不符合同居具有非隐秘性和持续、稳定地共同居住的特征，不应认定为有配偶者与他人同居行为，只能认定为通奸。其行为不属于《婚姻法》第四十六条规定的四种过错情形。所以原告请求损害赔偿10万元的主张得不到法院的支持。

经过以上分析，可以得知，夫妻双方在婚姻关系存续期间，若出现一方嫖娼、通奸等一般婚外性行为，则损害赔偿的诉请很难实现。简而言之，只有对现行的"一夫一妻"制度形成公开挑战的行为才会受到法律的制裁，偷偷摸摸的发展婚外情不属于法律的惩罚范围，只能受到道德的谴责。

【法院判决】

法院不公开审理该案后认为，原、被告均认为夫妻感情破裂，应准予双方离婚。但驳回了原告关于10万元损害赔偿的诉讼请求。

第四节　离婚经济帮助和经济补偿的法律实务

一、离婚经济帮助法律实务

（一）离婚经济帮助的概念

《婚姻法》第四十二条规定：离婚时，如一方生活困难，另一方应从其住房等个人财产中给予适当帮助。具体办法由双方协议；协议不成时，由人民法院判决。

《婚姻法司法解释（一）》第二十七条规定：婚姻法第四十二条所称"一方生活困难"，是指依靠个人财产和离婚时分得的财产无法维持当地基本生活水平。一方离婚后没有住处的，属于生活困难。离婚时，一方以个人财产中的住房对生活困难者进行帮助的形式，可以是房屋的居住权或者房屋的所有权。

（二）获得经济帮助的条件

（1）时间上的条件。必须在离婚时已经存在困难，不是离婚后任何时候所发生的困难都可以要求帮助。

（2）一方必须存在生活困难。生活困难是指在分割夫妻共同财产后，依靠个人财产和离婚时分得的财产无法维持当地基本生活水平。主要包括以下情形：

①一方离婚后没有住处的，属于生活困难；

②因残疾或患有重大疾病的，完全或大部分丧失劳动能力的；

③一方因客观原因失业且收入低于本市城镇居民最低生活保障线的。其他生活特别困难的情形。

（3）提供帮助一方有负担能力。

（三）经济帮助的具体办法

《婚姻法》规定，经济帮助的具体办法由双方协议，协议不成时由人民法院判决。

这种帮助除了考虑帮助经济条件之外，着重考虑受助方的具体情况和实际需要：（1）受助方年龄较轻且有劳动能力，只是存在暂时性困难的，多采用一次性支付帮助费用的办法；（2）受助方年老体弱，失去劳动能力而又没有生活来源的，往往要作长期的生活安排；（3）在执行经济帮助期间受助方再婚的，帮助方可以停止给付；（4）关于经济帮助的数额、期限、给付的方式等方面的协议可以在调解过程中进行，在当事人无法达成协议的情况下，由人民法院根据一方的需要和另一方的能力予以裁决。

从最高院的上述司法解释来看，对离婚后"生活困难"的认定采用了绝对性标准，它以当事人是否能够生存为认定标准，没有考虑双方在婚姻关系存续时的生活水平及离婚后生活水平的绝对下降。这使得离婚后的很多困难方根本无法得到实在的帮助。

（四）司法案例分析

◆案例

杨涛（男，化名）与沈红（女，化名）于2002年结婚，婚后不久杨涛因工作调动到外地，长时间不在家中，沈红在此期间与邻居李钟（化名）发生不正当关系，并在杨涛春节回家探亲时提出要与杨涛离婚。杨涛同意，但要求在春节回老家探望完老人后再去办理离婚登记。从杨涛老家回程途中，杨涛和沈红乘坐的公共汽车发生车祸，沈红受重伤，双腿严重残疾，杨涛亦受轻伤。2003年春沈红出院后，杨涛要求与沈红办理离婚手续，但二人在经济补偿问题上发生纠纷，沈红已经无法再在原单位工作，没有其他经济来源，且每月需要大额医药费，沈红父母也没有收入来源，故要求杨涛看在以往情分上给予一定帮助，杨涛认为自己虽然每月收入颇丰，但离婚是由于沈红的过错导致的，自己没有义务再帮助沈红。

【问题】

请问杨涛的说法是否正确？

【法理分析】

根据《婚姻法》第四十二条的规定："离婚时，如一方生活困难，另一方应从其住房等个人财产中给予适当帮助。具体办法由双方协议；协议不成时，由人民法院判决。"根据《婚姻法司法解释（一）》第二十七条规定，婚姻法第四十二条规定所称"一方生活困难"，是指依靠个人财产和离婚时分得的财产无法维持当地基本生活水平。一方离婚后没有住处的，属于生活困难。离婚时，一方以个人财产中的住房对生活困难者进行帮助的形式，可以是房屋的居住权或者房屋的所有权。司法实践中，离婚时对生活困难一方提供经济帮助应当满足以下条件：（1）要求经济帮助的一方，既无生活来源，又无劳动能力而且生活难以维持；（2）提供经济帮助的一方应有给予经济帮助的负担能力；（3）提供经济帮助仅限于被帮助者处于单身的状态，要求经济帮助的一方尚未再婚，如果双方原订的经济帮助期限未满，接受经济帮助的一方再婚的，就会丧失继续接受经济帮助的权利。

根据上述法律和司法解释，可见沈红虽然在离婚中有错，但并未达到《婚姻法》第四十六条规定的过错损害赔偿的标准，根据该条规定，无过错方有权请求损害赔偿的情形包括："重婚的；有配偶者与他人同居的；实施家庭暴力的；虐待、遗弃家庭成员的。"沈红虽与李钟发生不正当关系，但并未公开生活在一起，不构成《婚姻法》第四十六条规定的过错同居，且其在离婚时丧失劳动能力，也没有生活来源，属于生活困难，而杨涛是具有一定帮助能力的，因此，沈红应当得到一定的经济帮助。

《婚姻法》中规定的对离婚时生活困难方的经济帮助，是有帮助能力一方的法定的义务，是从原夫妻关系中派生的扶助和照顾义务，体现了民法的公平理念。这一项帮助与离婚时的财产分割是相互独立的，不影响财产分割的进行。当然，如果经济困难一方在财产分割时能够获得充分的份额，足以保证其离婚后长时期内维持生活所需，也就不存在经济困难的说法，不需要另一方进行帮助了。但本案不存在此种情形，所以应当判决男方给予女方一定的经济帮助费用。

◆案例

离婚时无过错方应否给予丧失劳动能力的过错方适当帮助

原告李某（女）、被告刘某（男）经人介绍后相识恋爱。1993 年 2 月，双方办理登记结婚手续后即以夫妻名义共同生活，同年生育一子。原、被告婚后夫妻关系一度尚可。

1996 年 6 月起，由于刘某经常在外参与赌博，为此夫妻双方产生矛盾。同年 12 月，李某发现刘某有外遇，夫妻间遂发生争吵。刘某作出书面保证，承诺此后不再与第三者往来，并请求李某谅解。2001 年 9 月 26 日，刘某因驾驶摩托车发生车祸跌伤致残。

在刘某住院治疗期间，李某查阅刘某 1998 年、1999 年的日记时，发现刘某又有作风不轨行为，遂引起夫妻矛盾激化。2002 年 3 月 12 日，李某向法院提起诉讼，要求与刘某离婚。经李某申请，法医对其劳动能力及生活自理能力作出鉴定结论："被鉴定人刘某颅内血肿术后、脑外伤后综合征诊断成立，目前已完全丧失劳动能力及生活自理能力。"法院经审理，判决驳回李某要求离婚的诉讼请求。之后，刘某被接回其父母处居住，双方分居生活至今，互不履行夫妻义务。

2003 年 7 月 29 日，李某再次起诉要求与刘某离婚。被告刘某辩称，我现在丧失了劳动能力和生活自理能力，无经济来源、生活困难，故李某应当依法给予自己经济帮助。

【问题】

李某是否应当给予刘某经济帮助？

【法理分析】

对李某与刘某离婚以及所生一子的抚育等问题均无争议，但对李某是否应当给予刘某经济帮助却存在两种截然不同的意见：

第一种意见认为，李某与刘某婚姻基础及婚后较长时间夫妻感情较好，但刘某不珍惜夫妻感情，先后有赌博、外遇等不良行为，造成夫妻感情逐渐淡漠。期间，刘某作出书面保证后，李某曾给予谅解，但刘某仍未能改正，继续与异性保持不正当关系，给李某心灵造成了伤害，夫妻感情逐渐恶化。造成双方夫妻感情彻底破裂的责任完全在于刘某。刘某虽因车祸致残，目前无经济收入，但鉴于其有重大过错，故对于其要求李某给经济帮助的主张不予支持。

第二种意见认为，刘某虽然有重大过错，但由于刘某目前无生活自理能力，且无经济来源，生活困难，因此，为了能够妥善安置其生活，根据我国《婚姻法》的相关规定，应由李某酌情给予刘某一定的经济帮助，数额则应当结合李某个人的给付能力、当地平均生活水平等因素综合考虑，酌情确定。

《婚姻法》第四十二条规定："离婚时，如一方生活困难，另一方应从其住房等个人财产中给予适当帮助。具体办法由双方协议；协议不成时，由人民法院判决。"可见，在夫妻离婚时，如果一方存在生活困难的情形，那么另一方应当给予适当的经济帮助，而且可以采取双方协商的方式。协商不成时则由人民法院判决。

结合本案案情，刘某确已丧失劳动能力，又无经济来源，显然符合生活困难这一标准，因此，李某应当依法给予刘某适当帮助。当然，如果李某有个人财产，则应当首先考虑以其个人财产给予刘某适当帮助。在没有个人财产时，可以采取金钱给付的方式。换言之，第二种观点是可取的。而第一种观点事实上将离婚过错责任运用到了一方生活困难时，另一方应当给予适当帮助的场合，故有失偏颇。①

二、离婚经济补偿法律实务

（一）离婚经济补偿制度的概念及特征

1. 概念

所谓离婚经济补偿制度，有的称之为家务劳动补偿制度，是指在婚姻关系存续期间，配偶一方在家务劳动方面付出较多义务的，在离婚时有权请求另一方给予一定经济补偿的制度。我国2001年修正后的《婚姻法》第四十条明确规定："夫妻书面约定婚姻关系存续期间所得的财产归各自所有，一方因抚育子女、照料老人、协助另一方工作等付出较多义务的，离婚时有权向另一方请求补偿，另一方应当予以补偿。"这是我国关于离婚经济补偿制度的集中规定。

2. 特征

根据《婚姻法》第四十条的规定可见，我国的离婚经济补偿制度有以下特征：

（1）夫妻曾以书面形式约定在夫妻财产制问题上采用分别财产制，这是适用该制度的前提；

（2）以一方在诸如抚育子女、照料老人、协助另一方工作等家务劳动方面付出的义务较多为要件；

（3）离婚经济补偿请求权是一项独立的诉讼请求权，不是离婚时财产分割适用的原则；

（4）该请求权只能在离婚时行使，婚姻关系存续期间不得提出请求，离婚后该请求权也不复存在。

---

① 离婚时无过错方应否给予丧失劳动能力的过错方适当帮助．http://wenku.baidu.com/view/7e941b0dba1aa8114 431d947.html.

（二）经济补偿的构成条件

1. 夫妻书面约定婚姻关系存续期间的财产归各自所有（即分别财产制）

既可以是夫妻在结婚登记时或在结婚以前就约定夫妻在婚姻存续期间所得的财产归各自所有，也可以是夫妻在婚姻存续期间才签订书面合同规定以后所得的财产归各自所有。

2. 夫妻一方因抚育子女、照料老人、协助另一方工作等付出了较多义务

较多的义务是指一方专门从事家务劳动或专门协助对方工作或一方从事的抚养子女、照料老人等家务劳动无论是数量上还是在所花费的时间上都比对方多，或一方协助另一方工作比自己在工作方面从对方得到的协助更多。

3. 必须在离婚时提出补偿请求

这里的法定条件是：请求家务劳动补偿的夫妻必须采取分别财产制才可适用，否则，无论女性在家庭中的付出有多少，都不能在离婚时请求家务劳动补偿。但目前我国夫妻实行分别财产制的数量非常少，调查显示，城市居民中仅有 2.7%，农村居民中仅有 1.1% 的夫妻有采取分别财产制的愿望。就全国来看，夫妻适用分别财产制的不到 5%。这种情形与法律的规定存在很大距离，极大地限制了家务劳动补偿制度在司法实践中的普遍适用，难以使离婚女性得到补偿。

此外，还应当注意的是，根据《婚姻法》第四十条的规定，补偿请求权的行使时间是"离婚时"，具体而言，就是夫妻一方提起离婚诉讼时。至于补偿的数额和给付方式，应该首先由双方协商。协商不成的，由法院判决。

（三）司法实例分析

◆案例

原告李荣利（化名），女，37 岁，无业。被告华南（化名），男，40 岁，某饭店经理。李荣利与华南于 1998 年结婚，婚后生有一子。婚前双方书面约定华南在外所做工程收入归华南自行处理，与李荣利无关。结婚三年后，李荣利辞去了教师工作，专心抚育儿子和照料婆婆。

2001 年，李荣利以华南对家庭和子女不尽义务且和另一女子在外同居影响了夫妻感情、双方已分居满 2 年为由，起诉要求离婚，并提出：分割夫妻共同财产；儿子由自己抚养，华南每月支付 1 000 元抚养费；因其照顾孩子、赡养华南的母亲辞去了工作，要求分割华南在外搞工程所挣的 31 万股权。

华南同意离婚、分割夫妻共同财产，但要求降低抚养费标准，并且辩称两人婚前有约在先，其在外所做工程收入完全归其个人所有，对 31 万元股权不同意与李荣利分割。

【问题】

李荣利主张华南给予经济补偿的诉求能否得到支持？

【法理分析】

本案是实行部分财产约定制后，夫妻离婚时请求补偿的典型案例。《婚姻法》第四十条规定：夫妻书面约定婚姻关系存续期间所得的财产归各自所有，一方因抚育子女、照料

老人、协助另一方工作等付出较多义务的，离婚时有权向另一方请求补偿，另一方应当予以补偿。获得经济补偿的条件是：（1）夫妻书面约定婚姻关系存续期间的财产归各自所有（即分别财产制）。这一点，本案中的男女双方婚后有约定实行部分分别财产制；（2）夫妻一方因抚育子女、照料老人、协助另一方工作等付出了较多义务。较多的义务是指一方专门从事家务劳动或专门协助对方工作或一方从事的抚养子女、照料老人等家务劳动无论是数量上还是在所花费的时间上都比对方多。本案中的女方婚后为了照顾孩子和婆婆，辞掉工作做专职家庭主妇，显然在抚养子女、照料老人等家务劳动方面的付出远远大于男方，而且女方是在离婚时提出经济补偿请求的。可见，女方请求给予经济补偿的主张完全符合法律规定，应当给予支持。

【法院判决】

法院查明：李荣利在婚后生活中为抚育儿子、照料有病的婆婆、协助华南工作等付出了较多义务，并为此辞去了教师工作。正是由于李荣利的付出，为华南的工作提供了种种方便，在完成本职工作之余，还在外边承揽工程，积累了财富。

法院判决：准予离婚；分割夫妻共同财产；孩子由李荣利抚养，华南每月支付抚育费500元至其独立生活时止；因双方有约在前，华南搞工程的收入31万股权应归华南所有，但如果完全按双方婚前约定都归华南所有则有失公平，判令华南给予李荣利补偿人民币10万元。[①]

第五节 离婚相关证据的自我采集法律实务

在离婚诉讼中，为了更好地维护自己的合法权益，应积极地进行调查取证，掌握相关的离婚证据，而很多当事人由于对婚姻法的不了解和对婚姻官司的模糊，往往无从下手。虽然社会上有大量的婚姻调查取证公司，但是我们认为：当事人也应该了解在离婚案件中哪些证据更为重要。一旦确定要离婚，应有意识地进行离婚证据的收集，以便在离婚诉讼中更好地维护自己及子女的合法权益。

离婚案件虽然涉及夫妻感情是否确已破裂、子女抚养以及财产分割等诸多方面，但当事人在举证过程中，往往感到力不从心，证据不好收集，或不知从何下手。而民事诉讼的审理原则是"谁主张、谁举证"，当事人一方不能在举证期限内举出对自己有利的证据，往往要承担不利的后果，或自己的诉讼请求得不到法院的支持。因此，如何在离婚案件中收集及运用证据，就成为当事人甚至是律师尤为注重的问题，特别是举出对方有过错的证据，对于争取自己的更多权益，无疑是非常必要的。

---

① 谷景志. 婚姻法案例分析：离婚经济补偿. http：//blog. sina. com. cn/gujingzhilawyer.

一、离婚诉讼中证据的种类

离婚证据的收集主要包括感情破裂、财产分割、子女抚养三方面的证据。

（一）感情破裂的证据

照顾无过错方原则是法院在处理离婚案件中的一个基本原则，因此，收集对方过错（其实也是感情破裂）的证据是必要的。那么，什么是"过错"呢？从实践中看，过错一般是指另一方有婚外情、同居、家庭暴力、不良恶习、恶意转移或隐匿夫妻共同财产、制造伪证等行为。涉及感情破裂的证据可以分为两种情况：

（1）对方有过错的证据。重婚证据、与他人同居证据；家庭暴力，虐待、遗弃家庭成员的证据；有赌博、吸毒等恶习屡教不改的证据。

（2）其他感情破裂证据。感情不和分居满二年；婚前隐瞒了精神病，婚后经治不愈，或者婚前知道对方患有精神病而与其结婚，或一方在夫妻共同生活期间患精神病，久治不愈的；一方被依法判处长期徒刑，或其违法、犯罪行为严重伤害夫妻感情的；一方患有法定禁止结婚的疾病，或一方有生理缺陷或其他原因不能发生性行为，且难以治愈的；其他导致夫妻感情破裂的情形。

（二）财产分割的证据

离婚案件的争议往往在于共同财产的分割问题。那么如何收集共同财产的证据就非常重要。共同财产范围的证据（如房产、存款、公司股份、股票、车子、债权、住房公积金等）包括隐藏、转移、变卖、毁损夫妻共同财产、伪造债务企图侵占另一方财产的证据等。

（三）子女抚养的证据

子女抚养权属的决定，法院会从有利于子女身心健康、保障子女的合法权益出发，结合父母双方的抚养能力和抚养条件等具体情况确定抚养权的归属及抚养费的支付。所以在争夺抚养权方面，也涉及双方经济能力、生活习惯等方面的证据。

这三方面的证据，根据《民事诉讼法》第六十三条规定，又可以分为以下几种：①书证；②物证；③视听资料；④证人证言；⑤当事人的陈述；⑥鉴定结论；⑦勘验笔录。

应该说，婚姻案件的处理过程中，特别是在举证证明对方有过错上，以上几类证据是大量被运用的。但是，当事人对于证据的收集及其运用往往存在误区。这是由于当事人一般在离婚诉讼之前，对法律不甚了解，往往是马上面临上法庭了，才匆匆忙忙看一下《婚姻法》等相关法律，或咨询相关律师或有经验的朋友。并且，当事人在对法律条文的理解上，往往是断章取义，只记得对自己有利的那一个条款，而忽视了上下文的相关联系，理解片面。此外，是受社会上流传的各种错误说法的影响，做了很多无用功。比如，社会上流传着"谁先起诉谁吃亏"、"带孩子财产会多分"、"如果对方不同意，第一次打官司法院一定不会判离"、"只要找出对方有第三者的证据，一定能得到赔偿"等错误观点，使得自己在取证方向上有所偏差，甚至"花冤枉钱、办冤枉事"的现象普遍存在。下面我们详细介绍各类证据的收集及效力。

二、感情破裂及过错损害赔偿常见证据的采集及效力①

（一）婚外情证据对离婚案件的影响

在离婚案件中，由于第三者原因导致离婚的案件，在离婚案件中的比例占到了 70% 以上。在处理离婚案件过程中，无过错方往往掌握不了过错方的确凿证据，但又不甘心就此罢手。因此，当事人往往抱着"捉奸"取证的心态，不计手段、不惜成本地设法取证，耗尽心机去调查另一方有过错的证据，甚至请人或请"侦探公司"出面调查。那么，这些证据对于离婚果真那么重要么？费尽心机取得的"证据"在离婚诉讼中的作用究竟有多大呢？

就目前法律规定以及审判实践来看，即使捉到了奸，也即有"捉奸在床"的直接证据，也不一定能得到法院精神赔偿的支持。为什么呢？

《婚姻法》第四十六条规定，有下列情形之一，导致离婚的，无过错方有权请求损害赔偿：（1）重婚的；（2）有配偶者与他人同居的；（3）实施家庭暴力的；（4）虐待、遗弃家庭成员的。

根据法律的规定，只有过错方有上述法定情节，无过错方提起赔偿请求，法院才可能会支持。仅有婚外情即婚外性行为，法院支持赔偿诉请的可能性是不大的。

1. 那还有必要"捉奸"吗？

第一，虽然证明另一方有不正当性行为，不能必然得到精神赔偿，但根据《最高人民法院关于审理离婚案件处理财产分割问题的若干具体意见》的规定，法院在处理案件时，要坚持"照顾无过错方"处理案件。虽然这个"照顾"只是"量的变化"，而不是"质的区别"，但仍然是有利于无过错方财产分割的法定理由，毕竟，对于百万家产的当事人来说，"五五开"与"四六开"还是有近 20 万元的差距！所以在花费取证成本不高的情况下，证据还是越多越好。

第二，从诉讼策略上考虑，如果有"捉奸在床"的证据，就可能在调解、诉讼中争取更多的主动，给过错方施加更多的精神压力，迫使其作出更大的让步，以达到在财产上多分的均衡状态，使自己能从分得的财产上得到慰藉。

2. "捉奸"取得的哪些证据能得到法院的认可？

（1）自家床上"捉奸"拍照合法有效。如果在自家床边，举起相机"咔嚓"拍下床上实况，照片被法院认定的可能性较大。

最高人民法院吴晓芳法官在"罗某诉吴某离婚纠纷"一案中评析认为："罗某是在她自己家里捉到奸宿的孙某与自己丈夫的，谈不上私闯他人住宅，所以，构不成刑事责任。至于拍下的照片是否侵犯了孙某的其他权益如名誉权等还有待探讨。那要看她的目的、传播的范围和后果，如果是为了离婚诉讼中取证，证明丈夫有过错，保护自己的合法权益，其照片只作为给法院及有关部门提交的证据，这些都不违法。"

因此，自家床上"捉奸"，行为不要过激，照片不要传播，也不要对第三者进行人身侮辱等出格行为，证据仅用于庭审举证，证据有效的可能性就较大。

---

① 本部分内容转见贾明军. 婚姻家庭纠纷案件律师业务. 北京：法律出版社，2008. 229～243.

（2）"别人家"床上"捉奸"，拍照是否合法，值得商榷。如果在他人住宅或宾馆内收集证据，不但获取的证据不被法院采纳，反而可能会吃"侵权"官司。

（3）在公共场所取证的"捉奸"证据被法院采纳的可能性较大。虽然在大众公共场所拥抱、牵手、亲吻的多，过于亲密接触的少，但不排除有些人在野外或公园发生性行为的现象。如果发生的行为进入公共场所范畴，行为人的行为就失去了狭义的私密性，并且一般认为，这是行为人自己放弃了隐私的权利，因此，获取的证据被法院采纳的可能性较大。

3. "捉奸"后，迫使过错方写下的"认罪书"涉及财产分割内容是否有效？

对于"捉奸"人而言，"捉奸"的行为是早有准备的。一旦"捉奸"成功，往往会利用道德优势迫使过错方签订一些类似"认罪书"之类的东西，并让过错方在早拟定好的财产分配方案上签字。对于这类协议的效力，因缺乏"公平、自愿"的契约基本原则，法院认定的可能性不大。

（二）"偷拍偷录"的证据合不合法

在很多人的思想里，"偷拍偷录"的材料不能作为证据使用，主要源于1995年，最高人民法院在《关于未经对方当事人同意私自录制其谈话取得的资料不能作为证据使用的批复》（以下简称《批复》）中指出，未经对方同意私自录制的谈话录音资料，不具有合法性，不能作为证据使用。

从此，以举证为目的的录音、录像，要征得被录者同意才行。可实际上，被录者往往是将来的对方当事人，一般而言很难同意被录音录像。这一境况随着2002年4月1日起，最高人民法院出台并实施的《关于民事诉讼证据的若干规定》而发生了质的转变。这个规定对上述《批复》作了较大程度的修改，它规定在民事诉讼中，对"有其他证据佐证并以合法手段取得的、无疑点的视听资料或者与视听资料核对无误的复制件"，"对方当事人提出异议但没有足以反驳的相反证据的，人民法院应当确认其证明力"。

根据《关于民事诉讼证据的若干规定》第六十八条，以侵害他人合法权益或者违反法律禁止性规定的方法取得的证据，不能作为评定案件事实的依据。因此，证据收集是否合法，限制在是否侵犯了他人合法权益或者违反了法律的禁止性规定上。

比如，为了调取不忠证据而侵入第三人住宅，是侵权行为，当然取得的证据不具备合法性，但如果在自己家取证，就不存在此种问题；再如，将录音设备安放在自己家里，不构成侵权，但如果是安放在第三人办公室，则不具备合法性；再如，通过非法手段获取的在第三人居室内的两人亲昵的照片就不具备合法性，但如果是在公共场合获取的两人亲昵的照片，就具有合法性；再如，通过法律禁止出售的窃听设备获得的证据就不具备合法性，因为收集证据的手段本身就不合法，等等。

可见，只要不违法，自己拍摄和录制的影音资料，是可以作为证据使用且有证明力的。

（三）手机短信可以作为证据使用吗

在离婚案件中，短信作为当事人证据的情况相当普遍。比如，证明当事人另一方有外遇，或证明财产权属关系等。对于短信的效力认定，法院目前还没有形成普遍的认识，目前国内法院很少就此作出代表性的判决。但随着手机的普及，法院不得不研究短信作为证据效力的法律理论和实践问题。手机短信与电子邮件不同，手机短信具有真实性、客观性、不易修改性、闪存的封闭性特点，同时短信内容不容易被攻击。所以手机短信具有关联性，表现在两个方面：其一，每个手机号码只能在一部手机上收发短信，有发信人的手机号，有时间，有内容，有的还有姓名，通过短信内容查到手机号码，具有涉案关联性；其二，两个号码收发指定，具有对应性。从手机短信的合法性来看，要通过合法的入网手续后，合法使用手机，手机收到的短信就是合法的证据。因此，符合下列情况，法院还是有依据将短信作为有效证据的：

第一，保证手机短信不被删除，在手机储存空间或储存卡中保存。

第二，将手机短信内容固定，可以请公证处的人员公证一下，摘成书面文字，进行公证，使其具有较强的证明效力。在公证时，公证机关应当记录手机的品牌和型号，以便以后核查。这样提交的证据，对方要提供更强效力的证据才能推翻。多数情况下，公证机关的公证材料会被法院采纳。

第三，提起诉讼后，将公证文书或将固定的手机短信证据交给法院，或由法官对手机内容进行检验，并当场制成笔录。做笔录时，同样应注明手机型号与品牌。除极少数款式的手机短信内容可以修改外，目前绝大多数市面上出售的手机中短信内容是不可修改的。而且这种证据有法律依据。

2005 年 4 月 1 日生效的《中华人民共和国电子签名法》（以下简称《电子签名法》）承认了数据电文中电子签名的法律效力。《电子签名法》第二条第二款规定："数据电文，是指以电子、光学、磁或者类似手段生成、发送、接收或者储存的信息。"第七条规定："数据电文不得仅因为其是以电子、光学、磁或者类似手段生成、发送、接收或者储存的而被拒绝作为证据使用。"

《电子签名法》第五条规定："符合下列条件的数据电文，视为满足法律、法规规定的原件形式要求：（一）能够有效地表现所载内容并可供随时调取查用；（二）能够可靠地保证自最终形成时起，内容保持完整、未被更改。但是，在数据电文上增加背书以及数据交换、储存和显示过程中发生的形式变化不影响数据电文的完整性。"因此，《电子签名法》为手机短信的利用至少提供了相关的法律依据，在以后的司法实践中，会被越来越广泛地利用。

（四）电子邮件可以作为证据使用吗

电子邮件作为证据使用的法律依据源于《合同法》第十一条的相关规定，但首次被人民法院采用是上海法院一起案例。2002 年上海市第一中级人民法院审理一起网上买卖案中，在国内第一次将经过公证取得的电子邮件作为定案依据。

由于电子邮件的用户名、账户名、密码均是唯一的，任何人只要掌握了某一注册用户的用户名、密码，就可在任何地方，使用任意一台联网的计算机在该用户名所对应的电子信箱上收发、删除电子邮件，因此，电子邮件的真实性，往往成为双方的争议焦点。

对于收到的电子邮件，一般人无法直接修改其内容，因为收件箱中的电子邮件是只读文件，拒绝删改。如果纯电子邮件的信头上均带有收发件人、收发件人的网址、收发件时间等详细资料，在这种情况下，一般可以结合其他补强证据认定。

对于当事人而言，如果想将电子邮件作为证据提交法院，最好采用公证的方式，将电子邮件打开及打印内容的过程全程公证，将公证书提交法院。或将载有电子邮件的软盘交到法院，由法院主持双方在场打开邮件并打印内容。

目前，上海市第一中级人民法院、上海市第二中级人民法院和浦东新区人民法院对电子邮件作为证据使用均有审判实践，公安部门对邮件的源文件是否经过修改也可以进行鉴定。

（五）传真件可以作为证据使用吗

越来越多的观点认为，传真件有两份原件，即发件人和收件人手中的文件。根据电信部门的记录，很容易核实在特定的时间点，当事人双方是否发生过传真往来行为。一旦证实发送过传真，必然会存在发件文件和收件文件两份文件。当事人双方都有义务向法院举出自己手中的文件，在特定时间收取的两份文件如有修改之处便一目了然。如果传真件的内容均为手写，且笔迹较清晰，一般可以鉴定出是否经过修改。如果笔迹模糊，或基本为打印字体，鉴定难度将会大大增加。

实践中有些学者认为，传真件并非证据原件，传真件的效力不能与原件同等对待。在认定传真件的证据效力时应当考虑：第一，传真件是否为传真人所发出，是首先要认定的问题，要根据接、发传真的号码、时间以及登记的电话号码加以认定其真实性。第二，对于重大问题因时间紧迫需要通过传真及时变更或者处理的，应当保证在发出传真的同时也要将传真件的原件寄发给接收人，以示证据的统一性和完整性。如果接收人未经审核或者在履行过程中传真者未将原件寄发给接收人的，接收人有责任和义务要求传真者履行应尽的证据保全义务。第三，合同签订履行和变更事宜通过一系列传真和其他书面证据能够证明其连续性的，特别是双方互有传真往来，彼此是相互衔接的，足以认定传真件的真实性并具有证据效力。第四，应当注意，唯一的传真件作为孤证不能作为证据使用，必须有其他的直接证据或者间接证据链加以佐证，方能作为证据使用。

（六）"私人侦探"收集证据合法吗

如果强调由当事人亲自去收集对方有过错或财产状况的证据，显然是不可能的。由于当事人没有特定的经验以及充分的时间和精力，让他们在满怀悲愤恼怒的心情下去取证，是不现实的。而当事人的亲友代为取证，也存在同样的问题。指望律师代为取证，也相当困难。因为取证工作量较大，耗费的精力也很大，有的律师甚至不懂最基本的调查技巧，尽管律师是通晓法律的专家，但未必是调查取证的好手，因此，"私人侦探"应运而生。

虽然，目前对于"私人侦探"存在的合法性各界普遍存在质疑，但不容置疑的是目前有着对私人侦探的巨大市场需求，有需求，就有供应。不论现在存在的类似机构的名称如何，是信息咨询公司还是调查事务所，其提供婚姻案件当事人服务的手段，就是采用跟踪、拍摄、录音的行为，固定、保留另一方有过错的事实情节，或发现财产证据线索。

既然法律赋予了当事人"谁主张、谁举证"的权利义务，当事人自然有权委托代理人代为收集调查取证。被委托人不论是谁，只要其是采用合法的手段、使用合法的器械取来的与本案有关的证据，就是有效证据，只是其证明力大小有待法官认定。因此，对于有些有必要的案件，请"私人侦探"调查取证，也不失为一种争取最大权益的手段。

（七）什么样的案件适合请人代为取证

对于一般的离婚案件，财产争议额度不大，当事人经济能力不是很强的案件，我们不建议请人代为取证。一般请人调查取证工作量大，可能会有若干人参与，周期相对较长，同时工作危险性、风险性也存在，因此，委托调查开销相对较高。如果使用受委托人相对较多或价值相对较大的调查器材（如几辆汽车），花费更高。因此，对于家庭共同财产较高，有对方过错证据对财产分割影响较大，或财产证据线索较为重要的案件，可以请人代为调查取证。而对于一般家庭中的婚外情以及财产情况，没有必要聘请人来调查。当然，如果愿意"花钱买明白"而忽略经济账，采用代为调查取证的模式也无可厚非。

（八）网络聊天记录的证明效力

一般认为，QQ 或 MSN 等聊天记录作为证据有一定的证据效力，但必须有其他证据来辅佐，形成一个证据链，这样才可以被采用。

因为现有的法律和司法解释制定时，互联网交往尚未如今天这样广泛频繁，所以没有明确规定 QQ 等聊天记录可以作为证据这一项。但随着社会的不断发展，相关的法律和司法解释需要进一步完善。

目前，网络交往中的取证有一定难度。但如果 QQ 或 MSN 等聊天记录经过公证部门证据保全，其证明效力将会增强。

（九）电话通讯记录的证明效力

电话通讯清单的调取，首先存在取证难的问题。一般通讯管理部门是不会对外公开接受客户的电话通讯记录查询的，即使是律师持调查信，也不能取得，除非有法院的调查令或由法院调查取证。但一般法院不会认为调查一方的通讯记录会对证明其有婚外情过错有关联性，所以一般也不会予以批准。因此，绝大多数的电话通讯记录的来源是通过不合法的途径得来的，其合法性普遍遭受质疑，故其证明效力大打折扣。其次，即使电话通讯记录真实，其证据本身只能证明某人的通话次数、通话时间、主叫被叫号码，不能直接反应任何客观过错事实。因此，仅凭电话通讯记录中不正常的通话次数和通话时间，来推定一方存在过错，得到法院支持的可能性不大。

（十）家庭暴力的取证与固证

《婚姻法》第四十三条规定："对正在实施的家庭暴力，受害人有权提出请求，居民委员会、村民委员会应当予以劝阻；公安机关应当予以制止。"

婚姻法的司法解释中对家庭暴力作了权威性的界定："家庭暴力"是指行为人以殴打、捆绑、残害、强行限制人身自由或者其他手段，给其家庭成员的身体、精神等方面造成一定伤害后果的行为。作为女人，常常是受害者，要留意收集证据：首先必须丢掉要面子的想法，向社区居委会和邻居报警，也可向亲朋好友及时求救，既可阻止暴力升级，又是重要人证；其次要向当地派出所报警，派出所留存的报警记录或者询问笔录就是重要证据；第三要到医院门诊检查，要注意保存急诊记录、门诊病历、CT 医疗报告、影像报告、治疗单据、出院记录等相应的凭证，以便将来提出赔偿请求时使用。

三、共同财产证据的收集

据统计，每年的离婚案件中，通过法院诉讼离婚的占到40%左右。应该说，每个人都不愿意打离婚官司，无论原告还是被告。而"法庭上见"，几乎全都是当事人对财产分割不能达成一致意见的后果。因此，作为原告，在起诉前，一定要注意做好诉前准备工作。因为目前，法院一般都严格按照最高人民法院关于举证期限的相关规定，给予原告一个举证的时限，如果原告在举证时限（简易程序一般为15天，甚至有7天的，普通程序一般为30天）内没有举证，法院一般不会主动告之其丧失举证权利，但有经验的被告方律师会及时指出来，使原告陷入尴尬境地，甚至失去了财产分割的机会，这是让人非常痛心的。

另外，一定要注意运用申请法院调查收集证据的权利。在离婚案件中，大量的财产证据必须靠法院去收集。比如，银行存款一般是需要法院查询的；股票资金对账单是需要法院开具调查令再由委托律师收集或直接由法院调查收集的。甚至现在有的单位调查其员工的收入情况，也要法院出面才可以收集到。有时候，如果查询房地产交易资料的内档，往往也被交易中心告之要求法院出具调查令。此外的鉴定报告，比如价格鉴定、亲子鉴定等，均需法院委托，否则，一方单方委托鉴定的证据对方有可能不予以认可。因此，灵活运用申请法院调取证据的权利是相当重要的。

（一）如何调查对方的存款情况

如果通过正当途径即合法途径，想要了解对方的银行存款信息，必须通过法院开具调查令或申请法院调查。对于不知道存款的具体开户行和账号，法官一般会表示拒绝查询。所以，如果夫妻尚在一处居住，可以在对方没有完全防备时，找到对方存折或银行卡，将相关材料复印，或将号码抄下。如果不知道对方开户账号，但知道在具体哪一家银行开的账户，一般也可以将储蓄信息查到。

另外，有经验的当事人或律师要申请法院调查银行存款情况时，一定同时申请并打印自开户以来的存取款明细，这样就有可能避免对方在法院查询之前取走的存款被隐蔽掉，因此，提醒当事人一定要在申请法院调查取证申请书上请求法院打印存取款明细。

（二）如何知道对方股票情况

自20世纪90年代以来，我国股民数量的发展非常迅速，一般离婚案件中有30%左右都会涉及股票分割问题。

如果知道对方在哪一个证券所开户，可以委托律师申请法院调查令，或直接申请法院到证券公司调查，打印有股票交易的资金对账单，或直接去开户银行打印股票交易的对账单。

目前，中国证券登记结算公司有上海和深圳两个分公司，可以在该处查询到所有沪市和深市的股民股票交易信息。

如果不知道对方在哪一个证券公司开户，也没有关系，只要知道对方的身份证号就足够了，只是稍麻烦一些。知道对方的身份证号后，向法院申请调查令，或申请法院直接去中国证券上海结算公司或中国证券深圳结算公司调查对方的股票交易明细。通过这两个公司，可以查到对方所有的股票交易记录，但是如果想查到对方的资金账户情况，还需要在这两个公司查出对方的开户证券公司，再次向法院申请调查令或申请法院直接去具体开户的证券公司调查资金对账单。由此，将对方账户内的股票市值及资金账户余额查清。

查询股票情况，一般同时需要了解被查询人的股票交易情况和资金进出情况。①

（三）如何了解对方的购房情况

实践中，有些人背着配偶，在本市或外地另购有房，但对购房情况有意隐瞒或事后矢口否认，给主张权利的一方造成了障碍。

在目前的网络条件以及法律实践环境下，仅凭自己的身份证去查另一方在一个城市的购房情况在绝大多数地方还不现实。因此，如果一点儿都不知道对方购房的位置，即没有任何信息，只知道购了房，而想查到具体购房信息是一件非常棘手的事。

如果一点儿都不知道对方购房情况，可以先"兜圈子"，从对方资金流向上找。比如，对方的账户上在可能购房的某个时间点上有大额的资金外付，就有可能是直接付到房地产公司的。再比如，对方的某个账户每个月有固定数额的资金支出，就有可能是缴纳的房屋贷款或水电物业管理费用。如果一个人在外购房，只要仔细留心其生活起居习惯，一般总能发现一些线索。如果已经分居，或者对方非常慎重敏感，不露声色，没有破绽，也可以对其行踪进行调查，经过一段时间的分析摸排，通过对其出入的可疑房产处所的调查，得出结论。

实践中，大部分情况是一方知道另一方大概购买楼盘的方位，比如知道在某一个小区，但不知道具体房屋的坐落。这种情况下，如果不想诉至法院通过法院的渠道调查取证，可以每家每户地敲门排查或在门口守候以逸待劳。但是，如果小区规模巨大，几百上千套房子，或者是未竣工的小区，这个办法就不好使了。怎么办呢？小区规模再大，也是通过物业管理公司来进行管理的，因此，想办法通过物业的口子，也可以查出对方的房屋坐落。②

（四）如何查询对方的保险信息

随着时代的进步，越来越多的家庭有了保险理念，财产保险与人身保险进入了越来越多的家庭。因为有经济利益的纷争，在离婚时，保险利益如何查询和划分也在越来越多的离婚案件中受到关注。

家庭保险可以分为家庭财产保险和家庭人身保险。一般情况下，因为财产保险与人身关系相分离，并且保险利益与被保险的财物关联，因此在离婚时一般不会引起争议。但人身保险则不同，由于牵涉被保险人、受益人的人身权益，因此在离婚后或发生保险事故后，往往容易引起纠纷。

若要查询对方当事人的保险情况，最好能更多地了解对方关于保险缔结的相关信息，比如保险证（合同）号、签订合同的日期等。

---

① 诉讼离婚时如何调查对方的存款情况．http：//www．lawtime．cn/info/hunyin/lhlawlhss/20111230162098．html．
② 不知道对方的购房情况怎么办．http：//china．findlaw．cn/info/hy/caichanfenge/caichangongzheng/325583．html．

实行调查令的地区，也可以让律师凭法院开具的调查令即可到相关保险公司的法律部（室）进行接洽联系。

（五）不知道对方的工资收入怎么办

离婚诉讼案件中，一方或双方的收入状况是确定夫妻共同财产范围以及确定子女抚养费数额的重要因素。因为闹到离婚诉讼这一步，一般双方当事人的沟通和交流就会存在很大的障碍，对于自己财产和收入状况，一般也不愿意透露。有的夫妻在共同生活期间，彼此对于对方的收入状况较为了解，对于对方所在的单位也比较熟悉，这样，调查或掌握一方收入相对容易。但是，也有一些当事人，由于在共同生活期间，不在意另一方的收入情况，或对经济没有过多的防备心理，可能对另一方的收入情况不太清楚，这样，就有必要在诉讼开庭前调查另一方的收入情况。可以委托律师或向法院申请调查令，凭此调查。

（六）贵重家具、贵重财物如何保护

1. 保护贵重家具、贵重财物的原因

夫妻关系恶化到一定的程度，可能会发展到分居的状态。由于一方不能再继续容忍另一方的一切，选择搬出家门另行居住也是无奈之举。但一旦搬出家门，家中的财物就脱离了自己实际控制的范围，若另一方将家中财产转移隐匿，而一方又不能拿出发票等可以证明曾有被转移的共同财产的证据，恐怕到了法院也说不清到底有哪些共同财产。

比如，张某与李某婚姻关系紧张，天天吵架斗气，弄得双方精力疲惫。无奈之下，张某在外另行租住了一个住所。对他们来说，夫妻离婚只是迟早的事，因此，在家人和朋友的调唆下，李某将贵重的金银饰品都收到娘家去了，并且将稍微值钱的家电家具都拉走了。虽然有邻居可以作证李某把家具家电拉走，但拉走了哪些家具家电却无法证实，法院也不好认定。

因此，在分居前做好贵重家具、财产的保护工作，是当事人应该考虑的问题。

2. 保护贵重家具、贵重财物的方式

对于贵重金属（如金银饰品），因为其体积小、价值高、易藏匿，往往是当事人转移隐匿的对象。在分居前，最好将自己使用的金银饰品收起来，我们不是建议转移和隐匿，而是准备在诉讼过程中，将自己管理的贵重金属清单递交给法官，由法院作为共同财产处理。

对于家电、家具的保护，最好采用视听资料加证人的方式来取证。比如，请两个对本案处理结果没有利害关系的证人到家里，随后用数码摄像机或照相机将家里面的财物拍摄下来，注意要拍摄仔细，一般拍摄的图像要素有以下几点：

第一，被拍摄的物品和证人在一起，其中，证人的面容要清晰可辨。

第二，被拍摄的物品的品牌、规格，可以拉近镜头拍摄。

第三，被拍摄的物品在房间的具体位置。

将家中较为贵重的物品或家里的装修情况进行拍摄后，再请证人写下证词，以证明家里的电器、家具和装修状况。①

---

① 家具、贵重财物如何保护. http：//www. 51divorce. com/fayuanshenanjian/zhunbeikaiting/2009/635. html.

四、子女抚养证据的收集

夫妻离婚时，双方对子女抚养权的争夺也比较常见。争夺子女抚养权的主要原因有两种：其一，真心爱孩子，愿意和孩子一起生活；其二，为了得到房产或更多的财产，以孩子为筹码，迫使对方让步。

关于孩子的抚养问题，我国《婚姻法》第三十六、三十七条进行了简单的规定，而最高人民法院《关于人民法院审理离婚案件处理子女抚养问题的若干具体意见》对此作了较为详细的规定，上面的章节已经进行了详细的说明，这里只谈论收集哪些证据可以最大可能争取到孩子的抚养权。我们认为，可以从以下几个方面考虑。

1. 夫妻双方的综合素质

在日常的家庭生活中，父母的待人接物、生活理念、道德品质及学习热情等特性无时不在影响着自己的孩子，所以，争取抚养权一方尽力将自身具备的这些优势展现出来，比如，教育经历证明、单位颁发的荣誉证书等。能尽量取得这一方面的证据，是比较重要的。

2. 双方的抚养能力及双方父母基本条件的取证

法院确认双方的抚养能力主要有两方面：一是看双方的经济能力；二是看双方的家庭成员。如果一方有充分的经济实力，能为孩子提供更好的学习生活环境，对其争取孩子抚养权是非常有利的。此外，城市生活节奏较快，很多时候，真正带孩子的往往不是夫妻任何一方，而是一方的父母带。因此，孩子以往的生活环境，以及长期带孩子的一方父母的素养、意见及身体情况，往往也是影响孩子抚养权的一个重要方面。

3. 孩子生活环境方面的取证

离婚案件中孩子抚养问题的处理原则，是不影响孩子的健康成长。如果双方离婚，但有一方距离学校较近，或生活小区成熟，对孩子入学、生活最为有利，当然得到孩子抚养权的可能性就会更大。因此，这方面的取证工作也是必需的。

4. 孩子的意见相当重要

一般，法院在处理抚养问题上，会认真听取十周岁以上孩子的意见，并做笔录入卷。在离婚前或离婚过程中，做好孩子的思想工作，使孩子愿意随自己生活是尤为重要的。现在十周岁以上的孩子一般已经较为成熟了，对于离婚的含义及后果都基本了解，虽然这样会对其造成伤害，但这种伤害是避免不了的，让孩子由对其成长最为有利的一方抚养，也算是最大限度减轻伤害的一种补救。

附录：婚姻家庭常用法律、法规、司法解释

中华人民共和国婚姻法

(1980 年 9 月 10 日第五届全国人民代表大会第三次会议通过　根据 2001 年 4 月 28 日第九届全国人民代表大会常务委员会第二十一次会议《关于修改〈中华人民共和国婚姻法〉的决定》修正)

目录

第一章　总　则

第一条　本法是婚姻家庭关系的基本准则。

第二条　实行婚姻自由、一夫一妻、男女平等的婚姻制度。

保护妇女、儿童和老人的合法权益。

实行计划生育。

第三条　禁止包办、买卖婚姻和其他干涉婚姻自由的行为。禁止借婚姻索取财物。

禁止重婚。禁止有配偶者与他人同居。禁止家庭暴力。禁止家庭成员间的虐待和遗弃。

第四条　夫妻应当互相忠实，互相尊重；家庭成员间应当敬老爱幼，互相帮助，维护平等、和睦、文明的婚姻家庭关系。

第二章　结　婚

第五条　结婚必须男女双方完全自愿，不许任何一方对他方加以强迫或任何第三者加以干涉。

第六条　结婚年龄，男不得早于二十二周岁，女不得早于二十周岁。晚婚晚育应予鼓励。

— 178 —

第七条 有下列情形之一的，禁止结婚：

（一）直系血亲和三代以内的旁系血亲；

（二）患有医学上认为不应当结婚的疾病。

第八条 要求结婚的男女双方必须亲自到婚姻登记机关进行结婚登记。符合本法规定的，予以登记，发给结婚证。取得结婚证，即确立夫妻关系。未办理结婚登记的，应当补办登记。

第九条 登记结婚后，根据男女双方约定，女方可以成为男方家庭的成员，男方可以成为女方家庭的成员。

第十条 有下列情形之一的，婚姻无效：

（一）重婚的；

（二）有禁止结婚的亲属关系的；

（三）婚前患有医学上认为不应当结婚的疾病，婚后尚未治愈的；

（四）未到法定婚龄的。

第十一条 因胁迫结婚的，受胁迫的一方可以向婚姻登记机关或人民法院请求撤销该婚姻。受胁迫的一方撤销婚姻的请求，应当自结婚登记之日起一年内提出。被非法限制人身自由的当事人请求撤销婚姻的，应当自恢复人身自由之日起一年内提出。

第十二条 无效或被撤销的婚姻，自始无效。当事人不具有夫妻的权利和义务。同居期间所得的财产，由当事人协议处理；协议不成时，由人民法院根据照顾无过错方的原则判决。对重婚导致的婚姻无效的财产处理，不得侵害合法婚姻当事人的财产权益。当事人所生的子女，适用本法有关父母子女的规定。

第三章　家庭关系

第十三条 夫妻在家庭中地位平等。

第十四条 夫妻双方都有各用自己姓名的权利。

第十五条 夫妻双方都有参加生产、工作、学习和社会活动的自由，一方不得对他方加以限制或干涉。

第十六条 夫妻双方都有实行计划生育的义务。

第十七条 夫妻在婚姻关系存续期间所得的下列财产，归夫妻共同所有：

（一）工资、奖金；

（二）生产、经营的收益；

（三）知识产权的收益；

（四）继承或赠与所得的财产，但本法第十八条第三项规定的除外；

（五）其他应当归共同所有的财产。

夫妻对共同所有的财产，有平等的处理权。

第十八条 有下列情形之一的，为夫妻一方的财产：

（一）一方的婚前财产；

（二）一方因身体受到伤害获得的医疗费、残疾人生活补助费等费用；

（三）遗嘱或赠与合同中确定只归夫或妻一方的财产；

（四）一方专用的生活用品；

（五）其他应当归一方的财产。

第十九条 夫妻可以约定婚姻关系存续期间所得的财产以及婚前财产归各自所有、共同所有或部分各自所有、部分共同所有。约定应当采用书面形式。没有约定或约定不明确的，适用本法第十七条、第十八条的规定。

夫妻对婚姻关系存续期间所得的财产以及婚前财产的约定，对双方具有约束力。

夫妻对婚姻关系存续期间所得的财产约定归各自所有的，夫或妻一方对外所负的债务，第三人知道该约定的，以夫或妻一方所有的财产清偿。

第二十条 夫妻有互相扶养的义务。

一方不履行扶养义务时，需要扶养的一方，有要求对方付给扶养费的权利。

第二十一条 父母对子女有抚养教育的义务；子女对父母有赡养扶助的义务。

父母不履行抚养义务时，未成年的或不能独立生活的子女，有要求父母付给抚养费的权利。

子女不履行赡养义务时，无劳动能力的或生活困难的父母，有要求子女付给赡养费的权利。

禁止溺婴、弃婴和其他残害婴儿的行为。

第二十二条 子女可以随父姓，可以随母姓。

第二十三条 父母有保护和教育未成年子女的权利和义务。在未成年子女对国家、集体或他人造成损害时，父母有承担民事责任的义务。

第二十四条 夫妻有相互继承遗产的权利。

父母和子女有相互继承遗产的权利。

第二十五条 非婚生子女享有与婚生子女同等的权利，任何人不得加以危害和歧视。

不直接抚养非婚生子女的生父或生母，应当负担子女的生活费和教育费，直至子女能独立生活为止。

第二十六条 国家保护合法的收养关系。养父母和养子女间的权利和义务，适用本法对父母子女关系的有关规定。

养子女和生父母间的权利和义务，因收养关系的成立而消除。

第二十七条 继父母与继子女间，不得虐待或歧视。

继父或继母和受其抚养教育的继子女间的权利和义务，适用本法对父母子女关系的有关规定。

第二十八条 有负担能力的祖父母、外祖父母，对于父母已经死亡或父母无力抚养的未成年的孙子女、外孙子女，有抚养的义务。有负担能力的孙子女、外孙子女，对于子女已经死亡或子女无力赡养的祖父母、外祖父母，有赡养的义务。

第二十九条 有负担能力的兄、姐，对于父母已经死亡或父母无力抚养的未成年的弟、妹，有扶养的义务。由兄、姐扶养长大的有负担能力的弟、妹，对于缺乏劳动能力又缺乏生活来源的兄、姐，有扶养的义务。

第三十条 子女应当尊重父母的婚姻权利，不得干涉父母再婚以及婚后的生活。子女对父母的赡养义务，不因父母的婚姻关系变化而终止。

第四章 离 婚

第三十一条 男女双方自愿离婚的，准予离婚。双方必须到婚姻登记机关申请离婚。婚姻登记机关查明双方确实是自愿并对子女和财产问题已有适当处理时，发给离婚证。

第三十二条 男女一方要求离婚的，可由有关部门进行调解或直接向人民法院提出离婚诉讼。

人民法院审理离婚案件，应当进行调解；如感情确已破裂，调解无效，应准予离婚。

有下列情形之一，调解无效的，应准予离婚：

（一）重婚或有配偶者与他人同居的；

（二）实施家庭暴力或虐待、遗弃家庭成员的；

（三）有赌博、吸毒等恶习屡教不改的；

（四）因感情不和分居满二年的；

（五）其他导致夫妻感情破裂的情形。

一方被宣告失踪，另一方提出离婚诉讼的，应准予离婚。

第三十三条 现役军人的配偶要求离婚，须得军人同意，但军人一方有重大过错的除外。

第三十四条 女方在怀孕期间、分娩后一年内或中止妊娠后六个月内，男方不得提出离婚。女方提出离婚的，或人民法院认为确有必要受理男方离婚请求的，不在此限。

第三十五条 离婚后，男女双方自愿恢复夫妻关系的，必须到婚姻登记机关进行复婚登记。

第三十六条 父母与子女间的关系，不因父母离婚而消除。离婚后，子女无论由父或母直接抚养，仍是父母双方的子女。

离婚后，父母对于子女仍有抚养和教育的权利和义务。

离婚后，哺乳期内的子女，以随哺乳的母亲抚养为原则。哺乳期后的子女，如双方因抚养问题发生争执不能达成协议时，由人民法院根据子女的权益和双方的具体情况判决。

第三十七条 离婚后，一方抚养的子女，另一方应负担必要的生活费和教育费的一部或全部，负担费用的多少和期限的长短，由双方协议；协议不成时，由人民法院判决。

关于子女生活费和教育费的协议或判决，不妨碍子女在必要时向父母任何一方提出超过协议或判决原定数额的合理要求。

第三十八条 离婚后，不直接抚养子女的父或母，有探望子女的权利，另一方有协助的义务。

行使探望权利的方式、时间由当事人协议；协议不成时，由人民法院判决。

父或母探望子女，不利于子女身心健康的，由人民法院依法中止探望的权利；中止的事由消失后，应当恢复探望的权利。

第三十九条 离婚时，夫妻的共同财产由双方协议处理；协议不成时，由人民法院根据财产的具体情况，照顾子女和女方权益的原则判决。

夫或妻在家庭土地承包经营中享有的权益等，应当依法予以保护。

第四十条 夫妻书面约定婚姻关系存续期间所得的财产归各自所有，一方因抚育子女、照料老人、协助另一方工作等付出较多义务的，离婚时有权向另一方请求补偿，另一方应当予以补偿。

第四十一条 离婚时，原为夫妻共同生活所负的债务，应当共同偿还。共同财产不足清偿的，或财产归各自所有的，由双方协议清偿；协议不成时，由人民法院判决。

第四十二条 离婚时，如一方生活困难，另一方应从其住房等个人财产中给予适当帮助。具体办法由双方协议；协议不成时，由人民法院判决。

第五章 救助措施与法律责任

第四十三条 实施家庭暴力或虐待家庭成员，受害人有权提出请求，居民委员会、村民委员会以及所在单位应当予以劝阻、调解。

对正在实施的家庭暴力，受害人有权提出请求，居民委员会、村民委员会应当予以劝阻；公安机关应当予以制止。

实施家庭暴力或虐待家庭成员，受害人提出请求的，公安机关应当依照治安管理处罚的法律规定予以行政处罚。

第四十四条 对遗弃家庭成员，受害人有权提出请求，居民委员会、村民委员会以及所在单位应当予以劝阻、调解。

对遗弃家庭成员，受害人提出请求的，人民法院应当依法作出支付扶养费、抚养费、赡养费的判决。

第四十五条 对重婚的，对实施家庭暴力或虐待、遗弃家庭成员构成犯罪的，依法追究刑事责任。受害人可以依照刑事诉讼法的有关规定，向人民法院自诉；公安机关应当依法侦查，人民检察院应当依法提起公诉。

第四十六条 有下列情形之一，导致离婚的，无过错方有权请求损害赔偿：

（一）重婚的；

（二）有配偶者与他人同居的；

（三）实施家庭暴力的；

（四）虐待、遗弃家庭成员的。

第四十七条 离婚时，一方隐藏、转移、变卖、毁损夫妻共同财产，或伪造债务企图侵占另一方财产的，分割夫妻共同财产时，对隐藏、转移、变卖、毁损夫妻共同财产或伪造债务的一方，可以少分或不分。离婚后，另一方发现有上述行为的，可以向人民法院提起诉讼，请求再次分割夫妻共同财产。

人民法院对前款规定的妨害民事诉讼的行为，依照民事诉讼法的规定予以制裁。

第四十八条 对拒不执行有关扶养费、抚养费、赡养费、财产分割、遗产继承、探望子女等判决或裁定的，由人民法院依法强制执行。有关个人和单位应负协助执行的责任。

第四十九条 其他法律对有关婚姻家庭的违法行为和法律责任另有规定的，依照其规定。

第六章 附 则

第五十条 民族自治地方的人民代表大会有权结合当地民族婚姻家庭的具体情况，制定变通规定。自治州、自治县制定的变通规定，报省、自治区、直辖市人民代表大会常务委员会批准后生效。自治区制定的变通规定，报全国人民代表大会常务委员会批准后生效。

第五十一条 本法自 1981 年 1 月 1 日起施行。

最高人民法院关于适用
《中华人民共和国婚姻法》若干问题的解释（一）

（2001 年 12 月 24 日最高人民法院审判委员会第 1202 次会议通过）

为了正确审理婚姻家庭纠纷案件，根据《中华人民共和国婚姻法》（以下简称婚姻法）、《中华人民共和国民事诉讼法》等法律的规定，对人民法院适用婚姻法的有关问题作出如下解释：

第一条　婚姻法第三条、第三十二条、第四十三条、第四十五条、第四十六条所称的"家庭暴力"，是指行为人以殴打、捆绑、残害、强行限制人身自由或者其他手段，给其家庭成员的身体、精神等方面造成一定伤害后果的行为。持续性、经常性的家庭暴力，构成虐待。

第二条　婚姻法第三条、第三十二条、第四十六条规定的"有配偶者与他人同居"的情形，是指有配偶者与婚外异性，不以夫妻名义，持续、稳定地共同居住。

第三条　当事人仅以婚姻法第四条为依据提起诉讼的，人民法院不予受理；已经受理的，裁定驳回起诉。

第四条　男女双方根据婚姻法第八条规定补办结婚登记的，婚姻关系的效力从双方均符合婚姻法所规定的结婚的实质要件时起算。

第五条　未按婚姻法第八条规定办理结婚登记而以夫妻名义共同生活的男女，起诉到人民法院要求离婚的，应当区别对待：

（一）1994 年 2 月 1 日民政部《婚姻登记管理条例》公布实施以前，男女双方已经符合结婚实质要件的，按事实婚姻处理；

（二）1994 年 2 月 1 日民政部《婚姻登记管理条例》公布实施以后，男女双方符合结婚实质要件的，人民法院应当告知其在案件受理前补办结婚登记；未补办结婚登记的，按解除同居关系处理。

第六条　未按婚姻法第八条规定办理结婚登记而以夫妻名义共同生活的男女，一方死亡，另一方以配偶身份主张享有继承权的，按照本解释第五条的原则处理。

第七条　有权依据婚姻法第十条规定向人民法院就已办理结婚登记的婚姻申请宣告婚姻无效的主体，包括婚姻当事人及利害关系人。利害关系人包括：

（一）以重婚为由申请宣告婚姻无效的，为当事人的近亲属及基层组织；

（二）以未到法定婚龄为由申请宣告婚姻无效的，为未达法定婚龄者的近亲属；

（三）以有禁止结婚的亲属关系为由申请宣告婚姻无效的，为当事人的近亲属；

（四）以婚前患有医学上认为不应当结婚的疾病，婚后尚未治愈为由申请宣告婚姻无效的，为与患病者共同生活的近亲属。

第八条　当事人依据婚姻法第十条规定向人民法院申请宣告婚姻无效的，申请时，法定的无效婚姻情形已经消失的，人民法院不予支持。

第九条　人民法院审理宣告婚姻无效案件，对婚姻效力的审理不适用调解，应当依法作出判决；有关婚姻效力的判决一经作出，即发生法律效力。

涉及财产分割和子女抚养的，可以调解。调解达成协议的，另行制作调解书。对财产分割和子女抚养问题的判决不服的，当事人可以上诉。

第十条 婚姻法第十一条所称的"胁迫"，是指行为人以给另一方当事人或者其近亲属的生命、身体健康、名誉、财产等方面造成损害为要挟，迫使另一方当事人违背真实意愿结婚的情况。

因受胁迫而请求撤销婚姻的，只能是受胁迫一方的婚姻关系当事人本人。

第十一条 人民法院审理婚姻当事人因受胁迫而请求撤销婚姻的案件，应当适用简易程序或者普通程序。

第十二条 婚姻法第十一条规定的"一年"，不适用诉讼时效中止、中断或者延长的规定。

第十三条 婚姻法第十二条所规定的自始无效，是指无效或者可撤销婚姻在依法被宣告无效或被撤销时，才确定该婚姻自始不受法律保护。

第十四条 人民法院根据当事人的申请，依法宣告婚姻无效或者撤销婚姻的，应当收缴双方的结婚证书并将生效的判决书寄送当地婚姻登记管理机关。

第十五条 被宣告无效或被撤销的婚姻，当事人同居期间所得的财产，按共同共有处理。但有证据证明为当事人一方所有的除外。

第十六条 人民法院审理重婚导致的无效婚姻案件时，涉及财产处理的，应当准许合法婚姻当事人作为有独立请求权的第三人参加诉讼。

第十七条 婚姻法第十七条关于"夫或妻对夫妻共同所有的财产，有平等的处理权"的规定，应当理解为：

（一）夫或妻在处理夫妻共同财产上的权利是平等的。因日常生活需要而处理夫妻共同财产的，任何一方均有权决定。

（二）夫或妻非因日常生活需要对夫妻共同财产做重要处理决定，夫妻双方应当平等协商，取得一致意见。他人有理由相信其为夫妻双方共同意思表示的，另一方不得以不同意或不知道为由对抗善意第三人。

第十八条 婚姻法第十九条所称"第三人知道该约定的"，夫妻一方对此负有举证责任。

第十九条 婚姻法第十八条规定为夫妻一方所有的财产，不因婚姻关系的延续而转化为夫妻共同财产。但当事人另有约定的除外。

第二十条 婚姻法第二十一条规定的"不能独立生活的子女"，是指尚在校接受高中及其以下学历教育，或者丧失或未完全丧失劳动能力等非因主观原因而无法维持正常生活的成年子女。

第二十一条 婚姻法第二十一条所称"抚养费"，包括子女生活费、教育费、医疗费等费用。

第二十二条 人民法院审理离婚案件，符合第三十二条第二款规定"应准予离婚"情形的，不应当因当事人有过错而判决不准离婚。

第二十三条 婚姻法第三十三条所称的"军人一方有重大过错"，可以依据婚姻法第三十二条第二款前三项规定及军人有其他重大过错导致夫妻感情破裂的情形予以判断。

第二十四条 人民法院作出的生效的离婚判决中未涉及探望权，当事人就探望权问题单独提起诉讼的，人民法院应予受理。

第二十五条 当事人在履行生效判决、裁定或者调解书的过程中，请求中止行使探望权的，人民法院在征询双方当事人意见后，认为需要中止行使探望权的，依法作出裁定。中止探望的情形消失后，人民法院应当根据当事人的申请通知其恢复探望权的行使。

第二十六条 未成年子女、直接抚养子女的父或母及其他对未成年子女负担抚养、教育义务的法定监护人，有权向人民法院提出中止探望权的请求。

第二十七条 婚姻法第四十二条所称"一方生活困难"，是指依靠个人财产和离婚时分得的财产无法维持当地基本生活水平。

一方离婚后没有住处的，属于生活困难。

离婚时，一方以个人财产中的住房对生活困难者进行帮助的形式，可以是房屋的居住权或者房屋的所有权。

第二十八条 婚姻法第四十六条规定的"损害赔偿"，包括物质损害赔偿和精神损害赔偿。涉及精神损害赔偿的，适用最高人民法院《关于确定民事侵权精神损害赔偿责任若干问题的解释》的有关规定。

第二十九条 承担婚姻法第四十六条规定的损害赔偿责任的主体，为离婚诉讼当事人中无过错方的配偶。

人民法院判决不准离婚的案件，对于当事人基于婚姻法第四十六条提出的损害赔偿请求，不予支持。

在婚姻关系存续期间，当事人不起诉离婚而单独依据该条规定提起损害赔偿请求的，人民法院不予受理。

第三十条 人民法院受理离婚案件时，应当将婚姻法第四十六条等规定中当事人的有关权利义务，书面告知当事人。在适用婚姻法第四十六条时，应当区分以下不同情况：

（一）符合婚姻法第四十六条规定的无过错方作为原告基于该条规定向人民法院提起损害赔偿请求的，必须在离婚诉讼的同时提出。

（二）符合婚姻法第四十六条规定的无过错方作为被告的离婚诉讼案件，如果被告不同意离婚也不基于该条规定提起损害赔偿请求的，可以在离婚后一年内就此单独提起诉讼。

（三）无过错方作为被告的离婚诉讼案件，一审时被告未基于婚姻法第四十六条规定提出损害赔偿请求，二审期间提出的，人民法院应当进行调解，调解不成的，告知当事人在离婚后一年内另行起诉。

第三十一条 当事人依据婚姻法第四十七条的规定向人民法院提起诉讼，请求再次分割夫妻共同财产的诉讼时效为两年，从当事人发现之次日起计算。

第三十二条 婚姻法第四十八条关于对拒不执行有关探望子女等判决和裁定的，由人民法院依法强制执行的规定，是指对拒不履行协助另一方行使探望权的有关个人和单位采取拘留、罚款等强制措施，不能对子女的人身、探望行为进行强制执行。

第三十三条 婚姻法修改后正在审理的一、二审婚姻家庭纠纷案件，一律适用修改后的婚姻法。此前最高人民法院作出的相关司法解释如与本解释相抵触，以本解释为准。

第三十四条 本解释自公布之日起施行。

最高人民法院关于适用
《中华人民共和国婚姻法》若干问题的解释（二）

（2003 年 12 月 4 日最高人民法院审判委员会第 1299 次会议通过）

为正确审理婚姻家庭纠纷案件，根据《中华人民共和国婚姻法》（以下简称婚姻法）、《中华人民共和国民事诉讼法》等相关法律规定，对人民法院适用婚姻法的有关问题作出如下解释：

第一条 当事人起诉请求解除同居关系的，人民法院不予受理。但当事人请求解除的同居关系，属于婚姻法第三条、第三十二条、第四十六条规定的"有配偶者与他人同居"的，人民法院应当受理并依法予以解除。

当事人因同居期间财产分割或者子女抚养纠纷提起诉讼的，人民法院应当受理。

第二条 人民法院受理申请宣告婚姻无效案件后，经审查确属无效婚姻的，应当依法作出宣告婚姻无效的判决。原告申请撤诉的，不予准许。

第三条 人民法院受理离婚案件后，经审查确属无效婚姻的，应当将婚姻无效的情形告知当事人，并依法作出宣告婚姻无效的判决。

第四条 人民法院审理无效婚姻案件，涉及财产分割和子女抚养的，应当对婚姻效力的认定和其他纠纷的处理分别制作裁判文书。

第五条 夫妻一方或者双方死亡后一年内，生存一方或者利害关系人依据婚姻法第十条的规定申请宣告婚姻无效的，人民法院应当受理。

第六条 利害关系人依据婚姻法第十条的规定，申请人民法院宣告婚姻无效的，利害关系人为申请人，婚姻关系当事人双方为被申请人。

夫妻一方死亡的，生存一方为被申请人。

夫妻双方均已死亡的，不列被申请人。

第七条 人民法院就同一婚姻关系分别受理了离婚和申请宣告婚姻无效案件的，对于离婚案件的审理，应当待申请宣告婚姻无效案件作出判决后进行。

前款所指的婚姻关系被宣告无效后，涉及财产分割和子女抚养的，应当继续审理。

第八条 离婚协议中关于财产分割的条款或者当事人因离婚就财产分割达成的协议，对男女双方具有法律约束力。

当事人因履行上述财产分割协议发生纠纷提起诉讼的，人民法院应当受理。

第九条 男女双方协议离婚后一年内就财产分割问题反悔，请求变更或者撤销财产分割协议的，人民法院应当受理。

人民法院审理后，未发现订立财产分割协议时存在欺诈、胁迫等情形的，应当依法驳回当事人的诉讼请求。

第十条 当事人请求返还按照习俗给付的彩礼的，如果查明属于以下情形，人民法院应当予以支持：

（一）双方未办理结婚登记手续的；

（二）双方办理结婚登记手续但确未共同生活的；

（三）婚前给付并导致给付人生活困难的。

适用前款第（二）、（三）项的规定，应当以双方离婚为条件。

第十一条　婚姻关系存续期间，下列财产属于婚姻法第十七条规定的"其他应当归共同所有的财产"：

（一）一方以个人财产投资取得的收益；

（二）男女双方实际取得或者应当取得的住房补贴、住房公积金；

（三）男女双方实际取得或者应当取得的养老保险金、破产安置补偿费。

第十二条　婚姻法第十七条第三项规定的"知识产权的收益"，是指婚姻关系存续期间，实际取得或者已经明确可以取得的财产性收益。

第十三条　军人的伤亡保险金、伤残补助金、医药生活补助费属于个人财产。

第十四条　人民法院审理离婚案件，涉及分割发放到军人名下的复员费、自主择业费等一次性费用的，以夫妻婚姻关系存续年限乘以年平均值，所得数额为夫妻共同财产。

前款所称年平均值，是指将发放到军人名下的上述费用总额按具体年限均分得出的数额。其具体年限为人均寿命七十岁与军人入伍时实际年龄的差额。

第十五条　夫妻双方分割共同财产中的股票、债券、投资基金份额等有价证券以及未上市股份有限公司股份时，协商不成或者按市价分配有困难的，人民法院可以根据数量按比例分配。

第十六条　人民法院审理离婚案件，涉及分割夫妻共同财产中以一方名义在有限责任公司的出资额，另一方不是该公司股东的，按以下情形分别处理：

（一）夫妻双方协商一致将出资额部分或者全部转让给该股东的配偶，过半数股东同意、其他股东明确表示放弃优先购买权的，该股东的配偶可以成为该公司股东；

（二）夫妻双方就出资额转让份额和转让价格等事项协商一致后，过半数股东不同意转让，但愿意以同等价格购买该出资额的，人民法院可以对转让出资所得财产进行分割。过半数股东不同意转让，也不愿意以同等价格购买该出资额的，视为其同意转让，该股东的配偶可以成为该公司股东。

用于证明前款规定的过半数股东同意的证据，可以是股东会决议，也可以是当事人通过其他合法途径取得的股东的书面声明材料。

第十七条　人民法院审理离婚案件，涉及分割夫妻共同财产中以一方名义在合伙企业中的出资，另一方不是该企业合伙人的，当夫妻双方协商一致，将其合伙企业中的财产份额全部或者部分转让给对方时，按以下情形分别处理：

（一）其他合伙人一致同意的，该配偶依法取得合伙人地位；

（二）其他合伙人不同意转让，在同等条件下行使优先受让权的，可以对转让所得的财产进行分割；

（三）其他合伙人不同意转让，也不行使优先受让权，但同意该合伙人退伙或者退还部分财产份额的，可以对退还的财产进行分割；

（四）其他合伙人既不同意转让，也不行使优先受让权，又不同意该合伙人退伙或者退还部分财产份额的，视为全体合伙人同意转让，该配偶依法取得合伙人地位。

第十八条 夫妻以一方名义投资设立独资企业的，人民法院分割夫妻在该独资企业中的共同财产时，应当按照以下情形分别处理：

（一）一方主张经营该企业的，对企业资产进行评估后，由取得企业一方给予另一方相应的补偿；

（二）双方均主张经营该企业的，在双方竞价基础上，由取得企业的一方给予另一方相应的补偿；

（三）双方均不愿意经营该企业的，按照《中华人民共和国个人独资企业法》等有关规定办理。

第十九条 由一方婚前承租、婚后用共同财产购买的房屋，房屋权属证书登记在一方名下的，应当认定为夫妻共同财产。

第二十条 双方对夫妻共同财产中的房屋价值及归属无法达成协议时，人民法院按以下情形分别处理：

（一）双方均主张房屋所有权并且同意竞价取得的，应当准许；

（二）一方主张房屋所有权的，由评估机构按市场价格对房屋作出评估，取得房屋所有权的一方应当给予另一方相应的补偿；

（三）双方均不主张房屋所有权的，根据当事人的申请拍卖房屋，就所得价款进行分割。

第二十一条 离婚时双方对尚未取得所有权或者尚未取得完全所有权的房屋有争议且协商不成的，人民法院不宜判决房屋所有权的归属，应当根据实际情况判决由当事人使用。

当事人就前款规定的房屋取得完全所有权后，有争议的，可以另行向人民法院提起诉讼。

第二十二条 当事人结婚前，父母为双方购置房屋出资的，该出资应当认定为对自己子女的个人赠与，但父母明确表示赠与双方的除外。

当事人结婚后，父母为双方购置房屋出资的，该出资应当认定为对夫妻双方的赠与，但父母明确表示赠与一方的除外。

第二十三条 债权人就一方婚前所负个人债务向债务人的配偶主张权利的，人民法院不予支持。但债权人能够证明所负债务用于婚后家庭共同生活的除外。

第二十四条 债权人就婚姻关系存续期间夫妻一方以个人名义所负债务主张权利的，应当按夫妻共同债务处理。但夫妻一方能够证明债权人与债务人明确约定为个人债务，或者能够证明属于婚姻法第十九条第三款规定情形的除外。

第二十五条 当事人的离婚协议或者人民法院的判决书、裁定书、调解书已经对夫妻财产分割问题作出处理的，债权人仍有权就夫妻共同债务向男女双方主张权利。

一方就共同债务承担连带清偿责任后，基于离婚协议或者人民法院的法律文书向另一方主张追偿的，人民法院应当支持。

第二十六条 夫或妻一方死亡的，生存一方应当对婚姻关系存续期间的共同债务承担连带清偿责任。

第二十七条 当事人在婚姻登记机关办理离婚登记手续后，以婚姻法第四十六条规定为由向人民法院提出损害赔偿请求的，人民法院应当受理。但当事人在协议离婚时已经明确表示放弃该项请求，或者在办理离婚登记手续一年后提出的，不予支持。

第二十八条 夫妻一方申请对配偶的个人财产或者夫妻共同财产采取保全措施的，人民法院可以在采取保全措施可能造成损失的范围内，根据实际情况，确定合理的财产担保数额。

第二十九条 本解释自 2004 年 4 月 1 日起施行。

本解释施行后，人民法院新受理的一审婚姻家庭纠纷案件，适用本解释。

本解释施行后，此前最高人民法院作出的相关司法解释与本解释相抵触的，以本解释为准。

最高人民法院关于适用
《中华人民共和国婚姻法》若干问题的解释（三）

（2011 年 7 月 4 日最高人民法院审判委员会第 1525 次会议通过）

为正确审理婚姻家庭纠纷案件，根据《中华人民共和国婚姻法》（以下简称婚姻法）、《中华人民共和国民事诉讼法》等相关法律规定，对人民法院适用婚姻法的有关问题作出如下解释：

第一条 当事人以婚姻法第十条规定以外的情形申请宣告婚姻无效的，人民法院应当判决驳回当事人的申请。

当事人以结婚登记程序存在瑕疵为由提起民事诉讼，主张撤销结婚登记的，告知其可以依法申请行政复议或者提起行政诉讼。

第二条 夫妻一方向人民法院起诉请求确认亲子关系不存在，并已提供必要证据予以证明，另一方没有相反证据又拒绝做亲子鉴定的，人民法院可以推定请求确认亲子关系不存在一方的主张成立。

当事人一方起诉请求确认亲子关系，并提供必要证据予以证明，另一方没有相反证据又拒绝做亲子鉴定的，人民法院可以推定请求确认亲子关系一方的主张成立。

第三条 婚姻关系存续期间，父母双方或者一方拒不履行抚养子女义务，未成年或者不能独立生活的子女请求支付抚养费的，人民法院应予支持。

第四条 婚姻关系存续期间，夫妻一方请求分割共同财产的，人民法院不予支持，但有下列重大理由且不损害债权人利益的除外：

（一）一方有隐藏、转移、变卖、毁损、挥霍夫妻共同财产或者伪造夫妻共同债务等严重损害夫妻共同财产利益行为的；

（二）一方负有法定扶养义务的人患重大疾病需要医治，另一方不同意支付相关医疗费用的。

第五条 夫妻一方个人财产在婚后产生的收益，除孳息和自然增值外，应认定为夫妻共同财产。

第六条 婚前或者婚姻关系存续期间，当事人约定将一方所有的房产赠与另一方，赠与方在赠与房产变更登记之前撤销赠与，另一方请求判令继续履行的，人民法院可以按照合同法第一百八十六条的规定处理。

第七条 婚后由一方父母出资为子女购买的不动产，产权登记在出资人子女名下的，可按照婚姻法第十八条第（三）项的规定，视为只对自己子女一方的赠与，该不动产应认定为夫妻一方的个人财产。

由双方父母出资购买的不动产，产权登记在一方子女名下的，该不动产可认定为双方按照各自父母的出资份额按份共有，但当事人另有约定的除外。

第八条 无民事行为能力人的配偶有虐待、遗弃等严重损害无民事行为能力一方的人身权利或者财产权益行为，其他有监护资格的人可以依照特别程序要求变更监护关系；变更后的监护人代理无民事行为能力一方提起离婚诉讼的，人民法院应予受理。

第九条 夫以妻擅自中止妊娠侵犯其生育权为由请求损害赔偿的，人民法院不予支持；夫妻双方因是否生育发生纠纷，致使感情确已破裂，一方请求离婚的，人民法院经调解无效，应依照婚姻法第三十二条第三款第（五）项的规定处理。

第十条 夫妻一方婚前签订不动产买卖合同，以个人财产支付首付款并在银行贷款，婚后用夫妻共同财产还贷，不动产登记于首付款支付方名下的，离婚时该不动产由双方协议处理。

依前款规定不能达成协议的，人民法院可以判决该不动产归产权登记一方，尚未归还的贷款为产权登记一方的个人债务。双方婚后共同还贷支付的款项及其相对应财产增值部分，离婚时应根据婚姻法第三十九条第一款规定的原则，由产权登记一方对另一方进行补偿。

第十一条 一方未经另一方同意出售夫妻共同共有的房屋，第三人善意购买、支付合理对价并办理产权登记手续，另一方主张追回该房屋的，人民法院不予支持。

夫妻一方擅自处分共同共有的房屋造成另一方损失，离婚时另一方请求赔偿损失的，人民法院应予支持。

第十二条 婚姻关系存续期间，双方用夫妻共同财产出资购买以一方父母名义参加房改的房屋，产权登记在一方父母名下，离婚时另一方主张按照夫妻共同财产对该房屋进行分割的，人民法院不予支持。购买该房屋时的出资，可以作为债权处理。

第十三条 离婚时夫妻一方尚未退休、不符合领取养老保险金条件，另一方请求按照夫妻共同财产分割养老保险金的，人民法院不予支持；婚后以夫妻共同财产缴付养老保险费，离婚时一方主张将养老金账户中婚姻关系存续期间个人实际缴付部分作为夫妻共同财产分割的，人民法院应予支持。

第十四条 当事人达成的以登记离婚或者到人民法院协议离婚为条件的财产分割协议，如果双方协议离婚未成，一方在离婚诉讼中反悔的，人民法院应当认定该财产分割协议没有生效，并根据实际情况依法对夫妻共同财产进行分割。

第十五条 婚姻关系存续期间，夫妻一方作为继承人依法可以继承的遗产，在继承人之间尚未实际分割，起诉离婚时另一方请求分割的，人民法院应当告知当事人在继承人之间实际分割遗产后另行起诉。

第十六条 夫妻之间订立借款协议，以夫妻共同财产出借给一方从事个人经营活动或用于其他个人事务的，应视为双方约定处分夫妻共同财产的行为，离婚时可按照借款协议的约定处理。

第十七条 夫妻双方均有婚姻法第四十六条规定的过错情形，一方或者双方向对方提出离婚损害赔偿请求的，人民法院不予支持。

第十八条 离婚后，一方以尚有夫妻共同财产未处理为由向人民法院起诉请求分割的，经审查该财产确属离婚时未涉及的夫妻共同财产，人民法院应当依法予以分割。

第十九条 本解释施行后，最高人民法院此前作出的相关司法解释与本解释相抵触的，以本解释为准。

最高人民法院关于人民法院审理离婚案件
如何认定夫妻感情确已破裂的若干具体意见

（1989 年 11 月 21 日）

人民法院审理离婚案件，准予或不准离婚应以夫妻感情是否确已破裂作为区分的界限。判断夫妻感情是否确已破裂，应当从婚姻基础、婚后感情、离婚原因、夫妻关系的现状和有无和好的可能等方面综合分析。根据婚姻法的有关规定和审判实践经验，凡属下列情形之一的，视为夫妻感情确已破裂。一方坚决要求离婚，经调解无效，可依法判决准予离婚。

1. 一方患有法定禁止结婚疾病的，或一方有生理缺陷，或其他原因不能发生性行为，且难以治愈的。

2. 婚前缺乏了解，草率结婚，婚后未建立起夫妻感情，难以共同生活的。

3. 婚前隐瞒了精神病，婚后经治不愈，或者婚前知道对方患有精神病而与其结婚，或一方在夫妻共同生活期间患精神病，久治不愈的。

4. 一方欺骗对方，或者在结婚登记时弄虚作假，骗取《结婚证》的。

5. 双方办理结婚登记后，未同居生活，无和好可能的。

6. 包办、买卖婚姻，婚后一方随即提出离婚，或者虽共同生活多年，但确未建立起夫妻感情的。

7. 因感情不和分居已满 3 年，确无和好可能的，或者经人民法院判决不准离婚后又分居满 1 年，互不履行夫妻义务的。

8. 一方与他人通奸、非法同居，经教育仍无悔改表现，无过错一方起诉离婚，或者过错方起诉离婚，对方不同意离婚，经批评教育、处分，或在人民法院判决不准离婚后，过错方又起诉离婚，确无和好可能的。

9. 一方重婚，对方提出离婚的。

10. 一方好逸恶劳、有赌博等恶习，不履行家庭义务，屡教不改，夫妻难以共同生活的。

11. 一方被依法判处长期徒刑，或其违法、犯罪行为严重伤害夫妻感情的。

12. 一方下落不明满 2 年，对方起诉离婚，经公告查找确无下落的。

13. 受对方的虐待、遗弃，或者受对方亲属虐待，或虐待对方亲属，经教育不改，另一方不谅解的。

14. 因其他原因导致夫妻感情确已破裂的。

最高人民法院关于人民法院审理
未办结婚登记而以夫妻名义同居生活案件的若干意见

（1989 年 11 月 21 日）

人民法院审理未办结婚登记而以夫妻名义同居生活的案件，应首先向双方当事人严肃指出其行为的违法性和危害性，并视其违法情节给予批评教育或民事制裁。但基于这类"婚姻"关系形成的原因和案件的具体情况复杂，为保护妇女和儿童的合法权益，有利于婚姻家庭关系的稳定，维护安定团结，在一定时期内，有条件的承认其事实婚姻关系，是符合实际的。为此，我们根据法律规定和审判实践经验，对此类案件的审理提出以下意见：

1. 1986 年 3 月 15 日《婚姻登记办法》施行之前，未办结婚登记手续即以夫妻名义同居生活，群众也认为是夫妻关系的，一方向人民法院起诉"离婚"，如起诉时双方均符合结婚的法定条件，可认定为事实婚姻关系；如起诉时一方或双方不符合结婚的法定条件，应认定为非法同居关系。

2. 1986 年 3 月 15 日《婚姻登记办法》施行之后，未办结婚登记手续即以夫妻名义同居生活，群众也认为是夫妻关系的，一方向人民法院起诉"离婚"，如同居时双方均符合结婚的法定条件，可认定为事实婚姻关系；如同居时一方或双方不符合结婚的法定条件，应认定为非法同居关系。

3. 自民政部新的婚姻登记管理条例施行之日起，未办结婚登记即以夫妻名义同居生活，按非法同居关系对待。

4. 离婚后双方未再婚，未履行复婚登记手续，又以夫妻名义共同生活，一方起诉"离婚"的，一般应解除其非法同居关系。

5. 已登记结婚的一方又与第三人形成事实婚姻关系，或事实婚姻关系的一方又与第三人登记结婚，或事实婚姻关系的一方又与第三人形成新的事实婚姻关系，凡前一个婚姻关系的一方要求追究重婚罪的，无论其行为是否构成重婚罪，均应解除后一个婚姻关系。前一个婚姻关系的一方如要求处理离婚问题，应根据其婚姻关系的具体情况进行调解或者作出判决。

6. 审理事实婚姻关系的离婚案件，应当先进行调解。经调解和好或撤诉的，确认婚姻关系有效，发给调解书或裁定书；经调解不能和好的，应调解或判决准予离婚。

7. 未办结婚登记而以夫妻名义同居生活的男女，一方要求"离婚"或解除同居关系，经查确属非法同居关系的，应一律判决予以解除。

8. 人民法院审理非法同居关系的案件，如涉及非婚生子女抚养和财产分割问题，应一并予以解决。具体分割财产时，应照顾妇女、儿童的利益，考虑财产的实际情况和双方的过错程度，妥善分割。

9. 解除非法同居关系时，双方所生的非婚生子女，由哪一方抚养，双方协商；协商不成时，应根据子女的利益和双方的具体情况判决。哺乳期内的子女，原则上应由母方抚养，如父方条件好，母方同意，也可由父方抚养。子女为限制民事行为能力人的，应征求子女本人的意见，一方将未成年的子女送他人抚养，须征得另一方的同意。

10. 解除非法同居关系时，同居生活期间双方共同所得的收入和购置的财产，按一般共有财产处理。同居生活前，一方自愿赠送给对方的财物可比照赠与关系处理；一方向另一方索取的财物，可参照最高人民法院（84）法办字第 112 号《关于贯彻执行民事政策法律若干问题的意见》第（18）条规定的精神处理。

11. 解除非法同居关系时，同居期间为共同生产、生活而形成的债权、债务，可按共同债权、债务处理。

12. 解除非法同居关系时，一方在共同生活期间患有严重疾病未治愈的，分割财产时，应予适当照顾，或者由另一方给予一次性的经济帮助。

13. 同居生活期间一方死亡，另一方要求继承死者遗产，如认定为事实婚姻关系的，可以配偶身份按继承法的有关规定处理；如认定为非法同居关系，而又符合继承法第十四条规定的，可根据相互扶助的具体情况处理。

14. 人民法院在审理未办结婚登记而以夫妻名义同居生活的案件时，对违法情节严重的，应按照婚姻法、民法通则、《关于贯彻执行〈民法通则〉若干问题的意见》和其他法律、法规的有关规定，给予适当的民事制裁。

15. 本意见自颁布之日起施行。凡最高人民法院过去的规定与本意见相抵触的，均按本意见执行。

最高人民法院关于人民法院审理离婚案件
处理子女抚养问题的若干具体意见

（一九九三年十一月三日）

人民法院审理离婚案件，对子女抚养问题，应当依照《中华人民共和国婚姻法》第二十九条、第三十条及有关法律规定，从有利于子女身心健康，保障子女的合法权益出发，结合父母双方的抚养能力和抚养条件等具体情况妥善解决。根据上述原则，结合审判实践，提出如下具体意见：

1. 两周岁以下的子女，一般随母方生活。母方有下列情形之一的，可随父方生活：

（1）患有久治不愈的传染性疾病或其他严重疾病，子女不宜与其共同生活的；

（2）有抚养条件不尽抚养义务，而父方要求子女随其生活的；

（3）因其他原因，子女确无法随母方生活的。

2. 父母双方协议两周岁以下子女随父方生活，并对子女健康成长无不利影响的，可予准许。

3. 对两周岁以上未成年的子女，父方和母方均要求随其生活，一方有下列情形之一的，可予优先考虑：

（1）已做绝育手术或因其他原因丧失生育能力的；

（2）子女随其生活时间较长，改变生活环境对子女健康成长明显不利的；

（3）无其他子女，而另一方有其他子女的；

（4）子女随其生活，对子女成长有利，而另一方患有久治不愈的传染性疾病或其他严重疾病，或者有其他不利于子女身心健康的情形，不宜与子女共同生活的。

4. 父方与母方抚养子女的条件基本相同，双方均要求子女与其共同生活，但子女单独随祖父母或外祖父母共同生活多年，且祖父母或外祖父母要求并且有能力帮助子女照顾孙子女或外孙子女的，可作为子女随父或母生活的优先条件予以考虑。

5. 父母双方对十周岁以上的未成年子女随父或随母生活发生争执的，应考虑该子女的意见。

6. 在有利于保护子女利益的前提下，父母双方协议轮流抚养子女的，可予准许。

7. 子女抚育费的数额，可根据子女的实际需要、父母双方的负担能力和当地的实际生活水平确定。

有固定收入的，抚育费一般可按其月总收入的百分之二十至三十的比例给付。负担两个以上子女抚育费的，比例可适当提高，但一般不得超过月总收入的百分之五十。

无固定收入的，抚育费的数额可依据当年总收入或同行业平均收入，参照上述比例确定。

有特殊情况的，可适当提高或降低上述比例。

8. 抚育费应定期给付，有条件的可一次性给付。

9. 对一方无经济收入或者下落不明的，可用其财物折抵子女抚育费。

10. 父母双方可以协议子女随一方生活并由抚养方负担子女全部抚育费。但经查实，抚养方的抚养能力明显不能保障子女所需费用，影响子女健康成长的，不予准许。

11. 抚育费的给付期限，一般至子女十八周岁为止。

十六周岁以上不满十八周岁，以其劳动收入为主要生活来源，并能维持当地一般生活水平的，父母可停止给付抚育费。

12. 尚未独立生活的成年子女有下列情形之一，父母又有给付能力的，仍应负担必要的抚育费：

（1）丧失劳动能力或虽未完全丧失劳动能力，但其收入不足以维持生活的；

（2）尚在校就读的；

（3）确无独立生活能力和条件的。

13. 生父与继母或生母与继父离婚时，对曾受其抚养教育的继子女，继父或继母不同意继续抚养的，仍应由生父母抚养。

14. 《中华人民共和国收养法》施行前，夫或妻一方收养的子女，对方未表示反对，并与该子女形成事实收养关系的，离婚后，应由双方负担子女的抚育费；夫或妻一方收养的子女，对方始终反对的，离婚后，应由收养方抚养该子女。

15. 离婚后，一方要求变更子女抚养关系的，或者子女要求增加抚育费的，应另行起诉。

16. 一方要求变更子女抚养关系有下列情形之一的，应予支持。

（1）与子女共同生活的一方因患严重疾病或因伤残无力继续抚养子女的；

（2）与子女共同生活的一方不尽抚养义务或有虐待子女行为，或其与子女共同生活对子女身心健康确有不利影响的；

（3）十周岁以上未成年子女，愿随另一方生活，该方又有抚养能力的；

（4）有其他正当理由需要变更的。

17. 父母双方协议变更子女抚养关系的，应予准许。

18. 子女要求增加抚育费有下列情形之一，父或母有给付能力的，应予支持。

（1）原定抚育费数额不足以维持当地实际生活水平的；

（2）因子女患病、上学，实际需要已超过原定数额的；

（3）有其他正当理由应当增加的。

19. 父母不得因子女变更姓氏而拒付子女抚育费。父或母一方擅自将子女姓氏改为继母或继父姓氏而引起纠纷的，应责令恢复原姓氏。

20. 在离婚诉讼期间，双方均拒绝抚养子女的，可先行裁定暂由一方抚养。

21. 对拒不履行或妨害他人履行生效判决、裁定、调解中有关子女抚养义务的当事人或者其他人，人民法院可依照《中华人民共和国民事诉讼法》第一百零二条的规定采取强制措施。

最高人民法院关于人民法院审理离婚案件
处理财产分割问题的若干具体意见

（一九九三年十一月三日　法发〔1993〕32 号）

人民法院审理离婚案件对夫妻共同财产的处理，应当依照《中华人民共和国婚姻法》、《中华人民共和国妇女权益保障法》及有关法律规定，分清个人财产、夫妻共同财产和家庭共同财产，坚持男女平等，保护妇女、儿童的合法权益，照顾无过错方，尊重当事人意愿，有利生产、方便生活的原则，合情合理地予以解决。根据上述原则，结合审判实践，提出如下具体意见：

1. 夫妻双方对财产归谁所有以书面形式约定的，或以口头形式约定，双方无争议的，离婚时应按约定处理。但规避法律的约定无效。

2. 夫妻双方在婚姻关系存续期间所得的财产，为夫妻共同财产，包括：

（1）一方或双方劳动所得的收入和购置的财产；

（2）一方或双方继承、受赠的财产；

（3）一方或双方由知识产权取得的经济利益；

（4）一方或双方从事承包、租赁等生产、经营活动的收益；

（5）一方或双方取得的债权；

（6）一方或双方的其他合法所得。

3. 在婚姻关系存续期间，复员、转业军人所得的复员费、转业费，结婚时间 10 年以上的，应按夫妻共同财产进行分割。复员军人从部队带回的医药补助费和回乡生产补助费，应归本人所有。

4. 夫妻分居两地分别管理、使用的婚后所得财产，应认定为夫妻共同财产。在分割财产时，各自分别管理、使用的财产归各自所有。双方所分财产相差悬殊的，差额部分，由多得财产的一方以与差额相当的财产抵偿另一方。

5. 已登记结婚，尚未共同生活，一方或双方受赠的礼金、礼物应认定为夫妻共同财产，具体处理时应考虑财产来源、数量等情况合理分割。各自出资购置、各自使用的财物，原则上归各自所有。

6. 一方婚前个人所有的财产，婚后由双方共同使用、经营、管理的，房屋和其他价值较大的生产资料经过 8 年，贵重的生活资料经过 4 年，可视为夫妻共同财产。

7. 对个人财产还是夫妻共同财产难以确定的，主张权利的一方有责任举证。当事人举不出有力证据，人民法院又无法查实的，按夫妻共同财产处理。

8. 夫妻共同财产，原则上均等分割。根据生产、生活的实际需要和财产的来源等情况，具体处理时也可以有所差别。属于个人专用的物品，一般归个人所有。

9. 一方以夫妻共同财产与他人合伙经营的，入伙的财产可分给一方所有，分得入伙财产的一方对另一方应给予相当于入伙财产一半价值的补偿。

10. 属于夫妻共同财产的生产资料，可分给有经营条件和能力的一方。分得该生产资料的一方对另一方应给予相当于该财产一半价值的补偿。

11. 对夫妻共同经营的当年无收益的养殖、种植业等，离婚时应从有利于发展生产、有利于经营管理考虑，予以合理分割或折价处理。

12. 婚后 8 年内双方对婚前一方所有的房屋进行过修缮、装修、原拆原建，离婚时未变更产权的，房屋仍归产权人所有，增值部分中属于另一方应得的份额，由房屋所有权人折价补偿另一方；进行过扩建的，扩建部分的房屋应按夫妻共同财产处理。

13. 对不宜分割使用的夫妻共有的房屋，应根据双方住房情况和照顾抚养子女方或无过错方等原则分给一方所有。分得房屋的一方对另一方应给予相当于该房屋一半价值的补偿。在双方条件等同的情况下，应照顾女方。

14. 婚姻存续期间居住的房屋属于一方所有，另一方以离婚后无房居住为由，要求暂住的，经查实可据情予以支持，但一般不超过两年。

无房一方租房居住经济上确有困难的，享有房屋产权的一方可给予一次性经济帮助。

15. 离婚时一方尚未取得经济利益的知识产权，归一方所有。在分割夫妻共同财产时，可根据具体情况，对另一方予以适当的照顾。

16. 婚前个人财产在婚后共同生活中自然毁损、消耗、灭失，离婚时一方要求以夫妻共同财产抵偿的，不予支持。

17. 夫妻为共同生活或为履行抚养、赡养义务等所负债务，应认定为夫妻共同债务，离婚时应当以夫妻共同财产清偿。

下列债务不能认定为夫妻共同债务，应由一方以个人财产清偿：

（1）夫妻双方约定由个人负担的债务，但以逃避债务为目的的除外；

（2）一方未经对方同意，擅自资助与其没有抚养义务的亲朋所负的债务；

（3）一方未经对方同意，独自筹资从事经营活动，其收入确未用于共同生活所负的债务；

（4）其他应由个人承担的债务。

18. 婚前一方借款购置的房屋等财物已转化为夫妻共同财产的，为购置财物借款所负债务，视为夫妻共同债务。

19. 借婚姻关系索取的财物，离婚时，如结婚时间不长，或者因索要财物造成对方生活困难的，可酌情返还。

对取得财物的性质是索取还是赠与难以认定的，可按赠与处理。

20. 离婚时夫妻共同财产未从家庭共同财产中析出，一方要求析产的，可先就离婚和已查清的财产问题进行处理，对一时确实难以查清的财产的分割问题可告知当事人另案处理；或者中止离婚诉讼，待析产案件审结后再恢复离婚诉讼。

21. 一方将夫妻共同财产非法隐藏、转移拒不交出的，或非法变卖、毁损的，分割财产时，对隐藏、转移、变卖、毁损财产的一方，应予以少分或不分。具体处理时，应把隐藏、转移、变卖、毁损的财产作为隐藏、转移、变卖、毁损财产的一方分得的财产份额，对另一方的应得的份额应以其他夫妻共同财产折抵，不足折抵的，差额部分由隐藏、转移、变卖、毁损财产的一方折价补偿对方。对非法隐藏、转移、变卖、毁损夫妻共同财产的一方，人民法院可依照《中华人民共和国民事诉讼法》第一百零二条的规定进行处理。

22. 属于事实婚姻的，其财产分割适用本意见。属于非法同居的，其财产分割按最高人民法院《关于人民法院审理未办结婚登记而以夫妻名义同居生活案件的若干意见》的有关规定处理。

婚姻登记条例

（2003 年 7 月 30 日国务院第 16 次常务会议通过，现予公布，自 2003 年 10 月 1 日起施行。）

第一章　总　则

第一条　为了规范婚姻登记工作，保障婚姻自由、一夫一妻、男女平等的婚姻制度的实施，保护婚姻当事人的合法权益，根据《中华人民共和国婚姻法》（以下简称婚姻法），制定本条例。

第二条　内地居民办理婚姻登记的机关是县级人民政府民政部门或者乡（镇）人民政府，省、自治区、直辖市人民政府可以按照便民原则确定农村居民办理婚姻登记的具体机关。

中国公民同外国人，内地居民同香港特别行政区居民（以下简称香港居民）、澳门特别行政区居民（以下简称澳门居民）、台湾地区居民（以下简称台湾居民）、华侨办理婚姻登记的机关是省、自治区、直辖市人民政府民政部门或者省、自治区、直辖市人民政府民政部门确定的机关。

第三条　婚姻登记机关的婚姻登记员应当接受婚姻登记业务培训，经考核合格，方可从事婚姻登记工作。

婚姻登记机关办理婚姻登记，除按收费标准向当事人收取工本费外，不得收取其他费用或者附加其他义务。

第二章　结婚登记

第四条　内地居民结婚，男女双方应当共同到一方当事人常住户口所在地的婚姻登记机关办理结婚登记。

中国公民同外国人在中国内地结婚的，内地居民同香港居民、澳门居民、台湾居民、华侨在中国内地结婚的，男女双方应当共同到内地居民常住户口所在地的婚姻登记机关办理结婚登记。

第五条　办理结婚登记的内地居民应当出具下列证件和证明材料：

（一）本人的户口簿、身份证；

（二）本人无配偶以及与对方当事人没有直系血亲和三代以内旁系血亲关系的签字声明。

办理结婚登记的香港居民、澳门居民、台湾居民应当出具下列证件和证明材料：

（一）本人的有效通行证、身份证；

（二）经居住地公证机构公证的本人无配偶以及与对方当事人没有直系血亲和三代以内旁系血亲关系的声明。

办理结婚登记的华侨应当出具下列证件和证明材料：

（一）本人的有效护照；

（二）居住国公证机构或者有权机关出具的、经中华人民共和国驻该国使（领）馆认证的本人无配偶以及与对方当事人没有直系血亲和三代以内旁系血亲关系的证明，或者中华人民共和国驻该国使（领）馆出具的本人无配偶以及与对方当事人没有直系血亲和三代以内旁系血亲关系的证明。

办理结婚登记的外国人应当出具下列证件和证明材料：

（一）本人的有效护照或者其他有效的国际旅行证件；

（二）所在国公证机构或者有权机关出具的、经中华人民共和国驻该国使（领）馆认证或者该国驻华使（领）馆认证的本人无配偶的证明，或者所在国驻华使（领）馆出具的本人无配偶的证明。

第六条 办理结婚登记的当事人有下列情形之一的，婚姻登记机关不予登记：

（一）未到法定结婚年龄的；

（二）非双方自愿的；

（三）一方或者双方已有配偶的；

（四）属于直系血亲或者三代以内旁系血亲的；

（五）患有医学上认为不应当结婚的疾病的。

第七条 婚姻登记机关应当对结婚登记当事人出具的证件、证明材料进行审查并询问相关情况。对当事人符合结婚条件的，应当当场予以登记，发给结婚证；对当事人不符合结婚条件不予登记的，应当向当事人说明理由。

第八条 男女双方补办结婚登记的，适用本条例结婚登记的规定。

第九条 因胁迫结婚的，受胁迫的当事人依据婚姻法第十一条的规定向婚姻登记机关请求撤销其婚姻的，应当出具下列证明材料：

（一）本人的身份证、结婚证；

（二）能够证明受胁迫结婚的证明材料。

婚姻登记机关经审查认为受胁迫结婚的情况属实且不涉及子女抚养、财产及债务问题的，应当撤销该婚姻，宣告结婚证作废。

第三章　离婚登记

第十条 内地居民自愿离婚的，男女双方应当共同到一方当事人常住户口所在地的婚姻登记机关办理离婚登记。

中国公民同外国人在中国内地自愿离婚的，内地居民同香港居民、澳门居民、台湾居民、华侨在中国内地自愿离婚的，男女双方应当共同到内地居民常住户口所在地的婚姻登记机关办理离婚登记。

第十一条 办理离婚登记的内地居民应当出具下列证件和证明材料：

（一）本人的户口簿、身份证；

（二）本人的结婚证；

（三）双方当事人共同签署的离婚协议书。

办理离婚登记的香港居民、澳门居民、台湾居民、华侨、外国人除应当出具前款第（二）项、第（三）项规定的证件、证明材料外，香港居民、澳门居民、台湾居民还应当出具本人的有效通行证、身份证，华侨、外国人还应当出具本人的有效护照或者其他有效国际旅行证件。

离婚协议书应当载明双方当事人自愿离婚的意思表示以及对子女抚养、财产及债务处理等事项协商一致的意见。

第十二条 办理离婚登记的当事人有下列情形之一的，婚姻登记机关不予受理：

（一）未达成离婚协议的；

（二）属于无民事行为能力人或者限制民事行为能力人的；

（三）其结婚登记不是在中国内地办理的。

第十三条 婚姻登记机关应当对离婚登记当事人出具的证件、证明材料进行审查并询问相关情况。对当事人确属自愿离婚，并已对子女抚养、财产、债务等问题达成一致处理意见的，应当当场予以登记，发给离婚证。

第十四条 离婚的男女双方自愿恢复夫妻关系的，应当到婚姻登记机关办理复婚登记。复婚登记适用本条例结婚登记的规定。

第四章　婚姻登记档案和婚姻登记证

第十五条 婚姻登记机关应当建立婚姻登记档案。婚姻登记档案应当长期保管。具体管理办法由国务院民政部门会同国家档案管理部门规定。

第十六条 婚姻登记机关收到人民法院宣告婚姻无效或者撤销婚姻的判决书副本后，应当将该判决书副本收入当事人的婚姻登记档案。

第十七条 结婚证、离婚证遗失或者损毁的，当事人可以持户口簿、身份证向原办理婚姻登记的机关或者一方当事人常住户口所在地的婚姻登记机关申请补领。婚姻登记机关对当事人的婚姻登记档案进行查证，确认属实的，应当为当事人补发结婚证、离婚证。

第五章　罚　则

第十八条 婚姻登记机关及其婚姻登记员有下列行为之一的，对直接负责的主管人员和其他直接责任人员依法给予行政处分：

（一）为不符合婚姻登记条件的当事人办理婚姻登记的；

（二）玩忽职守造成婚姻登记档案损失的；

（三）办理婚姻登记或者补发结婚证、离婚证超过收费标准收取费用的。

违反前款第（三）项规定收取的费用，应当退还当事人。

第六章　附　则

第十九条 中华人民共和国驻外使（领）馆可以依照本条例的有关规定，为男女双方均居住于驻在国的中国公民办理婚姻登记。

第二十条 本条例规定的婚姻登记证由国务院民政部门规定式样并监制。

第二十一条 当事人办理婚姻登记或者补领结婚证、离婚证应当交纳工本费。工本费的收费标准由国务院价格主管部门会同国务院财政部门规定并公布。

第二十二条 本条例自 2003 年 10 月 1 日起施行。1994 年 1 月 12 日国务院批准、1994 年 2 月 1 日民政部发布的《婚姻登记管理条例》同时废止。

民政部关于贯彻执行《婚姻登记条例》若干问题的意见

(民函〔2004〕76 号 2004 年 3 月 29 日)

为切实保障《婚姻登记条例》的贯彻实施，规范婚姻登记工作，方便当事人办理婚姻登记，经商国务院法制办公室、外交部、公安部、解放军总政治部等相关部门，现就《婚姻登记条例》贯彻执行过程中的若干问题提出以下处理意见：

一、关于身份证问题

当事人无法提交居民身份证的，婚姻登记机关可根据当事人出具的有效临时身份证办理婚姻登记。

二、关于户口簿问题

当事人无法出具居民户口簿的，婚姻登记机关可凭公安部门或有关户籍管理机构出具的加盖印章的户籍证明办理婚姻登记；当事人属于集体户口的，婚姻登记机关可凭集体户口簿内本人的户口卡片或加盖单位印章的记载其户籍情况的户口簿复印件办理婚姻登记。

当事人未办理落户手续的，户口迁出地或另一方当事人户口所在地的婚姻登记机关可凭公安部门或有关户籍管理机构出具的证明材料办理婚姻登记。

三、关于身份证、户口簿查验问题

当事人所持户口簿与身份证上的"姓名"、"性别"、"出生日期"内容不一致的，婚姻登记机关应告知当事人先到户籍所在地的公安部门履行相关项目变更和必要的证簿换领手续后再办理婚姻登记。

当事人声明的婚姻状况与户口簿"婚姻状况"内容不一致的，婚姻登记机关对当事人婚姻状况的审查主要依据其本人书面声明。

四、关于少数民族当事人提供的照片问题

为尊重少数民族的风俗习惯，少数民族当事人办理婚姻登记时提供的照片是否免冠从习俗。

五、关于离婚登记中的结婚证问题

申请办理离婚登记的当事人有一本结婚证丢失的，婚姻登记机关可根据另一本结婚证办理离婚登记；当事人两本结婚证都丢失的，婚姻登记机关可根据结婚登记档案或当事人提供的结婚登记记录证明等证明材料办理离婚登记。当事人应对结婚证丢失情况作出书面说明，该说明由婚姻登记机关存档。

申请办理离婚登记的当事人提供的结婚证上的姓名、出生日期、身份证号与身份证、户口簿不一致的，当事人应书面说明不一致的原因。

六、关于补领结婚证、离婚证问题

申请补领结婚证、离婚证的当事人出具的身份证、户口簿上的姓名、年龄、身份证号与原婚姻登记档案记载不一致的，当事人应书面说明不一致的原因，婚姻登记机关可根据当事人出具的身份证件补发结婚证、离婚证。

当事人办理结婚登记时未达法定婚龄，申请补领时仍未达法定婚龄的，婚姻登记机关不得补发结婚证。当事人办理结婚登记时未达法定婚龄，申请补领时已达法定婚龄的，当事人应对结婚登记情况作出书面说明；婚姻登记机关补发的结婚证登记日期应为当事人达到法定婚龄之日。

七、关于出国人员、华侨及港澳台居民结婚提交材料的问题

出国人员办理结婚登记应根据其出具的证件分情况处理。当事人出具身份证、户口簿作为身份证件的，按内地居民婚姻登记规定办理；当事人出具中国护照作为身份证件的，按华侨婚姻登记规定办理。

当事人以中国护照作为身份证件，在内地居住满一年、无法取得有关国家或我驻外使领馆出具的婚姻状况证明的，婚姻登记机关可根据当事人本人的相关情况声明及两个近亲属出具的有关当事人婚姻状况的证明办理结婚登记。

八、关于双方均非内地居民的结婚登记问题

双方均为外国人，要求在内地办理结婚登记的，如果当事人能够出具《婚姻登记条例》规定的相应证件和证明材料以及当事人本国承认其居民在国外办理结婚登记效力的证明，当事人工作或生活所在地具有办理涉外婚姻登记权限的登记机关应予受理。

一方为外国人、另一方为港澳台居民或华侨，或者双方均为港澳台居民或华侨，要求在内地办理结婚登记的，如果当事人能够出具《婚姻登记条例》规定的相应证件和证明材料，当事人工作或生活所在地具有相应办理婚姻登记权限的登记机关应予受理。

一方为出国人员、另一方为外国人或港澳台居民，或双方均为出国人员，要求在内地办理结婚登记的，如果当事人能够出具《婚姻登记条例》规定的相应证件和证明材料，出国人员出国前户口所在地具有相应办理婚姻登记权限的登记机关应予受理。

九、关于现役军人的婚姻登记问题

办理现役军人的婚姻登记仍按《民政部办公厅关于印发＜军队贯彻实施＜中华人民共和国婚姻法＞若干问题的规定＞有关内容的通知》（民办函〔2001〕226号）执行。

办理现役军人婚姻登记的机关可以是现役军人部队驻地所在地或户口注销前常住户口所在地的婚姻登记机关，也可以是非现役军人一方常住户口所在地的婚姻登记机关。

十、关于服刑人员的婚姻登记问题

服刑人员申请办理婚姻登记，应当亲自到婚姻登记机关提出申请并出具有效的身份证件；服刑人员无法出具身份证件的，可由监狱管理部门出具有关证明材料。

办理服刑人员婚姻登记的机关可以是一方当事人常住户口所在地或服刑监狱所在地的婚姻登记机关。

参考文献

[1]［德］恩格斯．家庭、私有制和国家的起源．中共中央马克思恩格斯列宁斯大林著作编译局译．北京：人民出版社，1972.

[2]［美］摩尔根．古代社会．杨东莼等译．北京：商务印书馆，1983.

[3]［英］梅因．古代法．沈景一译．北京：商务印书馆，1984.

[4]［美］威廉·J. 古德．家庭．魏章玲译．北京：社会科学文献出版社，1986.

[5]［美］加里·斯坦利·贝克尔．家庭论．王献生，王宇译．北京：商务印书馆，1998.

[6]［奥地利］赖因哈德·西德尔．家庭的社会演变．王志乐等译．北京：商务印书馆，1996.

[7] 巫昌祯，杨大文．走向21世纪的中国婚姻家庭．长春：吉林人民出版社，1995.

[8] 李银河，马忆南．婚姻法修改论争．北京：光明日报出版社，1999.

[9] 李志敏．比较家庭法．北京：北京大学出版社，1988.

[10] 巫昌祯．婚姻家庭法新论——比较研究与展望．北京：中国政法大学出版社，2002.

[11] 杨大文．亲属法（第三版）．北京：法律出版社，2003.

[12] 陈苇．中国婚姻家庭法立法研究．北京：群众出版社，2000.

[13] 王洪．婚姻家庭法热点问题研究．重庆：重庆大学出版社，2000.

[14] 陈苇．婚姻家庭继承法学．北京：法律出版社，2002.

[15] 王洪．婚姻家庭法．北京：法律出版社，2003.

[16] 陈苇．婚姻家庭继承法学．北京：群众出版社，2005.

[17] 新婚姻法专家指导丛书．北京：法律出版社，2001.

[18] 胡康生．中华人民共和国婚姻法释义．北京：法律出版社，2001.

[19] 史尚宽．亲属法论．北京：中国政法大学出版社，2000.

[20] 陈苇．外国婚姻家庭法比较研究．北京：群众出版社，2006.

[21] 贾明军．婚姻家庭纠纷案件律师业务．北京：法律出版社，2008.

[22] 陈明侠．亲子法基本问题研究．北京：法律出版社，1997.

[23] 曹诗权．婚姻家庭继承法学．北京：中国法制出版社，1999.

[24] 费孝通．乡土中国生育制度．北京：北京大学出版社，1998.

[25] 徐安琪．世纪之交中国人的爱情和婚姻．北京：中国社会科学出版社，1997.

[26] 刘引玲．配偶权问题研究．北京：中国检察出版社，2001.

［27］夏吟兰等．21世纪婚姻家庭关系新规制．北京：中国检察出版社，2001.

［28］李银河．性·婚姻：东方与西方．西安：陕西师范大学出版社，1999.

［29］夏吟兰．美国现代婚姻家庭制度．北京：中国政法大学出版社，1999.

［30］蒋新苗．国际收养法律制度研究．北京：法律出版社，1999.

［31］宋豫，陈苇．中国大陆与港、澳、台婚姻家庭法比较研究．重庆：重庆出版社，2002.

［32］刘伯红．女性权利——聚焦婚姻法．北京：当代中国出版社，2002.

［33］杨立新．民法判解研究与适用．北京：中国检察出版社，1994.

［34］［日］利谷信义等．离婚法社会学．北京：北京大学出版社，1991.

［35］张文显．二十世纪西方法哲学思潮研究．北京：法律出版社，1996.

［36］信春鹰等．台湾亲属和继承法．北京：中国对外经济贸易出版社，1991.

［37］米也天．澳门民商法．北京：中国政法大学出版社，1996.

［38］王泽鉴．民法学说与判例研究．北京：中国政法大学出版社，1998.

［39］梁慧星．民商法论丛．北京：法律出版社，1997.

［40］徐朝阳．中国亲属法溯源．北京：商务印书馆，1933.

［41］陈顾远．中国婚姻史．北京：商务印书馆，1935.

［42］戴东雄．亲属法论文集．台北：三民书局，1993.

［43］林秀雄．婚姻家庭法之研究．北京：中国政法大学出版社，2001.

［44］林秀雄．夫妻财产制之研究．北京：中国政法大学出版社，2001.

［45］戴炎辉，戴东雄．中国亲属法．台北：三文印书馆有限公司，1998.

［46］林菊枝．亲属法专题研究（二）．台北：五南图书出版公司，1997.

［47］陈惠馨．亲属法诸问题研究．台北：月旦出版公司，1993.

［48］《中华人民共和国婚姻法诠释》编写委员会．中华人民共和国婚姻法诠释．北京：人民法院出版社，1995.

［49］张贤钰．外国婚姻家庭法资料选编．上海：复旦大学出版社，1991.

［50］李忠芳．外国婚姻家庭法汇编．北京：群众出版社，2000.

［51］王胜明，孙礼海．中华人民共和国婚姻法修改立法资料选．北京：法律出版社，2001.

［52］陈棋炎等．民法亲属新论．台北：三民书局，1995.

［53］陈苇．家事法研究（2005年卷）．北京：群众出版社，2006.

［54］陈苇．家事法研究（2006年卷）．北京：群众出版社，2007.

［55］《婚姻法适用要点与实例》编写组．婚姻法适用要点与实例．北京：法律出版社，2010.